本研究成果受国家社会科学基金项目资助

国家社科基金丛书
GUOJIA SHEKE JIJIN CONGSHU

大规模侵权损害多元赔偿机制研究

Research on Multiple Compensation Mechanism of Mass Torts

于定明　赵蕾　著

人民出版社

序

现代社会事故频发，传统侵权法受大规模侵权事件的冲击，需要做内在的调整及外部的支援。大规模侵权所导致的损失巨大，传统的损害赔偿安排，一方面会压垮侵权行为人；另一方面受害人也无法得到充分救济。为此，侵权法在现代转型过程中，在归责理念和制度构成上尝试了新的方案，于过错归责之外，充分考虑损害分散的可能性，同时淡化侵权构成不法性要件，使得侵权法的重心由损失移转（loss shifting）向损失分散（loss spreading）发展。

侵权法之外，责任保险制度直接发挥分散风险功能的同时，还配合着侵权归责原理的调整，成为非常有力的应对措施，形成了与侵权制度的内应外合之势。一方面，过失责任之中，通过责任保险实现了损害的分散和受害人的救济；另一方面，过错之外的归责考量，也将损失分散可能性作为一个重要的支点。此外，社会保障制度、赔偿基金制度等，在侵权法之外为大规模侵权的应对，贡献着自己的力量。由此形成的多元化机制，成为制度实践的方向。

本研究成果在充分借鉴现有研究的基础上，妥当指出：大规模侵权损害赔偿的症结，即大规模侵权的特殊性不在于其因果关系难以确定，而在于受害人人数众多，赔偿数额巨大，侵权人常常无力赔偿。侵权法是矫正正义的体现，侵权法以权利立法所确立的利益格局为出发点，在既有权益被侵害时，发挥矫正功能。现代高风险社会带来的新问题是，原有的矫正路线有可能无法实现既有的目标。因此，如何尽可能让被侵权人获得及时、充分的赔偿，同时又不至于让行为人面临沉重的财政负担，成为本研究成果的重中之重。

大规模侵权依然是侵权人所造成，侵权人应该在侵权损害赔偿中担任主要角色，而非成为一个旁观者。虽然面对大规模侵权的损害赔偿，不得不借助于社会化赔偿，但不宜走向另外一个极端，即过分依赖社会化赔偿。作者的研究不是简单地探讨如何构建大规模侵权责任保险制度或赔偿基金制度，而是梳理出一个包括侵权人赔偿和社会化赔偿有机结合的赔偿机制，一方面强调了在侵权人赔偿方面应梳理尽可能多的侵权人；另一方面在社会化赔偿方面应协调不同社会化赔偿制度之间的关系，最终构建了一个机制化的大规模侵权损害赔偿制度。该机制可使被侵权人损失得到最大限度的弥补，同时起到抚慰被侵权人及其家属的功效，进而有助于社会稳定。而且多元赔偿机制中的强制责任险制度和赔偿基金制度，提高了企业抵御风险的能力，在一定程度上可以减少企业因为大规模侵权无力赔偿而破产倒闭的情况出现，从而避免大量工人失业。

笔者长期关注大规模侵权的多元赔偿机制问题，在梳理现有研究的基础上，尝试新的理论突破。本书中的许多方面，均可圈可点、颇有新意。于侵权法体系内，该成果突出强调责任主体扩展的重大意义，构建出公司股东、高管的责任规则，为大规模侵权寻得更多的损害分散点。而行政主体责任的探讨，跨越公法、私法，助力核心问题解决的同时，还具有一般方法论上的意义。大规模侵权的多元化赔偿机制，如何通过合理的程序得到实现，是实践中的难题。该研究另辟蹊径，借鉴美国纠纷解决系统设计（Dispute System Design）的最新理论和实践，参考荷兰《群体性解决大规模赔偿法》，构建了综合运用诉讼、仲裁、调解、和解、司法确认等纠纷解决机制的处理模式。

法律内生于社会，并需适时调整以适应社会的发展。大规模侵权损害多元赔偿机制，作为以侵权法为核心之制度对风险社会的回应，方向的合理性不容置疑。只是，在价值实现的妥当性程度、制度构造的精细化程度上，仍有较为广阔的发展空间。本研究为问题解决提供了新的视角，有力推进了理论的发展，相信在学界的共同努力下，大规模侵权损害赔偿问题将会得到更为妥当的解决。

南京大学法学院教授、博士生导师
叶金强

2020 年 9 月 1 日于南京

目　录

引　言

我们越来越清楚地认识到，我们生活在一个充满危险的时代。[①] 相较于宪法、公司法或税法，可以说，侵权法更为广泛地调整普通人的日常活动并致力于解决由这些活动所造成的不幸，侵权案件全面而又详细地记录了可触摸的、活生生的我们人类的痛苦。[②] 侵权法的发展可以视为不断扩大适用范围的进化史，侵权法的调整范围不断拓展触及我们生活的方方面面，从过错责任到过错推定责任、严格责任，不断进行法律制度的自我完善，从而最大限度地适应现代社会的发展变化，侵权法俨然已成为解决现代社会发展所面临的纷繁复杂的社会问题的钥匙。如果仅针对普通侵权案件，通过侵权法内部的自我完善似乎还足以应对侵权领域的新问题。但在大规模侵权情形下，由于被侵权人人数众多、赔偿数额巨大，使得侵权法难以应对。在发生大规模侵权时，如果不能施以及时、全面、充分的救济，大量被侵权人的巨大损失将无法得到有效赔偿。由此，有必要进一步追问，侵权法内部的制度完善是否能够完全满足大规模侵权损害赔偿所需？如果承认侵权法的局限性，是否意

---

① 参见［美］肯尼斯·S. 亚伯拉罕著《美国保险法原理与实务》，韩长印等译，中国政法大学出版社 2012 年版，第 1 页。

② 参见张铁薇《侵权法的自负与贫困》，《比较法研究》2009 年第 6 期。

味着侵权法角色旁落，从而其他制度供给纷纷登台献艺？① 有美国学者曾指出，"大规模侵权集体诉讼的历史是一个因侵权实体法未能重视系统及程序发展导致的丧失机会（loss opportunity）的简史"②。

过去的十余年中发生的公共安全和公共卫生事件警示我们，大规模侵权如同达摩克利斯之剑高悬于我们头上。从大规模侵权爆发领域看，不仅包括产品责任、环境污染、交通事故等高频事故领域，也包括公共安全、证券违法等偶发事件领域，可以说，大规模侵权已经蔓延至生活的各个领域，促使我们有必要对大规模侵权做通盘考虑。③ 更重要的是，大规模侵权发生后，道德谴责与同情对于被侵权人救济并无实际意义，"最好的危机公关就是赔偿"④。

由于大规模侵权与传统社会私害的个别、单一等特征不同，此类风险造成的后果往往非常严重，表现出被侵权人众多、损失巨大、波及面广等特性，侵权人通常缺乏赔付能力。"纵令侵权人为有资力之人，然一时使支付大额之赔偿，则足使侵权人之生计发生困难。"⑤ 传统的侵权法赔偿机制，囿于其责任认定规则以及司法程序等要求，已经无法对大规模侵权损害赔偿给出令人满意的解决方案。为了解决传统侵权法的不足，我国在实践中逐渐形成了政府兜底的"行政主导"模式。这在"三鹿奶粉事件"中表现得较为突出：2009 年 2 月 10 日，相关部门就三鹿牌婴幼儿奶粉事件形成进一步的损失分担方案，该方案涉及金额为 40 亿元左右。其中，26 亿元的检查费用由政府负

---

① 参见王立兵《大规模侵权的国家救济责任机制研究》，博士学位论文，黑龙江大学法学院，2012 年，第 35 页。

② See Alexandra D. Lahav, "Mass Tort Class Actions—Past, Present, and Future", *New York University Law Review*, Vol. 92, No. 4 (2017), p. 998.

③ 参见杜健《大规模侵权损害救济机制研究——以社会化救济为视角》，博士学位论文，安徽大学法学院，2015 年，第 1 页。

④ 张新宝、岳业鹏：《大规模侵权损害赔偿基金：基本原理与制度构建》，《法律科学》（西北政法大学学报）2012 年第 1 期。

⑤ 史尚宽：《债法总论》，中国政法大学出版社 2000 年版，第 109 页。

担，其余资金则由相关问题奶粉企业，按各自品牌产品确诊患儿数量、产品市场占有率、产品三聚氰胺检测结果等综合因素考虑分担，三鹿集团需要支付9亿元左右。① 从三鹿奶粉事件的损失分担方案看，政府承担了总损失的65%。

大规模侵权损害赔偿的承担者本应是侵权人，但当企业无力赔偿时，最终还是由承担社会公共职能的政府出面解决。② 不可否认的是，我国目前应对大规模侵权损害赔偿的效率极高，但让政府为企业所造成的损害买单无疑极为不公平，而且非法治化的危机应对措施也与依法治国的要求相去甚远。因此，如何解决大规模侵权中侵权人无力赔偿问题，让侵权人赔偿、社会化赔偿等形成"赔偿合力"（compensation pool）以及建立多元化赔偿机制，便于大规模侵权的被侵权人申请赔偿，便于当事人快速得到应有的赔偿等问题，正是本书研究的范围。

引起大规模侵权的主体既可能是个人，也可能是单位，甚至可能是恐怖组织，如美国"9·11"事件、"3·1"昆明火车站暴力恐怖案③的主体即为恐怖组织。企业以外的主体固然也会存在赔偿能力不足的问题，但其解决办法更多在于预防大规模侵权的发生，而在预防其赔偿能力不足方面并非重点。个人因报复社会也会造成大规模侵权，例如在2001年河北石家庄靳如超爆炸案中，造成108人死亡，38人受伤，靳如超对此巨额损失显然无力赔偿。④ 在该案发生前，政府不可能通过强制个人投保责任险或缴纳赔偿基金等社会化赔偿方式予以预防，而只能是通过严格管理爆炸物品、及时疏导个人心理问

---

① 参见欧志葵《三鹿受害人能否优先赔偿?》，《南方日报》2008年12月26日。

② 参见史黎《我国大规模侵权责任保险制度构建论》，博士学位论文，吉林大学法学院，2016年，第25—26页。

③ 2014年3月1日，昆明火车站发生一起恐怖活动，以阿不都热依木·库尔班为首的8人新疆分裂势力打出暴恐旗帜，肆意砍杀无辜群众，致31人死亡，141人受伤，其中40人系重伤。参见茶莹、刘雅婷《昆明"3·01"严重暴恐案一审公开审理并当庭宣判》，《人民法院报》2014年9月13日。

④ 参见张继东《浅析个人极端暴力犯罪》，《公安研究》2010年第9期。

题等方式预防类似恶性事件的发生。本书研究的焦点在于多元化赔偿机制的建立，其主要思路是预防侵权人赔偿能力不足的情况。但需特别说明的是，本书研究涉及的赔偿机制并不适用于企业以外的主体造成的大规模侵权。

第一章　大规模侵权概述

大规模侵权直译于"Mass Torts"，这种事件并不鲜见，但这一概念无论是学术界还是实务界都未能准确归纳出其内涵和外延，更无法从侵权法的理论层面对其进行准确的论述。与此同时，大规模侵权成为一种特有的现象，给人类社会带来巨大灾难，究竟是什么原因导致大规模侵权频频发生，亦是学界讨论的重点。本章试图从大规模侵权的内涵、外延及其产生原因进行分析。

第一节　大规模侵权界定

一、大规模侵权的含义

伴随着美国石棉案①的发生，在 20 世纪 70 年代末 80 年代初，大规模侵权作为描述一类特有侵权现象词汇开始出现。② 在这一概念出现后，理论界试图对其作出精确的界定。然而，由于大规模侵权自诞生之日起就具有描述性、模糊性的特点，截至目前学界对大规模侵权的概念依然难以完全达成共识。一方面，"大规模"本身是一个模糊的表述，究竟是描述侵害严重，还是受侵

---

① 有关石棉案的案情详见本书第五章第二节。
② 参见曹相见《大规模侵权的内涵界定——基于美国法的考察》，《法治社会》2017 年第 2 期。

害群体大，抑或侵害事件持续时间长？另一方面，讨论此种侵权的目的一直在于要与传统侵权法提供的救济有所区别，因而"大规模侵权"本身也力求寻找与侵权责任、侵权行为等侵权法概念上的区别。因此，"大规模侵权"并非一个有定论的法律概念。

在国内，以张新宝、杨立新、朱岩三位教授对大规模侵权的界定最具代表性。张新宝教授认为："大规模侵权，是指被侵权人人数众多、损害后果影响重大的侵权事件。"[①] 杨立新教授认为："大规模侵权是指基于同一个侵权行为或者多个具有同质性的侵权行为，给为数众多的受害者造成人身、财产损害或者同时造成上述两种损害，须提供数额巨大的损害赔偿救济以及进行更好的预防和惩罚，以保障社会安全的特殊侵权行为。"[②] 朱岩教授对大规模侵权的界定在学界具有很大影响力，他认为："所谓大规模侵权就是指，基于一个不法行为或者多个具有同质性的事由，如瑕疵产品，给大量的受害人造成人身损害、财产损害或者同时造成上述两种损害。"[③]

研究大规模侵权的概念绝不应该忽视程序法学者对大规模侵权以及群体性诉讼、集团诉讼等的研究成果。我国民事程序法学者中以章武生[④]、王福华[⑤]、吴泽勇为代表，只是前两位教授在论文中并没明确给大规模侵权下定义。吴泽勇教授在论文中比较明确提出："所谓大规模侵害是指被侵权人人数众多，单个损害的数额也较大的那类侵害。"他的定义，一方面将大规模主要锁定为"被侵权人人数众多"；另一方面排除了"小额分散性侵害"，即那些个别侵害微不足道，但是被侵权人分布广泛，为数众多的那一类侵害。[⑥] 以上

---

① 张新宝、葛维宝主编：《大规模侵权法律对策研究》，法律出版社2011年版，第3页。
② 参见杨立新《〈侵权责任法〉应对大规模侵权的举措》，《法学家》2011年第4期。
③ 参见朱岩《大规模侵权的实体法问题初探》，《法律适用》2006年第10期。
④ 参见章武生《论群体性纠纷的解决机制——美国集团诉讼的分析和借鉴》，《中国法学》2007年第3期。
⑤ 参见王福华《如何向集团赔偿——以集团诉讼中的赔偿估算和分配为中心》，《法律科学》（西北政法大学学报）2009年第1期。
⑥ 参见吴泽勇《群体性纠纷解决机制的建构原理》，《法学家》2010年第5期。

就是我国实体法学者与程序法学者对于大规模侵权概念的界定情况，大多从"大量的""人数众多""损害后果严重"等特征出发界定大规模侵权。

我们把研究的目光投向其他国家，力图寻找其他国家的学者对大规模侵权是否有更为合理的界定。德国的冯·巴尔教授对"大规模侵权"作过简单的界定：涉及大量被侵权人的权利和法益的损害事实的发生，即为大规模侵权。[①] 大规模侵权可能发生在各个法律领域，涉及如何补偿被侵权人损害在内的一系列责任法问题。[②] 根据实际情况将常见的大规模侵权分为道路交通事故、大型载客运输工具事故、环境事故、缺陷产品造成的大规模侵权以及大型活动中的大规模侵权。并举例说：涉及 50 辆以上机动车的事故为道路交通事故，构成大规模侵权事故。[③] 可以发现，在德国学者的论述里，已经开始着眼于用数字来量化描述大规模侵权。

擅长从判例和经验中总结的美国学者也试图从量化分析的角度来界定大规模侵权的定义。美国律师协会大规模侵权委员会曾经对大规模侵权作过以下定义：大规模侵权至少包含 100 个基于同样事故或者因暴露于同样的有毒物质而引发的民事案件，每个案件因侵权而导致死亡、人身损害或者有形财产的损失不得低于 50000 美元。[④] 美国知名的智库兰德研究所对美国发生的 50 组不同的大规模侵权案件进行了统计和归纳后，认为 100 件以上的案件就可以构成大规模侵权。[⑤] 根据《布莱克法律词典》（第 8 版）的界定，大规模侵权是

---

① 参见［德］克里斯蒂安·冯·巴尔著《大规模侵权损害赔偿责任法的改革》，贺栩栩译，中国法制出版社 2010 年版，第 1 页。

② 参见［德］克里斯蒂安·冯·巴尔著《大规模侵权损害赔偿责任法的改革》，贺栩栩译，中国法制出版社 2010 年版，第 152 页。

③ 参见［德］克里斯蒂安·冯·巴尔著《大规模侵权损害赔偿责任法的改革》，贺栩栩译，中国法制出版社 2010 年版，第 28 页。

④ See American Bar Association Commission on Mass Torts, *Report to the House of Delegates* 5, 1989, p. 12. 转引自 Thomas E. Willging：Appendix C：*Mass Torts Problems & Proposals：A Report to the Mass Torts Working Group*，2020 年 3 月 18 日，见 https：//www.uscourts.gov/sites/default/files/masstapc_1.pdf。

⑤ 参见陈年冰《大规模侵权与惩罚性赔偿：以风险社会为背景》，《西北大学学报》（哲学社会科学版）2010 年第 6 期。

指造成多人损害的民事不法行为，如工厂排放毒气、商业客机相撞以及工业废物处理造成的污染等。这种行为可以是单个行为，如大楼坍塌，也可以由一段时间内的一系列相关行为所组成。美国学者 Russel J. Weintraub 认为大规模侵权是基于同一的不当行为导致的侵犯数以十计、数以百计甚至上千计的受害者，这些受害者先后提起诉讼，来势汹汹，足以压垮我们的行政司法系统。① Richard A. Nagareda 指出，大规模侵权通常被认为大规模侵权的原告不仅人数众多，而且原告的分布具有地理以及临时（偶然）特性，学者还援引发生于 20 世纪 90 年代初的 Keene Corp. v. U. S 以及 Amchem Prods. , Inc v. Windsor 案予以说明②；Sergio J. Campo 也认为，大规模侵权不同于"大规模事件（mass accidents）"，因为后者虽然侵犯了具有地理特性的大量原告的权利，但却是由一次性的单一事件（a single event in time）引起，比如酒店发生火灾等。③ 由此可见，美国学者对大规模侵权的界定和认识与《布莱克法律词典》的解释存在出入，即后者包含了"单个行为"，也即是"一次性的单一事件"引起的大量侵权后果。有美国学者指出，大规模侵权的诉讼必须满足四个基本条件④：（1）大规模侵权的被侵权人在数量上应该是大量的（substan-

---

① See Russel J. Weintraub, " Methods for Resolving Conflict-of-Laws Problems in Mass Tort Ligigation", *University of Illinios Law Review*, Vol. 1989. p. 129.

② See Richard A. Nagareda: *Mass Torts in a World of Settlement*, Chicago: University of Chicago Press, 2008, pp. xv - xvi; 转引自 Sergio J. Campos, "Mass Torts and Due Process", *Vanderbilt Law Review*, Vol. 54, No. 4 (2012), p. 1068. 在该案中，被告 Keene 公司因其产品石棉纤维（asbestos fibers）有毒有害物质的释放导致大量人员的中毒而被数千人诉讼而闻名，最后公司不得不申请破产。

③ See Sergio J. Campos, "Mass Torts and Due Process", *Vanderbilt Law Review*, Vol. 54, No. 4 (2012), p. 1068.

④ See Martin H. Redish, "Personal Jurisdiction and the Global Resolution of Mass Tort Litigation: Defining the Constitutional Boundaries", *University of California Davis Law Review*, Vol. 28, No. 3 (1995), p. 925, 该文作者指出虽然目前尚未有能够被统一接受并将现存案件（cases exist）分类定义，但大规模侵权诉讼倾向于显示出不同于普通侵权之诉的四个重要不同之处的组合（combination）; see also, Alani Golanski, "*Why Daimler Accommodated Personal Jurisdiction in Mass Tort Litigations*", *Albany Law Review*, Vol. 80, No. 1 (2016), p. 313. 该文作者要符合大规模侵权之诉，它通常需要符合四个标准；该文是在前文的基础上提出大规模侵权之诉的四个标准。

tial)。① 这个"大量"不仅简单地指侵害"许多人"（many people）的权利，而是受侵害群体的数量大到加重司法负担，案件变得越来越多，不得不不断推迟案件裁决②；（2）大规模侵权案件中，将会有大量的重复事实、法律问题和案件情节③；（3）大规模侵权案件涉及的问题比普通的侵权案件更为复杂以及对专业知识的要求更高④；（4）大规模侵权案件中的诉讼成本远高于普通的侵权案件。⑤

　　德国及美国对大规模侵权概念的探索为我国学者提供了极有意义的启示。德国和美国有关侵权制度、风险社会治理的实践和理论研究都较为完备，但即便如此，他们对大规模侵权案件的处理都较为审慎，轻易不对大规模侵权做一个具有普适意义的类型化界定。因为将符合某一标准或条件的事件界定为大规模侵权的弊端也很显著。首先，设定标准或条件的合理性将受到拷问；其次，一旦发生符合标准或条件的大规模侵权，是否需要采用特别的诉讼程序规则、是否需要启动政府应急措施、是否可由社会或私人设立的基金介入解决等，都是需要回答的问题。

　　国内外理论界和实务界都力图对大规模侵权做一个具有说服力的界定，但迄今收效甚微，学者们在界定大规模侵权时也主动放弃了缜密的逻辑推演，而采用不证自明的态度。这更凸显出"大规模侵权"这一概念于理论研究的

　　① See Martin H. Redish and Eric J. Beste, "Personal Jurisdiction and the Global Resolution of Mass Tort Litigation: Defining the Constitutional Boundaries", *University of California Davis Law Review*, Vol. 28, No. 3 (1995), p. 925; See also Alani Golanski, "Why Daimler Accommodated Personal Jurisdiction in Mass Tort Litigations", *Albany Law Review*, Vol. 80, No. 1 (2016), p. 313.

　　② Russel J. Weintraub, "Methods for Resolving Conflict-of-Laws Problems in Mass Tort Ligigation", *University of Illinios Law Review*, Vol. 1989, p. 130.

　　③ See Martin H. Redish and Eric J. Beste, "Personal Jurisdiction and the Global Resolution of Mass Tort Litigation: Defining the Constitutional Boundaries", *University of California Davis Law Review*, Vol. 28, No. 3 (1995), p. 926.

　　④ See Alani Golanski, "Paradigm Shifts in Products Liability and Negligence", *University of Pittsburgh Law Review*, Vol. 71, No. 4 (2010), p. 676.

　　⑤ See Martin H. Redish and Eric J. Beste, "Personal Jurisdiction and the Global Resolution of Mass Tort Litigation: Defining the Constitutional Boundaries", *University of California Davis Law Review*, Vol. 28, No. 3 (1995), p. 927.

挑战，一方面，无论是奉行实用主义哲学的英美法学者，还是遵循理性主义哲学的大陆法学者都无力对此概念作一个清晰、完整的界定；另一方面，大规模侵权这个"形容词+名词"组合的概念，更造就了对其进行精确定义的难度，即使那些擅长抽象思维的德国学者也仅能对这个概念作一个简单理解。近年来，我国学者纷纷对大规模侵权提出了一些原创性的界定，但几乎也不能摆脱仅能限于"描述性"的困扰，如反复提及的"人数众多""损害后果影响重大"等词汇。① 因此，我们认为不妨将大规模侵权简单界定为：是指因同一或相关联的行为导致的多人遭受巨大人身、财产损失的侵权行为。

是否构成大规模侵权涉及是否可以适用本书所构建的多元赔偿机制解决损害赔偿问题，而前述定义只是从概念内涵的角度作出了分析，司法实践依据该定义依然无法操作。在大规模侵权案例中，其侵权责任通常以大量的人员和经济、社会利益的涉众化为特征。这些案例发生变化的特征以及所要采取的应对方式是其规模体现的质而非仅仅是量。② 而这些案例不再关注在通常案例中所关注的个体之间的矫正正义的含义；而是关注大规模行为（large-scale activities）的公共管控（public control）和社会权力（social power）以及未来价值（value for the future）的分配问题。③这些大规模侵权案例反映的是一种"公共风险"（public risk）④，也正如 Peter Huber 所说的那样：这些公共风险是一种传播（diffuse）、低概率（low-probability）、多方性（multi-

---

① 参见王立兵《大规模侵权的概念》，载《黑龙江省政法管理干部学院学报》2012 年第 6 期，第 72—73 页。

② See generally Peter H. Schuck：*Agent Orange on Trial：Mass Toxic Disasters in the Courts*，London：Press of Harvard University，1986，2020 年 4 月 14 日，见 https：//www. hup. harvard. edu/catalog. php？isbn＝9780674010260。

③ See David Rosenberg，"The Causal Connection in Mass Exposure Cases：A 'Public Law' Vision of the Tort System"，*Harvard Law Review*，Vol. 97，Issue 4（1984），p. 851；Richard A. Epstein，"The Legal and Insurance Dynamics of Mass Tort Litigation"，*Journal of Legal Studies*，Vol. 13，Issue 3（1984），p. 475；Peter Huber，"Safety and the Second Best：The Hazards of Public Risk Management in the Courts"，*Columbia Law Review*，Vol. 85，Issue 2（1985），pp. 277- 278.

④ See Peter Huber，"Safety and the Second Best：The Hazards of Public Risk Management in the Courts"，in Columbia Law Review，Vol. 85，Issue 2（1985），p. 331.

lateral) 以及临时性-长潜伏期（temporarily-remote）的危害。① 对这些风险的评估必须同时非常密切注意公共风险的两个方面：风险的发生及风险的阻却，风险导致的对他人的危害以及被帮助的人。换言之，要求看待问题的"公共"视角。② 我们建议对于究竟何为"多人""巨大"由法官根据具体案情加以判断③，认定时主要考虑总损失额度、赔偿能力、对社会稳定的影响。具体而言，建议将大规模侵权的人数限定为100人以上；在不足100人的情况下，可以参考被侵权人死亡人数为10人以上或被侵权人财产损失5000万以上等量化标准。④ 之所以采取这一方式，除了前已述及的难以对损失额度和涉及人数作非常具体的测算外，主要原因还在于：大规模侵权的难题并不在于准确计算损失，而是在于解决侵权人赔偿能力不足的困局。大规模侵权不是一种独立类型的侵权行为，是否是大规模侵权主要涉及在程序和实体方面如何通过特别的方式解决损害赔偿问题，而如何解决这一问题主要是基于公共政策的考量。

正如美国 Richard A. Nagareda 教授所认为的那样，众多累积的事例已经使"大规模侵权"成为法律上的一个"艺术"词汇，其意不仅仅指大规模的侵权行为，更准确地说，是指一种现行法律制度特别难以解释的大规模侵权行为。⑤ 此外，还需要指出的是，大规模侵权不仅是一个"艺术"概念，还是一

---

① See Peter Huber, "Safety and the Second Best: The Hazards of Public Risk Management in the Courts", in Columbia Law Review, Vol. 85, Issue 2 (1985), p. 331.

② See Peter Huber, "Safety and the Second Best: The Hazards of Public Risk Management in the Courts", *Columbia Law Review*, Vol. 85, Issue 2 (1985), p. 331.

③ 在大规模侵权的认定主体方面，可能的主体包括行政机关和司法机关。由行政机关认定虽然可能在效率方面较高，但往往不透明。而且，按照本书后文所述观点，行政机关在不作为或者违法实施行政许可的情况下需要对大规模侵权承担损害赔偿责任，在社会化赔偿方面有进行社会救助的义务。如果赋予行政机关认定大规模侵权的职权，难以确保行政机关的公正性。此外，如果行政机关的认定结论不可诉，则直接威胁到被侵权人的利益；如果行政机关的认定结论可诉，则赋予行政机关认定职权并不能体现效率高这一优势。

④ 参见赵蕾《大规模侵权概念的再界定——以风险社会为背景的分析》，《云南大学学报》（法学版）2015年第1期。

⑤ See Richard A. Nagareda: *Mass Torts in a World of Settlement*, Chicago: University of Chicago Press, 2007, p. 5.

个 "变化" 的概念。也就是说，即便我们现在试图给大规模侵权下一个相对确定的定义，但其实这个定义一定是发展变化的，也许十年，也许二十年，大规模侵权就会给世人展现出乎我们意料的特点，如同蒙娜丽莎的微笑一般。然而揭示大规模侵权发展变化的特点，总结归纳出更科学、更有分辨度、更富操作性的概念，仍是学者们需要参悟的一个重要问题。

二、大规模侵权的特征

在大规模侵权中，侵权人与被侵权人之间不再体现为简单的侵权与被侵权的法律关系和结构，而是一个侵权人与多个被侵权人、多个侵权人与多个被侵权人之间的复杂法律关系和复杂的结构。① 在阐述大规模侵权的特征之前有两个在学界流传甚广的观点有必要廓清。

一是大规模侵权是否是特殊侵权？鉴于现有的关于侵权行为类型的基本分类中所包括的一般侵权和特殊侵权不能涵盖大规模侵权，而又需要对大规模侵权构建特殊的救济机制，因此，朱岩教授认为，由于大规模侵权作为一种具有致害行为同质性、被侵害主体多数性、因果关系模糊性以及损害赔偿复杂性等特征的损害事故类型，只有承认大规模侵权能够构成一种特殊侵权责任类型，才能确保这一制度在概念上独立于我国既有的特殊侵权责任，进而以其为中介推动现实层面的事故规制从行政主导模式向司法救济模式的转换。② 反之，如果不将大规模侵权作为一种特殊的侵权责任类型，则其必将因丧失概念自身的独立性而与既有的侵权行为类型相混同；这就意味着以大规模侵权作为制度中介将损害事故纳入侵权法规制途径的做法失去存在的价值，而只需通过现有的侵权法体系即可实现大规模损害事故的有效规制。③ 我们认

---

① 参见张平华《揭开集合侵权的面纱——从术语翻译到制度建构的追问》，《法律科学》2013年第 6 期。
② 参见朱岩《大规模侵权的实体法问题初探》，《法律适用》2006 年第 10 期。
③ 参见孙大伟《我国大规模侵权领域困境之考察——基于制度功能视角的分析》，《当代法学》2015 年第 2 期。

为，虽然大规模侵权具有被侵权人人数众多、导致的损失巨大等特性，但大规模侵权既可能是一般侵权行为，也可能是特殊侵权行为，不能笼统地将其定性为特殊侵权。例如，渤海湾康菲石油渗漏产生的环境侵权应为特殊侵权，而网络大规模侵权则为一般侵权。因此，大规模侵权作为一个法律概念不是以"一般侵权"或"特殊侵权"为对称抽象出来的概念。从现行法律术语来看，并不能直接找到"大规模侵权"这一术语的对称。如果仅从字面上看，似乎可以将"大规模侵权"的对称表述为"小规模侵权"，但用"小规模侵权"依然不甚符合本义，毕竟汉语所称的"小规模"也是指有一定的规模。为了论述的方便，同时避免歧义，不妨将"大规模侵权"这一概念的对称表述为"普通侵权"①。

二是相对于普通侵权，因果关系难以认定是否是大规模侵权独有的问题？很多学者在探讨大规模侵权的特征时常认为其因果关系难以确定是该类侵权的重要特征。但我们认为，因果关系难以认定并非大规模侵权独有的问题，或者说，大规模侵权中即使存在因果关系难以认定的问题也并非"大规模"所造成的；而在实务中让人觉得难以认定其中的因果关系，则是因为该类型的侵权行为本身难以认定因果关系。例如，在一个普通的乳制品产品责任案件中，消费者通常没有保留购物凭证的习惯，致使侵权人要证明其损害与生产者和销售者之间的行为存在因果关系变得非常困难。相反，在发生大规模侵权的情形下，由于涉及的人数众多，从相当因果关系的理论看，足够大的样本量也更易于认定因果关系。在三鹿奶粉事件中，对患儿是否因食用三鹿奶粉导致结石，可以采取比较宽泛的解释，即推定三鹿集团为侵权人。

基于以上分析，结合大规模侵权的实际情况看，我们认为其特征主要表现在以下几个方面：

第一，侵权人既可能是一个主体，也可能是多个主体，但基于不真正连

---

① 参见杨立新《〈侵权责任法〉应对大规模侵权的举措》，《法学家》2011 年第 4 期。

带责任、补充责任等，侵权人通常可能是多个主体。例如，在三鹿奶粉事件中，主要的侵权人是奶粉生产者三鹿集团，但根据《产品质量法》的规定，数量庞大的销售者对毒奶粉导致的损失负有不真正连带责任，从而使侵权人变成多个主体。

第二，大规模侵权中的侵权人既可能是个人，也可能是单位，但通常为企业。之所以呈现这一特征，这与工业社会是一个风险社会密切相关，企业的出现，特别是大集团公司的出现，同时伴随着工业技术的发展，在给人类社会带来诸多便利的同时，风险也相应产生，导致大规模侵权发生的概率也大大增加。我国企业的形态多种多样，按照所有制来区分，包括国有企业、集体企业和私人企业；按照投资人责任形态来区分，包括公司、合伙企业和个人独资企业。理论上，前述任何一种类型的企业都可能导致大规模侵权，但鉴于公司制的企业已经是我国当前的主要企业形态，本书所讨论的大规模侵权的侵权人主要是公司。除了专门针对公司制的企业内容外，例如有关股东、董事、监事和高级管理人员（以下简称"董监高"）的责任的论述，其他论述对非公司制的企业亦可以适用。

第三，被侵权人的多数性和分散性。被侵权人的数量较多应该是大规模侵权的特征之一，通常少则数十人，多则成百上千万，并且还会存在一些潜在（隐性）的被侵权人。除了人数多之外，被侵权人还可能会分散在不同的地域。例如，在三鹿奶粉事件中，被侵权人遍布全国各地。正如美国学者所主张的，大规模侵权的受害者具有地理和临时、偶然分布特性。[①]

第四，侵权行为具有同一性或同质性。造成多数人分散性损失的侵权行为既可能是一个侵权行为，也可能是多个侵权行为。但大规模侵权的发生并不是由多个不同性质的加害行为共同造成的，而是基于同一个违法行为或者

[①] See Richard A. Nagareda: *Mass Torts in a World of Settlement*, Chicago: University of Chicago Press, 2008, pp. xv-xvi; see also Russel J. Weintraub, "Methods for Resolving Conflict-of-Laws Problems in Mass Tort Ligigation", *University of Illinios Law Review*, Vol. 1989, Issue 1 (1989), p. 130.

同一性质的违法行为。前者如天津港爆炸事件，众多人身财产损害就是瑞海物流公司违法经营的同一违法行为所造成的；后者如 2008 年毒奶粉事件，即是几十家问题奶粉公司在奶粉中添加三聚氰胺这一同一性质的违法行为造成的。大规模侵权具有同一性或同质性特征，与共同侵权具有相似性，但大规模侵权与共同侵权并非同义语；大规模侵权可能因为共同侵权造成，也可能与共同侵权无关。

第五，导致的损失数额巨大。大规模侵权一旦发生，不仅会给众多被侵权人的财产造成损害，更会造成人身上的伤害，甚至精神上的痛苦。何为损失巨大，应综合考虑：一是侵权人财产不足以赔偿；二是侵权人虽然能够赔偿但数额特别巨大。

综合以上分析，大规模侵权本质上仍是侵权行为，属于侵权行为的下位概念，其最大的特征在于被侵权人人数众多，所造成的损失巨大，且侵权人常常无力赔偿。

三、大规模侵权的类型化

美国对大规模侵权做广义上的理解，泛指工业化时代出现的一类新的侵权类型。[①] 大规模侵权对应的诉讼程序往往是集团诉讼，而美国集团诉讼处理的大规模侵权类型既包括大额分散性大规模侵权、严重潜在风险大规模侵权，也包括小额分散性大规模侵权。美国集团诉讼，特别是其中的原告集团诉讼，遍布于损害赔偿（如橙剂、石棉、输血、烟草、隆胸手术、飞机失事、产品责任等）、公民权利保护、证券欺诈、反垄断、消费者权益保护、员工福利、性别歧视、环境保护、专利侵权等几乎所有民事实体法领域。不同实体法调整的纠纷往往归入不同的案件类型。[②]

日本将大规模侵权案件分为公害案件和医药侵害案件，这与日本本国所

---

① 参见朱岩《大规模侵权的实体法问题初探》，《法律适用》2006 年第 10 期。
② 参见罗健豪《美国集团诉讼退出制研究》，法律出版社 2011 年版，第 104 页。

经历的若干重要的大规模侵权案件有关。例如，发生于 20 世纪 80 年代初期的日本"药害艾滋事件"，当时位居日本制药行业第一的"绿十字"公司向血友病患者提供的非加热型血液浓缩制品的原料来自美国，其中掺杂了因吸毒或同性恋等罹患艾滋病的病人的血液。被感染的血液未能识别，由此制成的血液制品就成为传播艾滋病的直接载体，并被输入至抵抗力本来就很孱弱的血友病患者体内。截至 1996 年，因使用"绿十字"公司提供的非加热型血液浓缩制品导致超过 1800 名血友病患者感染艾滋病，超过 400 人因此而死亡。① 经调查，此事件除了"绿十字"公司的责任外，日本厚生省药物局也有责任，厚生省药物局的相关责任人因此被判处刑事处罚。1996 年，患者与政府及"绿十字"公司达成赔偿协议，每位感染艾滋病的患者获赔 4500 万日元（约 45 万美元），其中由政府承担 40%，制药公司承担 60%。政府和"绿十字"公司还需向患者公开赔礼道歉。② 另一起药害肝炎事件是指 1994 年前因分娩或其他手术而需要输血的患者，所输入的血液中混入了丙肝病毒，由此引发严重的肝炎感染事件。该事件的责任者除了制药企业和医院外，政府也具有难辞其咎的监管责任。

在我国，张新宝教授认为，大规模侵权一般包括产品责任、环境污染、重大交通事故、重大高度危险作业、危险物品致人损害，但不包括空难。③ 朱岩教授认为大规模侵权是基于一个同质性的侵权事实在大范围内引起众多被侵权人遭受不同程度的损害，如产品责任、环境污染、工业事故、反托拉斯、证券诉讼及消费者保护领域。而张红教授认为，大规模侵权应该是那些涉诉受害者众多，且救济特别困难的侵权行为，而不主张将道路交通事故、空难、火车出轨等纳入大规模侵权案件类型，因为此类案件都已经建立责任保险制

---

① 参见胡俊凯《鬼影幢幢的"绿十字"——日本"药害艾滋事件"透视》，《经济世界》1996 年第 12 期。
② 参见李雯静《论输血及血液制品感染的侵权责任》，《时代法学》2014 年第 4 期。
③ 参见张新宝《设立大规模侵权损害救济（赔偿）基金的制度构想》，《法商研究》2010 年第 6 期。

度，且航空、铁路等经营者通常具有国家背景、赔偿责任不存在问题，因此对被侵权人的救济能及时到位。另外，鉴于证券集团诉讼的特殊性，难以纳入传统侵权法的论述范围，也将其排除在大规模侵权范围之外。[1] 胡卫萍教授认为按照不同的标准可以将大规模侵权的行为类型作不同的划分，不过她认为比较典型的大规模侵权类型主要包括环境污染问题大规模侵权、产品责任问题大规模侵权、网络服务问题的大规模侵权、证券欺诈问题的大规模侵权、安全责任和垄断行业的大规模侵权。[2] 也有学者认为，我国大规模侵权主要发生在产品责任（食品和药品）、重大生产安全事故（工厂和矿山领域）、环境污染以及证券虚假陈述、网络侵权等方面。[3]

我们认为，大规模侵权的类型化分析应当紧扣大规模侵权的含义和特征，只要属于侵权行为且被侵权人众多且所受损失巨大，则应属于大规模侵权的范畴，而不能因为对其难以用相同的解决机制解决损害赔偿问题，而将其排除在大规模侵权范畴之外。因此，不能因为证券集团诉讼的特殊性而将其排除在大规模侵权的类型之外，更不能因为现行法律已经针对交通事故侵权行为建立相应责任保险赔偿机制而将其排除在外。

第二节 大规模侵权产生的原因：风险社会

如果沿着工业社会发展的历史轨迹去考察，我们可以发现这两百年来各国为应对工业化产生和发展进程中面对的风险和危害，所选择的法律解决路径有其规律可循，即处理有关工业化进程中风险和紧急问题的法律系统一直是在争议和矛盾的讨论中不断修补、完善中演进的，可以说，过去两百年的

---

① 参见张新宝、葛维宝主编《大规模侵权法律对策研究》，法律出版社 2011 年版，第 199 页。

② 参见胡卫萍《社会转型中的大规模侵权及其责任承担机制研究》，中国检察出版社 2012 年版，第 51—63 页。

③ 参见熊进光《大规模侵权损害救济论：公共政策的视角》，江西人民出版社 2013 年版，第 48 页。

确是一个对工业化所产生的风险和灾难进行推算和预警并不断提高推算和预警之精确性的时期。①

风险与社会发展总是相生相伴的，人类社会从农耕文明走向工业文明，产生和推动了一系列产业的发展与变革，而正是随着生产力的提高，人类社会之间相互交互、相互影响的生产、交换活动日益频繁，日益广泛，不可避免地导致产品责任、交通事故、工伤事故、环境污染等公害事件越发频繁，大规模侵权事故的损害更加显著。我们不得不承认现代工业社会已演变为风险社会，无法规避的社会风险已经成为悬在我们全人类头上的达摩克利斯之剑。②

一、风险社会概述

近年来，主要由于以下两个原因使风险这一概念成为社会科学家钻研的对象：第一，我们的技术以及主宰我们生活的制度越来越复杂，而与此同时技术创新的失败也屡见不鲜。第二，风险和不确定性无处不在，我们现有的技术和社会制度无法消除风险和不确定性。③ 实践中，讨论"风险"一词的语境几乎遍及日常生活的每一个方面，安全风险、财产风险、法律风险等成为大家耳熟能详的用语；学界对"风险"这一话题也饶有兴趣，从风险分类、风险预警到风险管控，都有学者在作分析和探讨。但究竟何为"风险"，却尚未形成学界的广泛共识。

风险社会理论的开拓及形成最早见于 20 世纪 80 年代，最初由贝克、卢曼、吉登斯以及道格拉斯提出。贝克教授在其名著《风险社会》中认为风

---

① 参见［德］乌尔里希·贝克著《从工业社会到风险社会（上篇）——关于人类生存、社会结构和生态启蒙等问题的思考》，王武龙编译，《马克思主义与现实》2003 年第 3 期。

② 参见杜健《大规模侵权损害救济机制研究——以社会化救济为视角》，博士学位论文，安徽大学法学院，2015 年，第 42 页。

③ 参见［英］彼得·泰勒-顾柏、［德］詹斯·O. 金《社会科学中的风险研究》，黄觉译，中国劳动社会保障出版社 2010 年版，第 4 页。

险是文明所强加的，风险社会是一个灾难社会①，但工业社会所造成的不确定性并不必然造成混乱或灾难。② 卢曼指出，在现代社会中各方面不确定性的增加以及在抉择情况下附带风险的决定——在此情况下消极后果是可能发生的；他进一步指出，附带可能性损失的决定即是所谓的风险；如果这个决定还与外界的原因，诸如环境因素关联着，那我们就面临着危险。③ 贝克和吉登斯认为风险社会的发生与关注着未来以及社会反身性（social reflexivity）的现代化的进程相关④；而道格拉斯则强调在风险性选择中政治和文化角色对于社会的重要性。⑤ 无论如何界定"风险"或"风险社会"，我们不得不承认人类当前面对风险呈现以下两大特点：

其一，从工业社会到风险社会。随着工业的发展，风险无处不在。这些风险的出现是伴随着工业的发展而出现的。我们每个人的生活甚至最基本的生存和发展不再只受自然灾害的影响，"人为制造出来的风险"也时时刻刻影响着我们。人类社会经过漫长的发展进入工业社会，解决了影响人类生存的饥饿、瘟疫问题，但风险也悄然而至。正因如此，贝克把风险社会前的社会称为"工业社会"，并认为工业社会的核心问题之一是财富分配以及不平等境遇的改善，而在风险社会必须把风险损害的缓解与分配作为核心问题。⑥

其二，从自然风险到人为风险。自然风险，是指由各种自然灾害引发的

① 参见［德］乌尔里希·贝克《风险社会》，何博闻译，译林出版社 2004 年版，第 22—23 页。
② 参见贝克等《风险社会与中国——与德国社会学家乌尔里希·贝克的对话》，《社会学研究》2010 年第 5 期。
③ See Niklas Luhmann, Rhodes Barrett（translator）: *Risk: A Sociological Theory*, New York: Routledge, 1993, pp. 21-22. 转引自 Michael Burkard, "Law and Science: Risk Assessment and Risk Management in the WTO Agreement on the Application of Sanitary and Phytosanitary Measures", Bern: *Dissertation of Univerist? t Bern*, 2011, p. 114。
④ See generally Rolf Lidskog, "The Risk Society: Towards a New Modernity（Book Review）, *Acta Sociological*, Vol. 36, Issue 4（1993）, pp. 400-403; Lee Clarke, "Risk Society: Toward a New Modernity（Book Review）", *Social Forces*, Vol. 73, Issue 1（1994）, pp. 328-329.
⑤ See Douglas M., Wildavsky A.: *Risk and Culture. An Essay on the Selection of Technical and Environmental Dangers*, Berkeley and Los Angeles: University of California Press, 1983, p. 221.
⑥ 参见刘水林《风险社会大规模损害责任法的范式重构——从侵权赔偿到成本分担》，《法学研究》2014 年第 3 期。

风险，这是传统社会的主要风险。与此相对应的是人为风险，这是风险社会的主要风险来源。当我们从传统社会发展到现代社会时，我们所面临的主要风险也由自然风险演化为人为风险。人为风险主要来自人类活动本身，而非不可预测的自然力量。一方面，人类发明的技术、所从事的各种活动本身就可能带来风险；另一方面，人类的行为本身也加重了来自自然界的风险。① 由于实践和理论方面的多种原因，风险和不确定性成为社会科学的核心问题。② 风险与不确定性相关，是由行动或政策引发的可能性、机会或可能事件。因此风险与人类社会的发展总是如影随形。在风险社会中，安全与风险相生相伴，但却无法形成永久的长期平衡，反而永远处于一种难以调和共处的状态，只能通过持续不断的反思进行调适和平衡。

"风险社会"并不是一个人类社会发展进程中的历史阶段，更不能将其视为历史分期意义上的一个概念，而是对工业化后现代社会特征的一个形象描绘。对现代社会发展后果的审视是当代社会理论的重要议题，表征了研究人员强调社会、政治及文化背景中风险的形成及其可预测的重要性。"风险社会"逐渐由一个社会学概念演变成一种社会理论体系。当然也有学者认为，风险社会理论与其说是某个流派的学说，倒不如说是从"风险整体转型"的视角来审视当代社会重大变迁的观点和看法的统称。③ 当下风险社会用陈寅恪先生所言"数千年未有之巨劫奇变"来形容再合适不过。④

二、风险社会形成的根源

科学技术的负面效应是风险社会的"源泉"。一方面风险社会是科学技术

① 参见陈年冰《大规模侵权与惩罚性赔偿——以风险社会为背景》，《西北大学学报》（哲学社会科学版）2010 年第 6 期。
② 参见 [英] 彼得·泰勒-顾柏、[德] 詹斯·O. 金著《社会科学中的风险研究》，黄觉译，中国劳动社会保障出版社 2010 年版，前言部分。
③ 参见刘岩《风险社会理论新探》，中国社会科学出版社 2008 年版，第 2 页。
④ 参见程燎原《清末法政人的世界》，法律出版社 2003 年版，引言第 1 页。

迅猛发展的表现；另一方面科技发展中的新技术引发了大量新的风险，使得现代社会中的风险不能用传统社会的风险预防、管控手段来控制。新技术带来的新风险不仅呈现出数量上的正相关关系，新技术使用越广，风险越多。如将基因技术运用于食品、药品等关乎人类粮食、健康等基础问题的领域时，既提供了开创性的解决方案，也带来了人类社会从未体验过的风险。此外，新技术带来的风险还表现为危害程度方面的关联性，越前沿高端的技术，带来的风险后果越严重。如利用核技术发电既有能源利用、开发层面的高效率，但也潜伏核泄漏、核爆炸等难以承受的风险后果。科学技术的能量是一把"双刃剑"，既为人类提供了进步文明的福祉，也有可能带来人类社会从未经历过的灾难和风险，这即当代社会无法克服的最大风险来源。

风险社会的"风险"的实质是人们在利用高科技和发达的市场体系创造财富的过程中，高科技与发达市场（制度）体系本身隐含的风险的呈现。① 有学者称之为"技术性侵权"（techno-torts），即是源自以下因素之一而造成的侵权：（1）"风险"，即因为用于编译、加工以及数据或信息传送的新技术发展而引起的风险；（2）技术的革新，如果先前现有的技术已经被应用，这样的诉求本不应该被提起；（3）对新产品或服务的技术提出质疑，假定的事实违反了引起诉求的法律规定；（4）在传统的侵权之诉，与技术的关联使该诉讼变得更加复杂和昂贵。② 例如，1986 年发生在苏联（现乌克兰境内）的切尔诺贝利核电站爆炸及随后引发的核泄漏，造成大量高能辐射物质释放至大气层中，波及大面积区域，切尔诺贝利城被废弃，成为历史上最为严重的核电事故。这即人为技术带来灾难性失控后果，这个灾难性后果是使用核技术这个风险行为的结果，这与因自然原因引发的偶发性、不可控的风险后果不

----

① 刘水林：《风险社会大规模损害责任法的范式重构——从侵权赔偿到成本分担》，《法学研究》2014 年第 3 期。

② See Martin C. Loescb, "Recent Developments in Self-insurance and Risk Management", *Tort & Insurance Law Journal*, Vol. 32, No. 2（1997），p. 584.

同，并非完全不可预测和不可控。

科技进步带动产业发展，生产的规模化、机械化在提高生产效率和产量的同时也产生了新的风险，而伴随着交通运输业的发展，一方面加快了商品流通；另一方面也扩大了风险的威胁面。虽然不可否认的是在某些领域，通过现代的技术手段实际上也降低了总的风险性，如车载安全带的使用降低了车祸造成的损失风险、信息化的导航技术提高了飞机航行的安全性。但也必须看到新技术也导入了前所未有的风险变量，如完全依赖信息系统的导航技术，一旦出现问题飞行员几乎无法自救。尤其当人工智能大量出现后，一旦发生系统性风险，对整个社会将是毁灭性的。

三、风险社会对侵权损害赔偿的深刻影响

"风险社会所要解决的社会问题不同于传统工业社会的问题。这种不同亦即'例外问题'的产生，是导致风险社会法律范式转换的根本。"[①] 表面看来，现代社会构建了一种责任到人的管理模式，但实际上这种社会管理模式的核心是"自我满足和自我中心型"，众多"理性的经济人"行为导致了实际上没有人对社会负责。[②] 正如贝克教授所言："风险社会的核心问题从工业社会时期的财富分配以及不平衡的改善与合法化，转变为如何缓解和分散风险。"[③] 风险社会的到来对现代法治秩序提出了挑战，社会风险性增大而出现的社会裂变和冲突，理念更新和制度创新应当成为侵权责任制度设计的重要因素。

（一）从过错责任到严格责任

在 19 世纪，以法国民法为起点，"结果责任"走向末路，侵权法的归责

---

① 刘水林：《风险社会大规模损害责任法的范式重构——从侵权赔偿到成本分担》，《法学研究》2014 年第 3 期。

② 参见钱亚梅《风险社会的责任分配初探》，复旦大学出版社 2014 年版，第 28 页。

③ 参见 ［德］乌尔里希·贝克《风险社会》，何博闻译，译林出版社 2004 年版，第 36 页。

原则从"结果责任"演变为"过错责任"。过错责任符合人类社会朴素的价值观，没有过错即没有责任。坚持过错责任一方面可以保障行为人的自由；另一方面又可以对过错行为进行惩罚和教育。过错责任原则不仅成为侵权法唯一的归责原则，更成为近代民法的三大基本原则之一。为了保护自由竞争和企业主的利益，过错责任在相当长的时间内是主要的侵权责任归责原则。①

但进入 20 世纪之后，随着工业革命的兴起，产品责任、环境污染、交通事故频发，潜在的被侵权人常处于弱势地位，人们越来越认识到我们所处的社会是一个风险社会，现代社会的平等性和互换性丧失，社会出现了严重的两极分化和尖锐对立。②"这些损害不再适宜认定为个人过错所造成的损害，而是属于社会性损害（social damages）。"③ 如果仍然完全坚持过错责任，不利于损害的分散，个案正义难以伸张，对被侵权人而言显得极为不公平，严格责任便应运而生。

现代侵权法的重心发生了转移，不仅仅是保障行为自由，还强调对被侵权人的救济。侵权人及其过错行为不再是关注重点，相反，优先考虑对被侵权人的赔偿才是侵权法的目标。④ 因此，侵权人是否有过错、其行为应被惩罚的必要性显得不是那么重要，重要的是如何实现对被侵权人的救济。为了强化救济，在某些情况下，即使不是因为自己的行为造成的损害，只要结果跟行为人有关联性，也可能要由行为人承担责任，重在强调有利于被侵权人的保护和救济。强化救济实际上就是强调以人为本，强化对人的关爱，这是现代侵权法的基本理念。

在此背景下，侵权责任的归责原则发生了重大变化，严格责任应运而生，

---

① See Lawrence M. Friedman, A History of American Law（Second Edition）, New York: Simon & Schuster, Inc, 1985, pp. 467-487. 转引自王利明《建立和完善多元化的受害人救济机制》，《中国法学》2009 年第 4 期。

② 参见梁慧星《从近代民法到现代民法——二十世纪民法回顾》，《民商法论丛》第 7 卷。

③ 程啸：《侵权责任法》，法律出版社 2015 年版，第 46 页。

④ 参见［美］格瑞尔德·J. 波斯特马《哲学与侵权行为法》，陈敏、云建芳译，北京大学出版社 2005 年版，第 97 页。

以期尽可能地在追求新技术的普遍适用与大众安全期待利益之间的利益平衡。当然，对此也有学者提出不同意见，认为不应该针对新型科学技术适用严格责任，否则将阻碍技术进步。但我们认为，严格责任的目的在于调整"高度危险"，通过保险或者其他手段完全可以分散新型科学技术可能具有的风险。不仅如此，企业投入新型科学技术本身就可能带来"技术垄断利润"[1]，对其不必过分偏袒。

（二）从私法救济到社会救济

侵权法在相当长的历史时期内是对人身和财产损害提供救济的唯一途径，即便是在工业革命以后，在产品责任事故、环境污染事件、高度危险活动致人损害等频发的情况下，侵权法在很长时间内依然是唯一的赔偿依据。工伤赔偿曾经也属于侵权责任法框架内的问题，随着时代的发展，人们意识到如果仍然局限在侵权法框架内解决问题，即使按照雇主严格责任归责原则处理工伤赔偿问题，也不足以解决工伤赔偿问题，基于社会化赔偿理念的工伤保险制度便应运而生。

但显然仅在工伤领域采取社会化赔偿方式是远远不够的，毕竟社会风险不仅仅存在于工伤领域。随着风险社会的来临，从最初仅在侵权人和被侵权人之间进行侵权损害分配，发展为向整个社会分散损失，出现了集体化的损失分担趋势[2]，也就是损害赔偿社会化趋势。损害赔偿社会化的实现方式就是从传统侵权法仅仅关注损害转移（从被侵权人转移到侵权人）向损害分散（从侵权人转移到整个社会）方向发展。损害分散（loss spreading）的思路已经成为风险社会下思考如何及时、充分地填补被侵权人损害的一个重大理念，即通过责任保险、赔偿基金等方式使侵权人造成的损失由整个社会来承担。救济被侵权人成为侵权法的主要任务，而对于预防损害，尤其是惩戒侵权人

---

[1] 参见朱岩《危险责任的一般条款立法模式研究》，《中国法学》2009 年第 3 期。
[2] 参见朱岩《风险社会与现代侵权责任法体系》，《法学研究》2009 年第 5 期。

只是侵权法的次要任务。损害分散不仅使被侵权人得到及时、充分的救济，还可以避免侵权人因承担巨额损害赔偿而陷入破产境地，超越了侵权人和被侵权人一对一式的损害分散（loss shifting）理念。[1]

按照美国学者戴维·伊斯顿的看法，公共政策是政治系统权威性决定的输出，因此它对全社会价值做有权威的分配[2]，侵权法与公共政策从来都是联系在一起。侵权法的立法、司法与执法都广泛地关注公共政策，而公共政策的许多具体措施都表现为一种对权利的救济。[3] 侵权法政策问题的核心是侵权责任的承担是基于独立的过错还是风险及损失的广泛分布（wide distribution）[4]，而对风险社会而言，侵权责任的承担很显然更倾向于后者。填补可能发生的损害应当成为侵权救济的重要目标。社会化赔偿越来越为人们所重视，已经在很多领域得到较好应用。例如，在环境侵权责任方面，"为了避免因侵权人支付能力不足、已经破产、关闭或根本无法确定侵权人等缘故而使被侵权人无法获得赔偿，或因旷日持久的诉讼对被侵权人缓不济急以及避免侵权人因赔偿负担过重导致破产而影响经济发展和社会稳定，西方发达国家都建立了环境侵权责任社会化的法律保障制度"[5]。而在工伤领域，工伤保险制度这种社会化赔偿的方式更是在世界范围内得以确立。

之所以采取社会救济的方式，Englard 教授从现代福利社会的视角给出了一个解释：个人的受害召唤着社会的团结一致（social solidarity）。身体的肢体损伤被视为一个集体责任（collective responsibility）的事项。损伤后必需的医

---

[1] 参见王泽鉴《侵权行为》，北京大学出版社 2009 年版，第 8—9 页。

[2] See David Easton, *The Political System: An Inquiry into the State of Political Science* (2nd Edition), New York: Alfred A. Knopf, 1971, p. 129.

[3] 参见［美］约翰·G. 弗莱明《关于侵权行为法发展的思考：侵权行为法有未来吗?》，吕琳、徐丽群译，载《私法研究》第三卷，中国政法大学出版社 2003 年版，第 119 页。

[4] See Guido Calabresi, "*Some Thoughts on Risk Distribution and the Law of Torts*", *The Yale Law Journal*, Vol. 70, No. 4 (1961), p. 499.

[5] 张志文、王秋俊：《论环境侵权责任社会化的价值取向》，《云南大学学报》（法学版）2004 年第 4 期。

疗、康复以及营养是与导致身体损害无关的社会目标。就影响着个人身体完整性的灾难（misfortunes）而言，现代福利性社会在不同程度上承担起了集体责任。在现代社会，遭受灾难的个人——或由于事故或其他方面导致，通常倾向于认为他或她自己已经"被"剥夺了福利，应该得到补偿或赔偿。①

本章小结

大规模侵权，是指因同一或相关联的行为导致的多人遭受巨大人身、财产损失的侵权行为。而对于究竟何为"多人""巨大"则根据具体案情加以判断。大规模侵权既可能是一般侵权行为，也可能是特殊侵权行为，有些学者将其界定为特殊侵权行为并不妥当。因此，大规模侵权作为一个法律概念不是以"一般侵权"或"特殊侵权"为对称抽象出来的概念。为了论述的方便，同时避免歧义，不妨将"大规模侵权"这一概念的对称表述为"普通侵权"。

大规模侵权具有以下特征：（1）侵权人既可能是一个主体，也可能是多个主体，但通常可能是多个主体；（2）大规模侵权中的侵权人既可能是个人，也可能是单位，但通常为企业；（3）被侵权人的多数性和分散性；（4）侵权行为的同一性或同质性；（5）导致的损失数额巨大。大规模侵权本身并不存在因果关系难以认定这一问题，而在实务中让人觉得难以认定其中因果关系，则是某一类型的侵权行为本身难以认定因果关系。相反，在发生大规模侵权的情况下，由于涉及的人数众多，从相当因果关系的理论看，发生大规模侵权时更易于认定因果关系。

我们认为，只要属于侵权行为且被侵权人众多且所受损失巨大，则应属

---

① See Izhak Englard, *The Philosophy of Tort Law* (*Applied Legal Philosophy*), London: Darmouth Publishing Company, 1993, p. 110. 转引自 Hassan El Menyawi, "Public Tort Liability: Recommending An Alternative to Tort Liability and No-Fault Compensation", *Global Jurist Advances*, Vol. 3, Issue 1 (2003), p. 6。

于大规模侵权的范畴，而不能因为对其难以用相同的解决机制解决损害赔偿问题，而将其排除在大规模侵权范畴之外。因此，不能因为证券集团诉讼的特殊性而将其排除在大规模侵权的类型之外，更不能因为现行法律已经针对交通事故侵权行为建立相应责任保险赔偿机制而将其排除在外。大规模侵权可以分为：产品责任大规模侵权、环境污染大规模侵权、安全生产事故大规模侵权、交通事故大规模侵权、证券违法大规模侵权、垄断与不正当竞争行为大规模侵权、网络大规模侵权等。

风险与社会发展总是相生相伴的，人类社会从农耕文明走向工业文明，产生和推动了一系列产业的发展与变革，而正是随着生产力的提高，人类社会之间相互交互、相互影响的生产、交换活动日益频繁、日益广泛，不可避免地导致产品责任、交通事故、工伤事故、环境污染等公害事件越发频繁，大规模侵权事故的损害更加显著。我们不得不承认现代工业社会已演变为风险社会，无法规避的社会风险已经成为悬在我们全人类头上的达摩克利斯之剑。[1] 日本侵权法学者星野英一曾指出，侵权法的体系应当顺时而变以满足现代工业社会的需要。[2]

在全球进入风险社会之后，各种风险呈现出一种爆发式的增长，不仅风险类型增多、风险结构复杂，而且各种风险更容易转化为现实灾难，成为危害人类人身和财产安全的公共危险。侵权法的主要任务在于如何构建法益保护与行为自由之间的矛盾关系。德国 1896 年民法典将保护行为自由视为其当务之急的法律政策。然而，一百多年后的今天，可以肯定地说，侵权法所保护的重点已随着时间的推移而发生了变化。企业承担侵权责任的情形越来越多，其原因一方面是因为风险越来越多，导致发生侵权的情况也越来越多；另一方面是因为企业在无过错的情况下也需要承担侵权责任。而因为企业承

---

[1]　参见杜健《大规模侵权损害救济机制研究——以社会化救济为视角》，博士学位论文，安徽大学法学院，2015 年，第 42 页。

[2]　［日］星野英一：《民法典中的侵权行为法体系展望》，渠涛译，《法学家》2009 年第 2 期。

担侵权责任的情况越来越多，导致其自身难以独立承担赔偿责任，需要社会化救济。人们期待侵权法能够有助于保障人的基本生存，并以此建立相应的社会化赔偿机制。事实上，正是在这种期待中，我们才能探察到侵权法发展至今的决定性动力——侵权法所强调的重点已经从承担过错转移到了补偿损失。[①]

[①] 参见［德］马克斯米利安·福克斯《侵权行为法》，齐晓琨译，法律出版社 2006 年版，第 4—5 页。

第二章　大规模侵权损害赔偿的多元化

　　大规模侵权中的被侵权人遭受了损害而难以获得相应的救济，给被侵权人造成第二次伤害，难免会导致社会不稳定。尽管风险社会中的风险会影响所有人，但"风险分配的历史表明，像财富一样，风险是附着在阶级模式上的，只不过是以颠倒的方式：财富在上层聚集，而风险在下层聚集"，穷人比富人更容易遭受大量的不幸的风险。① "新世纪的人们恓恓惶惶，念兹在兹的，不是财富的取得，而是灾难的趋避。"② 设计什么样的制度才能有效地合理分配风险，降低灾难的影响，是各国都将面临且都必须解决的难题。西方国家的经验是，将单一过错归责原则发展为多元归责原则，以强化侵权法的救济功能；与此同时，还将单一的侵权救济发展为多元的损害救济，以达到缓和社会矛盾、维护社会稳定以及保障人权的目的。③

第一节　多元化赔偿界定

　　多元化赔偿，是指在大规模侵权中因侵权人赔偿能力不足而采取多种方

---

① 参见［德］乌尔里希·贝克著《风险社会》，何博闻译，译林出版社 2004 年版，第 34 页。

② 苏永钦：《民事财产法在新世纪面临的挑战》，《人大法律评论》2001 年第 1 辑。

③ 参见王利明《建立和完善多元化的受害人救济机制》，《中国法学》2009 年第 4 期。

式解决损害赔偿问题。多元化的赔偿方式包括侵权人赔偿和社会化赔偿两个方面。多元化赔偿的"多元"体现在两个方面：一方面是不局限于侵权人赔偿，还包括社会化赔偿；另一方面是在侵权人赔偿内部，赔偿主体具有多元性，在社会化赔偿内部，赔偿方式具有多元性。具体而言，在侵权人赔偿内部的主体方面，应尽可能地规定多个赔偿主体具有赔偿责任，以解决直接加害人赔偿能力不足的问题；在社会化赔偿内部的赔偿方式方面，则结合责任保险、赔偿基金、社会救助三种方式。需要说明的是，社会救助并非进行民法意义上的赔偿，而是一种补偿。但本书为了表述的方便，除专门论述社会救助外，将社会救助这一方式与其他社会化方式统称为"赔偿"。多元赔偿机制如图 2-1 所示。

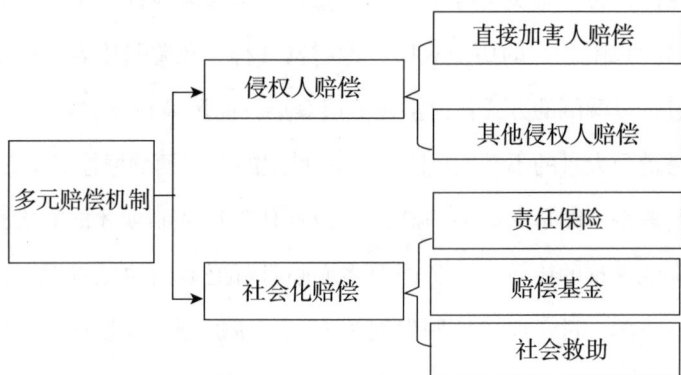

图 2-1　多元赔偿机制示意图

一、侵权人赔偿

（一）侵权人赔偿概述

侵权人赔偿，是指依据侵权法的归责原则由应当承担赔偿责任的主体向合法权益受到侵害的被侵权人承担赔偿责任，包括直接加害人赔偿和其他侵权人赔偿。在大规模侵权中，侵权人应当对被侵权人进行赔偿是不言而喻的，但需要承担侵权损害赔偿责任的主体可能会有多个。例如，在产品大规模侵权事件中，生产者是直接加害人，原料的提供者、公司股东、董事、监事和高级管理人员、没有依法监管的行政主体等都有可能是承担赔偿责任的主体。为了表述的方便，不妨将直接加害人以外的其他侵权赔偿责任主体称作其他侵权人。

在大规模侵权中，最为常见的情形是其他侵权人基于连带责任（包括不真正连带责任）与直接加害人一起共同承担侵权责任。连带债务的发生原因包括法律行为和法律规定，前者主要是基于单方行为和契约，而后者则是直接依照法律的规定。[①] 例如，第三人为承担连带保证责任所产生的债务，即属于依照契约发生的连带债务；共同侵权所产生的债务，即属于依照法律的直接规定产生的连带债务，大规模侵权所产生的连带债务大多是基于法律的直接规定。例如，在环境污染侵权案件中，根据《侵权责任法》第 68 条的规定："因第三人的过错导致企业污染环境，被侵权人可以向企业请求赔偿，也可以向第三人请求赔偿。"据此规定即可能形成企业与第三人之间的连带债务。又如，在产品侵权案件中，被侵权人既可以要求销售者赔偿，也可以要求生产者赔偿，此时就形成了销售者和生产者之间的不真正连带责任。[②] 此外，基于按份责任和补充责任，其他侵权人还可能需要与直接加害人共同承担侵权责任。例如，根据《侵权责任法》第 37 条第 2 款的规定，宾馆、商场、银行、车站、娱乐场所等公共场所的管理人或者群众性活动的组织者，未尽到安全保障义务时，应当承担补充责任。

一般情况下，其他侵权人应当与直接加害人共同承担侵权责任都有法律的明确规定，但公司的股东、董监高和行政主体是否应当与直接加害人共同承担侵权责任，则尚有一定争议，后文将针对这些主体在大规模侵权中应当

---

① 参见史尚宽《债法总论》，中国政法大学出版社 2000 年版，第 646—647 页。

② 大部分学者认为此责任形态为不真正连带责任，但也有学者认为此责任形态并非共同责任，也就不属于不真正连带责任，而属于普通的一人责任，我们持赞成说。参见杨立新《侵权责任法》(第二版)，法律出版社 2012 年版，第 125 页；郭明瑞：《产品责任重销售者、生产者责任的责任形态之我见》，载王崇敏、陈立风主编：《法学经纬》（第 1 卷），法律出版社 2010 年版，第 39 页。

承担赔偿责任进行详细阐述。

（二）侵权人之间的责任承担顺序①

一般情况下，侵权人之间对同一侵权行为承担何种形态的侵权责任，在赔偿时并无特殊之处，但当发生大规模侵权时，直接加害人可能无力清偿，面临破产清算，对于直接加害人以外的其他侵权人之间就同一侵权行为如何承担责任即成为需要探讨的问题，下面分不同情形详述之：

1. 相同责任形态的侵权人之间的责任承担顺序

被侵权人在向侵权人索赔时，不同类型的侵权人承担赔偿责任的顺序不同，应按照其责任形态来确定。首先，针对连带责任侵权人或不真正连带责任侵权人，则被侵权人可以根据《侵权责任法》第13条之规定要求部分或全部连带责任人承担责任；其次，针对按份责任侵权人，则被侵权人根据《侵权责任法》第12条的规定，按照侵权人应当承担的责任份额分别要求侵权人承担赔偿责任；最后，如果侵权人承担的是补充责任，则被侵权人应该先要求第一责任人赔偿，当第一责任人不能或者不完全赔偿的情况下，要求补充责任人承担赔偿责任。

2. 不同责任形态的侵权人之间的责任承担顺序

多数情况下侵权人之间为同一类型的责任形态，但也会出现侵权人之间为不同类型的责任形态。在侵权人之间责任形态不同的情况下，侵权人责任承担顺序的确定原则如下：若干侵权人中只要有承担连带责任（包括不真正连带责任）的侵权人，则这些连带责任侵权人承担赔偿责任的顺序相同，承担按份责任或补充责任的侵权人按原责任顺序承担赔偿责任。例如，甲与破产企业之间为连带责任，而乙与破产企业之间为按份责任，则甲与乙之间应为按份责任，被侵权人应当向甲和乙分别主张赔偿责任，不存在先后关系。

---

① 参见于定明《论大规模侵权损害多元赔偿机制的协调》，《云南社会科学》2014年第4期。

又如，甲与破产企业之间为连带责任，而乙承担破产企业的补充责任，则乙也只承担甲的补充责任，被侵权人应该先向甲主张赔偿责任，不能得到充分赔偿时才能向乙主张赔偿。这是因为甲与破产企业承担连带责任之债时其地位就与破产企业相同，甲与其他侵权人之间赔偿顺序具有数学意义上的等量代换关系。简言之，在前述第一个例子中，就责任形态而言，因为甲与破产企业的连带责任关系，使得甲与破产企业的赔偿顺位相同（不妨用数学等式表示为"甲＝破产企业"），因此可以推导出，当"甲＝破产企业"，且破产企业与乙承担按份之债时，则甲与乙之间也是按份之债的关系；或者当"甲＝破产企业"，且乙与破产企业之间是补充责任时，则乙也只承担甲的补充责任。

除了前述责任形态竞合外，侵权人之间也可能分别为按份责任和补充责任。例如，甲、乙两个侵权人与破产企业之间因为不同的责任形态需要共同承担责任，甲与破产企业之间是按份责任关系，乙与破产企业之间是补充责任。此时，甲、乙两个侵权人之间就不存在必然的关联关系，不能理所当然地将甲和乙的赔偿责任关系如前例所述那样关联起来，即甲承担的按份赔偿责任与乙承担的补充赔偿责任无关。被侵权人只能在甲应当承担的赔偿份额内要求甲赔偿，即使甲没有足额赔偿，也不能将此补充责任转嫁给乙承担。例如，甲与破产企业之间系按份责任，甲应承担60%的份额，破产企业应当承担40%的份额。假设破产企业对其应当承担的40%没有做任何清偿，同时甲因赔偿能力不足实际只承担了20%，则乙只需要补充承担40%的清偿责任，而非承担80%的清偿责任。

3. 责任形态相同但基于不同原因承担赔偿责任的顺序

由于侵权人中的主体身份多种多样，因此，即使侵权人之间的责任形态相同，但导致其承担赔偿责任的原因却可能不同。例如，在产品责任事故中，某企业作为生产者所生产的产品存在缺陷导致消费者人身损害，销售者因此需要与该企业承担不真正连带责任；与此同时，该企业的股东滥用公司法人人格，需要与生产者承担连带责任。实际上，基于不同原因形成的连带责任，承担连带责任的债务人之间在法律责任性质上均为同一地位，因此，该种情形下的侵权人之间应当对外承担连带责任，被侵权人可以要求其中任何一个债务人赔偿全部损失。

同为按份责任的侵权人之间，对外承担赔偿责任自然按照其本应承担的份额来承担，但有可能出现侵权人承担的损失之和小于实际损失或者大于实际损失的情形。如果出现小于实际损失的情形，自然不需作额外考虑。但当出现大于实际损失的情形时，为了避免被侵权人获得超出其实际损失的赔偿，应该对侵权人承担的份额作出相应调整。具体调整方法为：先按照侵权人原承担的份额计算出赔偿总额，然后计算侵权人在这赔偿总额中所占的比例，该比例即为该侵权人应承担的份额。例如，被侵权人的损失总额为100万元，甲与乙之间为按份责任且其责任比例为80%，丙与乙之间基于另一个原因也为按份责任且责任比例为60%，乙无力对被侵权人进行任何赔偿。按照甲和丙本应承担的责任比例计算的赔偿总额为（100万元×80%＋100万元×60%）140万元，则甲最终应承担赔偿比例约为（100万元×80%/140万元）57%，而丙最终应承担的赔偿比例约为（100万元×60%/140万元）43%，即甲和丙应分别向被侵权人赔偿57万元和43万元。

同为补充责任的侵权人之间，若主责任人不能清偿被侵权人的部分或者全部损失时，补充责任人若都足额向被侵权人承担赔偿责任，则可能使被侵权人获得的赔偿超出其实际损失。因此，基于填补损害的原则，应当让承担补充责任的侵权人之间承担按份责任，且各侵权人之间应承担的份额均等。

二、社会化赔偿

（一）社会化赔偿概述

目前学界有关社会化赔偿的称谓、内涵和外延尚未完全达成一致。有些学者将"社会化赔偿"称为"损害赔偿社会化"。陈泉生教授认为："损害赔偿社会化是指将侵权行为发生的损害，视为社会损害，根据高度设计的损害填补制度，分由社会多数人承担，以消化损害。"① 而丁凤楚教授则认为应将其称为损害承担社会化，并认为损害承担社会化机制是指由事故所产生的损害责任不是由加害人独自承担，而是由国家、法人组织或者社会上不特定的多数人来分担的现象和趋势。② 王利明教授认为："大规模侵权损害赔偿社会化制度是指将大规模侵权行为所产生的损害视为社会损害，通过建立与之相应的制度，由加害方和社会在一定条件下承担应当完全由加害人负担的损失，从而使受害人能够得到及时有效救济的制度。"③

"损害赔偿社会化"或"损害承担社会化"都可以反映社会化赔偿的特点，但我们为了使这一概念与"侵权人赔偿"相对应，不妨将其称为"社会化赔偿"。社会化赔偿的目的在于分散风险和填补被侵权人的损害，因此，我们主要从这一角度对社会化赔偿进行界定。社会化赔偿，是指为了分散风险和对被侵权人实施充分救济，在侵权人直接赔偿之外，通过责任保险、赔偿基金、社会救助等方式填补被侵权人的损害。社会化赔偿具有以下几个方面的特征：一是损害应当由侵权行为造成，即社会化赔偿的对象仅限于侵权损害赔偿，不包括因其他原因引起的损害赔偿；二是事先由侵权人投保或设立赔偿基金，损害赔偿风险由侵权人转移给保险公司或赔偿基金；三是政府在大规模侵权发生后主要进行应急救助和兜底补偿，以弥补其他赔偿方式效率较低和赔偿能力不足的问题；四是社会化赔偿的主要目的在于填补被侵权人的损害，而不在于对侵权人责任的追究。④

社会化赔偿之所以称为"社会化"，原因在于其赔偿资金的来源不再局限

① 陈泉生：《环境法原理》，法律出版社 1997 年版，第 228 页。
② 丁凤楚：《论现代事故损害赔偿责任的客观化和社会化》，《社会科学》2006 年第 7 期。
③ 王利明：《侵权行为法研究》（上卷），中国人民大学出版社 2004 年，第 375 页。
④ 参见于定明《论大规模侵权损害多元赔偿机制的协调》，《云南社会科学》2014 年第 4 期。

于侵权人，而是来源于社会。社会化赔偿的"社会"既可以是整个社会，也可以是一定范围内的主体，比如整个食品行业的所有主体。在社会化赔偿方式里，无论是责任保险，还是赔偿基金，其资金来源不再局限于某一个侵权人，当某个企业造成大规模侵权时被侵权人可以获得保险公司和赔偿基金的相应赔偿，达到"众人拾柴火焰高"的效果。如前所述，王泽鉴教授认为："现代西方国家侵权法的功能已经逐渐由'损失的移转'，发展为'损失的分散'，立法者或法院在决定何人应该负担侵权责任时，政策上所考虑的，不是侵权人的行为在道德上是否可资非难，而是他是否能够依市场上的价格机能和责任保险制度，将损失分散给社会大众，由大家共同承担。"① 而整个社会之所以需要为某个企业的侵权行为负责，原因在于整个社会的连带性。整个社会的不同主体尽管在法律上具有独立性，也有各自独立的利益考量，但整个人类社会毫无疑问具有内在的关联性。在大规模环境侵权中，个人的悲剧不仅仅是个人或家庭或某个企业自身的问题，而是可能会影响到整个社会。若被侵权人遭受不幸后得不到及时充分的救济，难免就会成为社会不稳定因素，进而波及社会中的其他人。因此，可以说社会化赔偿不是社会对被侵权人的一种怜悯，而是我们处在风险社会中，整个社会不得不共同付出的代价。

因此，"各国都在逐步建立一个由侵权法与社会保障法、保险法以及公益救助基金等救济体系共同发挥作用的损害救济体系"②。我国也有学者建议借鉴道路交通事故处理机制，构建以侵权责任、强制保险及救助基金相互配合的大规模侵权事故综合救济体系，以应对被侵权人紧迫的损害救济需求。③ 为了及时有效救济被侵权人权益，同时减轻侵权人的损害赔偿压力与道德风险，理论界遂在侵权法损害赔偿制度之外，探索新的损失分散机制——侵权损害社会化赔偿制度。

---

① 王泽鉴：《民法学说与判例研究》，北京大学出版社 2015 年版，第 175 页。
② 朱岩：《侵权责任法通论·总论·上册：责任成立法》，法律出版社 2011 年版，第 37 页。
③ 参见王成《大规模侵权事故综合救济体系的构建》，《社会科学战线》2010 年第 9 期。

（二）责任保险与赔偿基金的关系

强制企业投保责任险或缴纳赔偿基金都是解决大规模侵权损害赔偿的有效途径，其中涉及在同一领域是否应当同时强制企业投保责任险和缴纳赔偿基金的问题。如果赞成强制企业投保责任险和缴纳赔偿基金，则属于双重模式；如果仅赞成强制企业投保责任险或缴纳赔偿基金，则属于单一模式。在实践领域存在两种体制，即双重模式和单一模式。

1. 双重模式

双重模式的典型代表是油污损害赔偿。在船舶油污损害中，从侵权法的角度来看，造成船舶油品泄漏的直接责任人可能是船舶所有人、船舶租赁人以及船舶经营人，但是为了保护被侵权人权益，降低其维权成本，同时提高船舶维护、管理、运输的安全注意义务，所以确定由船舶所有人来作为船舶油污损害赔偿中的责任承担者。为了鼓励海洋运输业的发展，解决海上油污事故的影响，确保被侵权人获得充分赔偿，国际海事组织（International Maritime Organization，IMO）在1969年组织签订了《国际油污损害民事责任公约》，旨在分担船舶所有人的风险以营造更好的经营环境。国际海事组织在制定该公约时就已经发现公约规定的赔偿数额只能弥补一般油污事故造成的损害，对于重大油污事故造成的损失还是无力赔偿，而随着石油贸易的发展，大型油轮的使用越来越多，造成重大油污事故的风险也随之增加。因此，有必要将石油行业纳入油污事故的赔偿队列中，以减轻船舶所有人的赔偿责任，同时确保被侵权人获得充分救济。因此，1971年国际海事组织又牵头订立了《国际油污损害赔偿基金公约》，旨在限缩1969年《国际油污损害民事责任公约》对船舶所有人施加的额外经济负担，同时弥补对重大油污损害赔偿的不足。[1] 由此，从国际条约的发展历程和设立目的来看，当前国际公约所构建的

---

[1] 参见张湘兰、徐国平《试论船舶油污损害赔偿义务主体》，《武汉大学学报》（哲学社会科学版）2004年第3期。

船舶油污赔偿责任体系是：船东承担主要赔偿责任，并通过强制保险、财务保证和直诉制度确保其赔偿能力；货主承担补充赔偿责任，船东赔偿不足部分由货主承担，货主的赔偿责任由基金公约等予以保障。[①] 故从国际公约所建立的船舶油污损害赔偿体系可知，责任保险的设立在于确保直接责任人在侵权事故发生后能够承担赔偿责任，而赔偿基金的设立在于分担船舶所有人的风险，在赔偿不能和赔偿不足的情况下发挥补充赔偿作用，保证被侵权人获得充分赔偿。

2. 单一模式

单一模式则是大规模侵权损害赔偿中更为常见的模式，即要么只建立强制责任保险制度，要么只建立赔偿基金制度。例如，在环境保护领域，我国鼓励投保环境污染责任险，而未要求同时缴纳赔偿基金。在证券投资者保护领域即只要求建立赔偿基金制度，并未强制要求相关主体投保责任险。在单一模式下，在进行大规模侵权损害赔偿时，不存在责任保险和赔偿基金可能发生竞合的问题。

在某一领域，是强制企业投保责任险，还是强制企业缴纳赔偿基金，应结合该领域的特征来选择采用某一种社会化赔偿模式。一般来说，强制责任保险较赔偿基金而言，管理成本相对较小，而且其通过制度的优化可以解决其赔偿相对较慢的问题，可以让被侵权人尽快获得赔偿。为了缓解"投保易理赔难"的现实情况，《保险法》明确规定 30 日为收到赔付申请后的最长赔偿期限；同时《保险法》第 25 条还规定了保险人有先予支付的责任，即保险人在收到被保险人或受益人提出的理赔请求，以及有关证明、资料后 60 日内，即使对应该赔付保险金数额尚未确定的，也应该在有证据支持可以确定的数额内先予赔偿，其余数额待后续能够确定后再补充差额。在近年来发生的大规模侵权事故中，保险公司的反应速度日益增快，如在深圳"12·20"光明

---

① 参见赵劲松、赵鹿军《船舶油污损害赔偿中的诉讼主体问题》,《中国海商法年刊》2004 年。

新区滑坡灾害后，涉及的相关保险公司，富德生命人寿保险股份有限公司①、太平洋保险公司②等，都在第一时间成立应急小组，启动应急预案，派出查勘人员赶赴现场，简化理赔流程，对于需要提供的事故证明材料，可直接以政府公布的死亡名单进行理赔，对于无法提供保单的也只需提供基本信息，待审查与保险公司留存信息吻合后，可直接申请理赔。

社会化赔偿的目的主要是让企业预先缴纳一部分资金用于解决可能出现的大规模侵权损害赔偿问题，一方面应尽可能地解决企业赔偿能力不足的问题；另一方面又不能过于加重企业负担。在双重模式下，在日常管理方面既要对责任保险进行管理，又要对赔偿基金进行管理；无论是对于政府而言，还是对于企业而言，都会增加相应管理成本。而且在双重模式下，将赔偿人为地分为两个阶段，即先向保险公司请求赔偿，在责任保险不能赔偿全部损失的情况下再要求赔偿基金赔偿，这不仅增加了政府和企业的管理成本，而且还增加了被侵权人的索赔成本。因此，我们认为针对大规模侵权采取单一模式是较为妥当的做法。如果在单一模式下不能足额赔偿被侵权人的全部损失，可以通过适当提高保费或赔偿基金数额的方式解决，而不是通过叠床架屋的方式采取双重模式。

三、多元化赔偿的赔偿范围和顺序

（一）多元化赔偿的赔偿范围

通常来说，对侵权造成的损害应该赔偿的范围包括人身损害、财产损害和精神损害三项，大规模侵权损害与普通侵权损害所造成的损失并无本质不同，在赔偿范围方面不应有本质不同。唯需进一步探讨的是，是否应当支持

---

① 网易新闻：《富德生命人寿紧急启动"深圳山体滑坡"事件理赔应急措施》，2015 年 12 月 21 日，见 http：//news. 163. com/15/1221/15/BBC9Q15300014AED. html。

② 中国保险网：《太平洋保险推出多项应急服务举措应对深圳山体滑坡事故》，2015 年 12 月 22 日，见 http：//www. china-insurance. com/news-center/newslist. asp？ id=261626。

惩罚性赔偿。从已发生的大规模侵权案件来看，侵权人的行为给被侵权人、社会以及自然环境造成了极大危害，如三鹿奶粉侵权案件中，由于三鹿集团在所生产的婴儿奶粉中非法加入化工原料三聚氰胺，致使二十多万婴儿生命健康受到威胁，而这一悲剧发生的原因即在于不良商家肆无忌惮的利益追逐。从已发生的大量食品类、环境类大规模侵权案件中不难发现，损害的发生多因企业违规生产所致，而违规生产的动因即为牟取经济利益。有论者认为，应当对大规模侵权采取惩罚性赔偿，其主要理由在于：（1）补偿性赔偿不具有惩罚和威慑作用，不利于遏制大规模侵权；（2）在发生大规模侵权时，可能出现单个损害的赔偿数额较少的情况，仅仅支持补偿性赔偿，不能有效激励被侵权人主张赔偿权利。①

我们认为，尽管补偿性赔偿确实不具有惩罚和威慑作用，但如前所述，发生大规模侵权时，侵权企业往往陷入无力赔偿的境地，再对其进行惩罚性赔偿于事无补，惩罚性赔偿还可能成为压垮企业的最后一根稻草，最终带来大量工人失业等社会问题。即使发生大规模侵权后企业尚能支付所有赔偿，由于大规模侵权损害赔偿数额巨大，对于侵权企业而言已具有一定威慑力。更何况，发生大规模侵权，企业和相关责任人员将面临承担行政责任，甚至刑事责任的后果，企业商誉也将面临贬损，企业及其相关责任人员不可能因仅仅需要承担补偿性赔偿责任而置若罔闻。而对于被侵权人因单个赔偿数额较少而不积极主张赔偿的情况，这种情况在普通侵权中确实较易出现；在大规模侵权中，通常律师更愿意介入，可以有效降低单个被侵权人的诉讼成本，被侵权人反而更愿意加入诉讼，并非在惩罚性赔偿的情况下才可以有效激励被侵权人主张赔偿权利。

---

① 参见陈年冰《大规模侵权与惩罚性赔偿——以风险社会为背景》，《西北大学学报》（哲学社会科学版）2010年第6期；李建华、管洪博：《大规模侵权惩罚性赔偿制度的适用》，《法学杂志》2013年第3期；程建华：《大规模侵权救济思维的塑成——基于惩罚性赔偿制度构建的视角》，《国家行政学院学报》2017年第2期。

（二）多元化赔偿机制的赔偿顺序

多元化赔偿机制的赔偿顺序，是指在赔偿资金不足以赔偿全部损失的情况下，不同类型的损害之间获得赔偿的先后顺序。在一起大规模侵权事故中，既可能造成人身损害，又可能造成财产损害。然而，由于损失数额巨大，债务人可能因为资不抵债而陷入破产。当债务人赔偿能力不足以填补侵权损害时，为维护社会稳定，应当合理分配赔偿款项。此外，由于赔偿数额巨大，赔偿资金的筹集需要时间准备，在获得部分赔偿款时，亦需要考虑损害赔偿的先后顺序。所以，当赔偿金数额有限，或者需要分阶段赔偿而发生权利冲突时，应当考虑人身损害与财产损害的赔偿顺序。一般情况下，人身损害优先赔偿，特殊情况下财产损害也应可以获得优先赔偿。具体理由如下：

在侵权法保护的民事权益体系中，人身权的位阶当然高于其他民事权利，人身权中的生命权、健康权等人身权优先于其他民事权利得到保护。所以，当大规模侵权损害赔偿中出现人身权利与财产权利的竞合时，应当优先保护人身权利，对人身损害先予赔偿。对此，《企业破产法》第113条的规定也体现了相同的价值导向，即破产企业的破产财产在支付了破产费用和共益债务之后，第一顺位清偿的就是破产企业职工的合法收益。而且该法条还以详细列举的方式罗列了职工合法收益的范围。现行立法将医疗、伤残补助、工资等人身性债权置于清偿债权的第一顺位，优先于其他社会保险费、税款和普通债权，从立法上即肯定了人身损害的优先赔偿地位。

对比侵犯人身权与财产权的损害后果，人身损害显然比财产损害所造成的后果更为严重，理由有三：其一，人身权利是获得财产利益的基础，法律之所以确立人身权益优先保护原则是因为在人身利益受到损害时，如果不对人身利益优先保护，那么对于财产利益的保护也就失去了意义。财产是手段，人身是目的。如果人身得不到保护，即便坐拥万贯家财也毫无意义。[①] 其二，从损害的可逆性来看，财产损害可以通过经济赔偿而恢复原状，但是人身损害中对生命权、健康权的伤害往往是不可逆的，如三鹿问题奶粉造成婴儿泌尿系统、生殖系统的永久损害。其三，从被侵权人所受痛苦来看，人身损害比财产损害所造成的痛苦更大，影响时间更长，尤其是当侵权致使被侵权人身体权受到严重伤害时，疾病、残疾会使被侵权人遭受身体和精神双重损害，且这种痛苦伴随终生。其四，若侵权造成被侵权人生命的丧失，还会造成被侵权人亲属的精神痛苦。所以，从保护被侵权人的角度出发，应当对人身损害优先赔偿。

一般情况下，人身损害应当优先赔偿，但大规模侵权所造成的损害还会对基本生活造成影响。所以，除了将挽救生命、减轻身体伤害作为优先考虑因素外，也要考虑被侵权人的基本生活问题，在特殊情况下将财产损害列入优先赔偿的范围，诸如基本住房、维持基本生活的生产工具等损失也应受到优先赔偿。例如，在天津港"8·12"火灾爆炸事故中，周边约1.7万户居民住房和779家商户受损。据事故调查组的测算，本次爆炸的总能量相当于450吨TNT当量，距离爆炸点300米内的建筑物会倒塌，距离爆炸点300—500米的建筑物会开裂，距离爆炸点500—1000米的建筑物结构会被部分破坏，如万科海港城的大楼就被震得墙壁炸裂、门框脱落、电梯变形。[②] 这些对建筑物不同程度的损害必然会影响正常使用。最终核实确实造成了包括231幢居民楼、73幢生产用房受损。住房作为生活的必需品，房屋一旦毁损，对于普通家庭而言，都是一笔难以承受的损失。法律之所以规定对某些财产权利的优先保护，旨在满足人们的基本生活需要，是对生存权的尊重和保护。

---

① 参见王利明《民法上的利益位阶及其考量》，《法学家》2014年第1期。
② 陈娟、樊永锋：《外围户受损严重天津爆炸"内伤"仍待鉴定》，《中国房地产报》2015年8月24日。

四、多元化赔偿的适用顺序

在多元赔偿机制中包括侵权人赔偿和社会化赔偿，当发生大规模侵权时需要确定各个制度适用的先后顺序。虽然大规模侵权易导致企业破产，但并非一旦发生大规模侵权，企业就必然会面临破产。例如，在 2013 年 11 月 22 日发生于山东省青岛市的输油管道泄漏爆炸事件中，中石化并不会因该次爆炸事故赔偿而破产。因此，应区分大规模侵权是否会导致企业破产而分别确立不同赔偿方式适用的先后顺序。

如果大规模侵权中的直接加害人不会因大规模侵权而破产，在大规模侵权发生后，首先通过社会救助解决应急安置问题；其次是通过责任保险或赔偿基金解决损害赔偿问题①，在责任保险或赔偿基金不足以赔偿全部损失时，侵权人就不足部分进行赔偿。这里所讲的"侵权人"，既包括直接加害人，也包括直接加害人以外的其他侵权人。多元赔偿机制的适用顺序如图 2-2 所示。

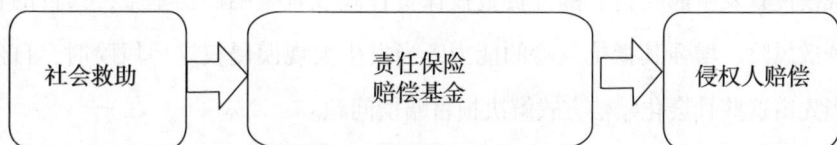

图 2-2　直接加害人不面临破产情况下的赔偿顺序

如果大规模侵权中的直接加害人因大规模侵权面临破产，如三鹿集团、天津瑞海物流公司，则首先通过社会救助解决应急安置问题；其次由责任保险或赔偿基金解决损害赔偿问题；在责任保险或赔偿基金不足以赔偿全部损失时，被侵权人参与破产清算分配，同时其他侵权人承担赔偿责任，这一环

---

① 前已述及，本研究采取单一模式，在同一个行业要么建立责任保险制度，要么建立赔偿基金制度，因此，这两种社会化赔偿方式是一种选择关系。此外，此处所指的赔偿基金系指事前防范型赔偿基金，有关事前防范型赔偿基金的论述详见本书第四章第二节。

节本质上也是侵权人赔偿；破产清算后依然得不到足额清偿时，通过社会救助进行补偿。多元赔偿机制的适用顺序如图2-3所示。

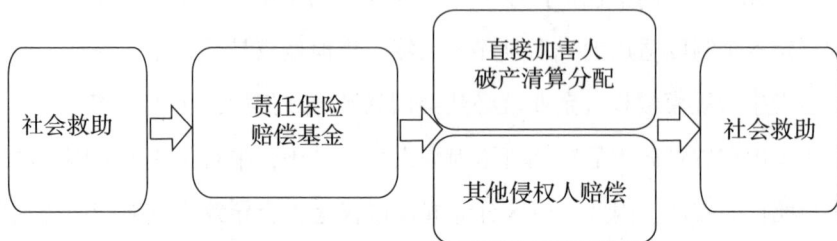

图2-3 直接加害人面临破产情况下的赔偿顺序

之所以按照以上方式确定多元赔偿机制的适用顺序，理由如下：

第一，社会救助处于第一顺序的理由。在大规模侵权发生时，企业内部往往已经陷入混乱，企业的管理者甚至已经畏罪潜逃，此时由政府通过社会救助的方式进行应急救助更为有效，但救助范围限于应急必需。

第二，责任保险或赔偿基金处于第二顺序的理由。对于侵权人而言，在大规模侵权发生前支付一部分资金投保责任险或者缴纳赔偿基金，其目的在于分散风险、增强其抵抗风险的能力，当发生大规模侵权这一风险时，自然应当先由这些社会化赔偿方式解决损害赔偿问题。

第三，侵权人赔偿处于第三顺序的理由。大规模侵权系侵权人引起，按照责任自负原则，对于社会化赔偿不能赔偿的部分其应当承担赔偿责任。如果企业因大规模侵权而进入破产清算程序，则被侵权人参与破产清算分配，同时其他侵权人承担赔偿责任，这一环节实际上还是让侵权人承担赔偿责任。

第四，直接加害人与其他侵权人处于同一顺序承担损害赔偿责任的理由。在没有发生大规模侵权的情况下，其他侵权人本应同直接加害人共同赔偿被侵权人，在发生大规模侵权的情况下自然应坚持同一规则。当然，在其他侵权人赔偿时，同样遵循前述不同责任形态的先后赔偿顺序。

第五，社会救助兜底的理由。在侵权人赔偿后，如果被侵权人的损害依然得不到足额赔偿，基于人道主义和维护社会稳定的考虑，社会有必要对遭遇不幸的被侵权人进行必要的救助。社会救助是国家责任，应当以政府救助为主，但不排斥社会组织的参与。

第二节 多元化赔偿的必要性

一、侵权法应对大规模侵权损害赔偿的局限性

大规模侵权本质上仍然是侵权行为，我国《侵权责任法》在应对大规模侵权方面，对其侵权责任类型、侵权责任范围、归责原则、责任构成等并不存在法律不足的情形，我国《侵权责任法》在大规模侵权责任的认定方面并无任何不足。[①] 但在大规模侵权发生后，若仅仅在侵权法框架内解决损害赔偿问题，将面临以下困境：（1）侵权人赔偿能力有限，无法对被侵权人进行足额赔偿；（2）部分企业承担赔偿责任后将面临破产，引发劳动者失业、债权人不能得到全面清偿，进而引发一系列社会问题，导致社会不稳定。以三鹿奶粉侵权案为例，据卫生部发布的通报，截至 2008 年 11 月 27 日，全国因食用三鹿奶粉及其他品牌的问题奶粉而造成的泌尿系统异常的患儿累计超过 29 万人，其中住院治疗超过 5 万人，重症患儿超过 150 人。[②] 再如，天津港爆炸事故损失，经国务院调查组调查认定最终造成死亡 165 人，失踪 8 人，798 人的人身受到损害，以及 300 多幢建筑物、7500 多个集装箱、12000 多辆汽车被毁损的财产损失，直接经济损失超过 68 亿元。[③] 为了应对大规模侵权问题，我国《侵权责任法》已经有所回应，即该法第 17 条规定："因同一侵权行为

---

① 参见杨立新《〈侵权责任法〉应对大规模侵权的举措》，《法学家》2011 年第 4 期。

② 参见黎伟华《三鹿奶粉受害者的赔偿之路》，《民主与法制》2009 年第 1 期。

③ 参见本刊编辑部《天津港"8·12"瑞海物流公司危险品仓库特别重大火灾爆炸事故原因调查及防范措施》，《中国应急管理》2016 年第 2 期；方秦等：《天津港"8·12"特大火灾爆炸事故建筑物和人员损伤破坏情况及其爆炸威力分析》，《土木工程学报》2017 年第 3 期。

造成多人死亡的，可以以相同数额确定死亡赔偿金。"但这一规定只是解决了如何确定赔偿数额的问题，依然不能解决侵权人赔偿能力不足的问题。

"传统侵权法重补偿而轻预防，认为预防损害并非损害赔偿法的独立目的，而是赔偿原则的一个值得追求的附属效力"①，这不仅表现在缺乏对侵权行为本身的预防，也表现在缺乏对侵权人赔偿能力不足的预防。侵权法损害赔偿制度设计的基本前提是侵权人与被侵权人之间发生的个体损害，并以损害转移为圭臬，此种制度设计符合社会交往、需求不频繁的社会现实，因而与当下风险社会的客观现实不相适应。② 正如张铁薇教授所言，当今社会，侵权法呈现出"自负"与"贫困"双重面相："自负"面相体现在责任成立上，似乎所有的损害都可以通过侵权法来解决——扩张严格责任的适用范围即为一种进路；"贫困"面相则体现在责任的实现上——责任人尤其是严格责任人欠缺责任承担能力的情形越来越常见。③ "侵权法的功能随着适用范围的不断扩张而发生裂变，表现为多元与单一、显性与隐性等变幻不定的复杂图像，学者对侵权法的功能定位至今亦未达成一致共识。有学者主张现代侵权法的社会功能应该是多方位的，只有顺应这种历史潮流，才不会哀叹侵权法走上穷途末路。"④

实际上，让侵权人赔偿所有损失，是试图依靠侵权责任制度解决所有问题的传统思维，难以逃脱侵权责任制度所固有的缺陷：侵权人对于巨额赔偿，难以承受；若为承受，侵权人的生存基础将发生巨大变化，以致影响侵权人的正常生产，进而影响社会稳定。⑤ 从被侵权人角度考虑，谁侵权谁担责的法律伦理固然不能背弃，但在损害发生后，最为重要的是获得赔偿以挽救生命、

---

① ［德］马格努斯著：《侵权法的统一：损害与损害赔偿》，谢鸿飞译，法律出版社 2009 年版，第 131 页。

② 参见杜健《大规模侵权损害救济机制研究——以社会化救济为视角》，博士学位论文，安徽大学法学院，2015 年，第 31 页。

③ 参见张铁薇《侵权法的自负与贫困》，《比较法研究》2009 年第 6 期。

④ 张铁薇：《侵权责任法与社会法关系研究》，《中国法学》2011 年第 2 期。

⑤ 参见邹海林《责任保险论》，法律出版社 1999 年版，第 42—43 页。

及时弥补损失，而侵权法框架下的责任承担，在某些大规模侵权中维权成本高、耗时长，存在"远水难救近火"的窘境。

侵权法不能解决侵权人赔偿能力不足的问题，并非就此完全否定侵权法，或许损害赔偿本来就不应完全由侵权法解决。就如同惩罚一个人的违法行为，很多时候需要综合运用民事责任、行政责任和刑事责任综合应对，方能对我们这个社会所否定的行为形成有效制裁。因此，主张采取多元机制解决赔偿问题，并非认为"侵权责任法事实上已经成为一种剩余的补偿制度"①，而是认为侵权法只能解决其应当能够解决的问题，即侵权法重在确定行为的侵权性质，从而确定哪些主体应当承担损害赔偿责任。实际上，侵权法中有关归责原则、损害赔偿等的规则，依然是责任保险或赔偿基金离不开的规则，也即无论采用责任保险的方式还是赔偿基金的方式解决大规模损害赔偿，其前提都是按侵权法的规则确定了责任主体和赔偿范围。但试图通过侵权法解决所有侵权损害赔偿问题，这一思路本身就具有局限性。需要通过其他方式来解决侵权损害赔偿问题，不是侵权法走向消亡的表现，而是不同法律综合运用的结果。但在承认侵权法继续存在的价值的同时，我们不得不承认，侵权法难以解决大规模侵权损害的赔偿问题，需要多元化的方式解决。

二、社会化赔偿不能解决大规模侵权全部损害赔偿问题

侵权法对大规模侵权引发的社会问题显得束手无策，这就迫使人们开始思考、尝试各种可能的途径来分散大规模侵权引发的风险，分摊大规模侵权的赔偿责任。但有关对策仅局限于社会化赔偿方式的某一种方式，或者抛弃侵权法的救济功能完全依赖社会化赔偿方式，这依然不能有效解决大规模侵权损害赔偿问题。

---

① 张铁薇：《侵权责任法与社会法关系研究》，《中国法学》2011 年第 2 期。

（一）责任保险制度难以独担重任

不可否认，责任保险制度是解决大规模侵权损害赔偿的一个重要途径，但责任保险制度固有的局限性使其不能解决全部大规模侵权损害赔偿问题。

第一，责任保险免赔的范围较为广泛。为了避免引发道德风险，保险公司对于故意引起的大规模侵权不予承保，这属于各国保险业惯例，我国法律也有相同规定。① 实际上，为了降低经营风险，保险人不仅对故意侵权引起的损害不予赔偿，对许多非故意侵权引发的损害也列入免赔范围。例如，中国平安财产保险股份有限公司在其拟定的格式合同《平安食品安全责任保险条款》的第五条至第八条中详细地罗列了不承担赔偿责任的免责情形，其中包括被保险人未取得或曾经取得但后来被吊销生产经营许可证仍从事食品生产销售经营活动、被保险人在未列入保险合同内的经营场所从事生产、销售食品活动、被保险人使用国家明令禁止的原料、添加剂、包装材料生产、销售食品等。此外，该格式合同还规定一些不予赔偿的损失范围，如精神损害、间接损失等。②

第二，保险赔偿具有非完全性。为了控制风险，保险通常实行赔偿限额制，被侵权人的损失并不一定能得到完全赔偿。③ 如前述平安财产保险公司《平安食品安全责任保险条款》第九条规定的赔偿限额包括每次事故赔偿限额、每人每次事故赔偿限额、累计赔偿限额。

第三，部分损害具有"长尾特性"。保险人只对保险期间内发生的损害进行赔偿，而大规模侵权所造成的有些人身损害具有隐蔽性，在数年，甚至数十年后才会被发现。例如，在 DES 安胎剂案中，母亲在怀孕期间服用药物对

① 参见《保险法》第 27 条第 2 款、第 43 条、第 62 条。
② 参见《中国平安财产保险股份有限公司平安食品安全责任保险条款》，见 http：//www.iachina. cn/col/col3602/index. html.
③ 参见李挺、赫爽《论大规模侵权救济模式的路径选择——以责任保险为主导的立体型模式》，《上海保险》2011 年第 11 期。

女儿造成的损害在十余年后才被发现。尽管受益人请求保险人赔偿时间受诉讼时效的限制，但受益人请求理赔的诉讼时效是从"知道或者应当知道"时起算，其中最长诉讼时效长达 20 年。对类似这样具有长尾特性的损害承保将使保险人的承保风险大幅提高，保险人为了降低经营风险可能会拒绝承保。

针对前述责任保险存在的问题，似乎也可以通过修改现行保险法的方式加以解决。例如，可以强制要求保险人减少免赔情形，即使存在长尾责任也可强制要求保险公司承保。但这必然会增加保险人的经营成本，保险人只能通过增加保费来解决，而最终负担将通过投保人传递到整个社会，难以起到社会化赔偿所应达到的效果。

（二）赔偿基金制度面临管理成本高、资金筹集困难

大规模损害赔偿的各种社会化解决机制中，赔偿基金通常被认为是较为有效的方式，但该方式也不能解决所有大规模侵权损害赔偿问题。按照赔偿基金设立时间与大规模侵权发生时间的先后关系，可以将赔偿基金分为事先防范型赔偿基金和事后救济型赔偿基金，下面分别阐述这两种类型的赔偿基金的局限性：

1. 赔偿基金管理成本高

事先防范型赔偿基金在大规模侵权发生前即强制要求企业出资设立赔偿基金，需要专人进行管理。一方面，事先防范型赔偿基金存续期间长，基金中的一部分资金不得不用于项目日常运行，资金效益受到影响；另一方面，在赔偿基金设立后，赔偿基金面临通胀贬值的压力非常大。管理成本高这一缺点在事后救济型赔偿基金中也可能同样存在。例如，在同样属于事后救济型赔偿基金的美国超级基金中，美国联邦政府每年所投入的 15 亿美元资金，真正用于清理污染场地的部分不到一半。[①] 而针对隐蔽性债权设立赔偿基金，

---

① 参见邢宏《论大规模侵权损害赔偿基金》，博士学位论文，华中科技大学社会学院，2013 年，第 75 页。

直到资金清偿殆尽或者赔偿完所有隐蔽性债权赔偿基金方告终止,其存续时间自然漫长,其管理成本也必然居高不下。

2. 事后救济型赔偿资金筹集困难

事后救济型赔偿基金的筹集在大规模侵权发生之后才开始进行,其筹集难度可想而知。鉴于事后救济型赔偿基金一般是在企业发生大规模侵权进入破产程序时设立,下面分别从破产清算和重整的角度论证其资金筹集可能存在的障碍。

如果在企业进入破产清算程序时要求企业出资设立赔偿基金,实际上是对大规模侵权损害赔偿债权进行优先清偿。例如,在三鹿奶粉事件中,政府要求三鹿集团出资设立医疗赔偿基金,实际上是让人身损害赔偿债权人获得优先清偿地位。根据《企业破产法》的规定,除了担保债权、破产费用和共益债权、劳动债权、税收债权等债权可以优先清偿外,在企业破产前发生大规模侵权所形成的债权不能优先受偿。《全国法院破产审判工作会议纪要》(法〔2018〕53 号)第 28 条规定,人身损害赔偿债权仅可以与劳动债权在同一顺序清偿,并不能直接优先于担保债权、破产费用和共益债权清偿。将人身损害赔偿债权优先清偿具有合理性,但为了保障破产程序的顺利进行和正常的担保秩序,只宜将人身损害赔偿债权提前至与劳动债权同一顺序清偿,而不宜无限地将人身损害赔偿债权提前至所有债权前面优先清偿。[1] 如果将破产企业数千万,甚至数亿的资产以个别清偿的名义设立赔偿基金,势必严重影响对其他优先债权的清偿,有违法律所追求的公平原则,进而会影响到效率。例如,银行可能基于其担保债权得不到优先清偿,而不愿意借款给有可能发生大规模侵权的企业。这意味着,只有在担保债权、共益债权等优先债权得到全部清偿后,才可以提取破产企业的资金用于设立赔偿基金,如果企业此时已经无资产可供清偿,赔偿基金也就成为无源之水。

---

[1] 参见于定明《企业破产背景下的人身损害赔偿债权保护研究》,中国社会科学出版社 2014 年版,第 100—106 页。

　　如果企业进入破产重整程序，则可以在重整计划中针对大规模侵权损害赔偿债权设立赔偿基金。重整计划需要大规模侵权损害赔偿债权人和其他债权人按照少数服从多数的原则进行表决，如果不是大规模侵权损害赔偿债权人作出巨大让步通常很难通过。尽管法院可以强裁通过，但这结果必然是远远不能足额清偿大规模侵权损害赔偿债权人，面对可能引发的社会风险，法院通常是慎之又慎。因此，在企业破产重整的情况下设立赔偿基金同样面临资金筹集困难的尴尬境地。

　　因此，在企业因大规模侵权进入破产程序时，无论是在清算程序中，还是在重整程序中都有可能无法筹集基金所需的足够资金。如果在企业不能有效出资的情况下，主要由政府出资则实际上并没有解决大规模损害主要由政府买单的现状。

（三）完全通过社会救助将使财政不堪重负

　　社会救助，是指由政府或社会组织向贫困人口或因特殊事由遭遇不幸的脆弱群体，以金钱、实物或其他服务的方式提供接济、扶助的社会保障机制。[①] 在我国，一旦发生大规模侵权，由于损害巨大，侵权企业通常无力赔偿并可能以破产而告终，大量员工失业，相关判决无法执行，被侵权人的损失将难以得到清偿，滋生社会矛盾，甚至引发群体性事件，影响社会稳定。为了使被侵权人摆脱自行承担损害赔偿的困境，维护社会稳定，面对企业大规模侵权，政府不得不作为"第一责任人"出现在公众面前。"国家可能有意的使自己成为中间性质的事故保险公司，使所有的社会成员分担其公民不幸的负担。"[②] 政府会通过行政手段，对受害群体予以赔偿，有学者将其称为行政主导的救济模式，如图 2-4 所示，其核心在于通过国家财政对受害者予以补偿。

---

① 参见郑功成《社会保障学——理念、制度、实践与思辨》，商务印书馆 2000 年版，第 13—14 页。

② ［美］伯纳德·施瓦茨：《美国法律史》，王军等译，中国政法大学出版社 1989 年版，第 275 页。

图 2-4　行政主导救济模式

当发生大规模侵权损害时，主要由政府救助甚至完全由政府救助，将使政府陷入高福利陷阱，导致政府财政不堪重负。目前完全由政府承担人身损害赔偿的典型国家主要是新西兰。新西兰于 1974 年成立了意外事故局（Accident Compensation Corporation，ACC），并先后颁布了《意外事故赔偿法》《事故恢复及补偿保险法》及其修正案、《损害预防、恢复及赔偿法》等法案，确保其独特的由政府承担的意外事故赔偿制度的运转。[1] 意外事故赔偿制度为"任何谋生者（Earner）因意外灾害遭受身体伤害，不论其发生地点、时间及其原因为何，以及任何在新西兰因机动车车祸而受伤者，均得依法定程序向意外事故补偿委员会请求支付一定的金额"[2]。

新西兰的这一做法对财政支付能力的要求非常高，对其他国家而言并不具有普遍借鉴意义。如果我国采取这一模式将使财政不堪重负，难以为继。究其原因，一方面，由政府筹集和主持的意外事故赔偿基金需要用高税收来维持，这并不利于为市场经济的活跃发展营造一个良好的税收政策环境；另一方面，完全由政府承担的意外事故赔偿责任并不利于防止侵权行为的发生，若将大规模侵权损害赔偿责任完全移转给政府承担，虽然可以及时全面地填补被侵权人的损失，但同时也弱化了侵权人必要的注意义务，有可能诱发更多的大规模侵权事件。

---

[1]　参见邱彦《从新西兰损害赔偿制度看正义理念》，《华南理工大学学报》（社会科学版）2009年第 3 期。

[2]　参见 Hazel Armstrong《新西兰无过失伤害的预防、康复和赔偿体制介绍》，《中国安全生产科学技术》2007 年第 1 期。该文作者为新西兰事故赔偿委员会委员。

（四）完全采取社会化赔偿难以彰显公平

如果仅从填补人身损害的角度构建多元赔偿机制，把责任保险、赔偿基金和社会救助结合起来形成一个赔偿机制，则既可以克服单个社会化赔偿方式所带来的弊端，又可以解决侵权人赔偿能力不足的问题。日本民法学者加藤雅信教授针对这个问题提出"综合救济系统"的构想，他认为侵权法在填补损害方面仍有难以克服的局限性，因此有必要在对人身损害进行赔偿时排除适用侵权法，不通过侵权诉讼，而通过专门设立的基金来填补这种损害。[①]

但实际上，社会化赔偿方式并没有减少整个社会的损失，只是将损失在一定范围内重新分摊，或者说将责任重新配置。但无论损失是否重新分摊，都绕不开赔偿资金这个问题。前述三种社会化赔偿方式所需资金，无论是企业自筹，还是由政府财政支出，最终还是要由社会整体来负担。例如，若要求某类企业在其产品上都投保责任保险时，企业必然会将保险费转移到产品售价上，也即此类产品的消费成本将增加，与此相关联的上下游的产品、服务价格都将上涨。如果是由政府财政来资助赔偿资金，政府只能通过提高税率来弥补财政负担，最终也是由全体纳税人负担。可见，社会化赔偿只是重新分摊了赔偿资金的来源，并未能减少损失。相反，完全的社会化赔偿会让本来应该承担赔偿责任的侵权人安心地置身事外，这显然不符合任何法律都追求的公平、正义等价值。

其实，侵权法规定侵权人必须向被侵权人承担赔偿责任是出于两方面的原因：一是为了使损害更容易得到填补，即规定多个清偿主体，可以增加被侵权人获得足额清偿机会；二是侵权人对于损害的发生均有一定过错；或者侵权人虽然对损害的产生并无过错，但对直接加害人不能清偿债务具有一定过错，让其承担赔偿责任可以实现侵权法预防侵权行为发生、惩罚侵权人的

[①]　参见［日］星野英一《民法典中的侵权行为法体系展望》，渠涛译，《法学家》2009 年第 2 期。

功能。例如，共同侵权人对于损害的产生显然具有一定过错，只是在其中所起作用大小不同而已；又如，股东滥用法人人格侵占公司资金时，虽未直接导致被侵权人损害，但会导致公司的清偿能力降低，从而不利于被侵权人获得足额清偿。如果违法成本低于违法所得，那么作为理性经济人的公司在作出选择时极有可能向利益方向倾斜，由此漠视损害结果而无畏地进行生产活动。因此，在侵权人对损害的产生有过错的情况下，让其承担赔偿责任，才能在一定程度上预防相类似的侵权行为发生。以侵权人赔偿作为多元赔偿机制的基础是对侵权人不法行为的否定性评价，符合社会的价值判断，同时也能使被侵权人获得精神上的抚慰。

三、多元化赔偿是解决大规模侵权损害赔偿最佳途径

侵权法的基础逻辑是通过确认行为人的侵权责任而让其对被侵权人遭受的损失进行赔偿，是典型的一对一的风险转移模式。在步入风险社会后，大规模侵权引发的大面积、大额度损害赔偿不再是一个传统侵权损害救济手段能解决的问题。传统的侵权法逻辑对大规模侵权引发的社会问题显得束手无策，这就迫使人们开始思考、尝试各种可能的途径来分散大规模侵权所引发的风险，分摊大规模侵权的赔偿责任。由此就催生了多元化的赔偿机制。

目前各国在若干大规模侵权事件的触动下，也逐渐探索形成了各有特色的应对大规模侵权损害赔偿的综合救济体系。从学理上进行划分，主要包括私人赔偿体系（private compensation system）和公共赔偿体系（public compensation system）两大部分。① 实际上，不仅仅是针对大规模侵权，在整个侵权领域，"多元化的社会救济机制，特别是在事故损害赔偿领域，已经形成"②。

---

① See Willem H. van Boom, Michael G. Faure, "Introducing 'Shifts in Compensation Betwean Private and Public Systems'", in *The Shift in compensation between private and public systems*, Willem H. van Boom, Michael G. Faure (eds.), New York: Springer Wien, 2007, p. 1.

② 王利明：《建立和完善多元化的受害人救济机制》，《中国法学》2009 年第 4 期。

多元的社会救济机制不是否定侵权法固有的救济功能，而是在侵权法的基础上引入社会化赔偿，解决侵权人赔偿能力不足的问题，使被侵权人的损害得到更好的填补。

多元化的赔偿机制，在其他国家也基本成型，比如美国，有 40 多年的针对大规模侵权的赔偿制度，即 "无过错" 的替代性赔偿制度（no-fault alternative compensation systems）。虽然该制度也存在争议并且问题百出，但却被认为是最有效的，并被认为是具有可操作性的。①美国于 1957 年通过安德森法（The Price-Anderson Act）设立了核能损害赔偿基金；1980 年通过《综合环境反应、赔偿和责任法》（Comprehensive Environmental Response, Compensation, and Liability Act, CERCLA），建立了著名的 "超级基金"②；日本于 1973 年制定《公害健康被害补偿法》，建立了环境损害补偿基金。③ 发生于 1989 年 3 月24 日埃克森·瓦尔迪兹邮轮触礁并断裂于阿拉斯加附近并导致 44000 吨石油对美国水域污染的事件，促使加拿大政府通过了《国际责任和赔偿计划》（International Scheme for Liability and Compensation）。1989 年 4 月 24 日《加拿大运输法》（Canada Shipping Act）进行修改，形成了《船舶污染基金》（Ship-source Oil Pollution Fund, SOPE）。1993 年加拿大修订《加拿大运输法》（Canada Shipping Act）第 XVI 部分，以此依托加拿大海岸警卫部队和私人提

---

① Linda S. Mullenix, "Mass Tort Funds and the Election of Remedies: The Need for Informed Consent", *The Review of Litigation*, Vol. 31, No. 4（2012），p. 833. 该文作者指出，发生于 2001 年 "9·11" 恐怖袭击美国世贸大厦（World Trade Center, WTC）是美国第一次大规模采用 "无过失、无诉讼" 救助基金的方式解决大规模侵权的赔偿问题；而与之不同的是，发生于 2010 年的美国墨西哥湾漏油事件，在赔偿救助方面，由于 BP 石油公司未能与相关政府形成合作，而独自设立了 "墨西哥湾岸区索赔基金（The Gulf Coast Claims Facility, GCCF）"。

② 参见邢宏《论大规模侵权损害赔偿基金》，博士学位论文，华中科技大学社会学院，2013 年，第 13 页。

③ 参见陈贻健《区域性复合环境污染防治法律对策研究：以霾污染为样本》，《法学杂志》2016 年第 12 期。

供基金的反应组织而构建《漏油预防和相应国家制度》框架。① 与此同时，美国、德国、日本等国还建立了以强制保险为主、自愿保险为辅的环境责任保险制度。② 诚然，国外社会化赔偿有其存在的根基，但不一定符合我国的实际。就我国而言，需要建立一个多元赔偿机制妥善解决企业大规模侵权所导致的巨额损害赔偿问题。其目的包含两方面：一方面可以让被侵权人及时得到最大限度的充分赔偿；另一方面也可以给企业建立一个巨额损害赔偿的风险防范机制，尽可能地避免企业因此而破产，以及避免企业破产后带来更多的社会问题，如大量的人失业、债权人的求偿权落空，等等。

多元赔偿机制所包含的每种赔偿制度均存在其优势和不足，在进行组合时，可以实现不同赔偿制度的优势互补，这也正契合了大规模侵权损害赔偿的特征需要。从全面保护被侵权人获得充分赔偿的角度来看，在发生大规模侵权后，每一位被侵权人都想尽可能及时、充分地获得赔偿。而实现这一愿望的前提之一是侵权人具有足够的赔偿能力，一旦侵权企业因巨额赔偿陷入破产，则被侵权人的赔偿诉求将难以得到满足。所以，从被侵权人获赔的及时性考虑，多元赔偿机制相比于单纯通过追究侵权行为人的侵权责任获得赔偿而言更加快捷，因为要获得侵权之债，需在侵权法框架下通过司法救济获得赔偿，而司法程序需要消耗时间成本，且程序较多，难以满足被侵权人获得及时赔偿的要求。而多元赔偿机制下，保险公司可针对保险事故的具体情况开通绿色通道，快速理赔；赔偿基金也可以在紧急情况或者特殊情况下优

---

① See Ship-source Oil Pollution Fund, 2018 年 7 月 18 日，见 http: //sopf. gc. ca/? page_ id =109。1993 年对于《加拿大运输法》的修订，其并没有实质性地对海事污染的责任和赔偿进行修改，但对于个人伤害、一般海事侵权法、客运以及货物运输方面的法律规定进行了重大修订（significant）。See Peter G. Bernard and Andrew P. Mayer, "A Tale of Two Sovereigns: Canada, the United States, and Trans-border Pollution Issues", *U. S. F. Maritime Law Journal*, Vol. 13, No. 1 (2000), p. 145. 根据修订后的法律，承运人不能再要求乘客签署任何包含有排除责任条款（exemption of liability clauses）的合同。See Transport Minster Announces Introduction of Marine Liability Act (Transport Canada News Release), March 3 rd, 2000, 2018 年 7 月 1 日，见 http: //www. tc. gc. calreleases/natOOLhOO8e. htm。

② 参见贾玲《环境责任保险制度研究》，中国环境科学出版社 2010 年版，第 135 页。

先赔付；社会救助制度在政府主导下的反应速度更加及时，故多元赔偿机制更符合被侵权人及时获赔的需求。另外，对于被侵权人获得充分赔偿的要求，在大规模侵权中由于损害巨大，被侵权人人数众多，所以通常难以实现。多元赔偿机制由侵权人赔偿和社会化赔偿构成，层层保障，能够尽可能实现风险社会化中保证侵权企业的赔偿能力，有利于被侵权人获得充分赔偿。

多元化赔偿不仅仅是采取社会化赔偿方式将企业应当承担的损失转嫁给社会，而是在尽可能让被侵权人获得及时充分的赔偿的同时，坚持由企业承担可能的风险。这一方面体现在多元化赔偿机制包含了侵权人赔偿这一重要因素；另一方面体现在社会化赔偿中的责任保险、赔偿基金的资金来源于企业。因此，多元化赔偿除了能够让被侵权人获得及时充分的赔偿外，也可以使大规模侵权损害赔偿在整个社会合理地分担，能够克服我国现行解决方式的弊端：要么主要由政府买单，要么被侵权人求偿无门独自承担不利后果。

第三节　多元化赔偿应坚持的基本原则

一、责任自负原则

对自己的行为负责是人类社会普遍遵循的基本逻辑，企业引发大规模侵权，所产生的损失理应由其承担全部的损害赔偿责任。当然，按照现行法律规定，企业也需要对其造成的损害承担全部赔偿责任，但根据现在的情况看，发生大规模侵权后，被侵权人往往得不到足额赔偿，最终变成了由被侵权人自己承受损失，这无疑很不公平。

之所以会出现这样的局面，与公司具有独立法人地位、股东承担有限责任这一制度安排不无关系。公司制度的出现，使社会资本得以聚集，为整个人类社会创造了大量的就业岗位和丰富的产品，对技术的创新与变革起着举足轻重的作用。但不可否认的是股东有限责任制度的伟大之处并非消灭了风险，而只是降低了股东风险，从而起到鼓励投资、促进社会发展的作用。但公司有限责任制度在降低股东风险的同时，将风险转移给了公司债权人。公司的力量越来越强大，但其可能产生的破坏力也远远超出了普通人，其给债权人带来的风险也更大。

因此，公司制度在赋予股东有限责任的同时，为了平衡股东与债权人之间的利益，保护债权人利益成为重中之重。特别是在发生大规模侵权后公司无力赔偿时，公司不能对自己的行为负责，股东投资所产生的风险无疑主要由被侵权人来承担，这显然是不公平的。但公司法只解决普通情况下债权人利益保护的问题，就如同侵权法只能解决普通侵权问题一样。因此，构建多元赔偿机制可以说是公司法立法活动的延续，即在公司法之外构建一个更为系统和全面的机制来保护债权人的利益。

构建多元赔偿机制的目的可以概括为两个方面：第一，确保大规模侵权损害的被侵权人最大限度地得到足额赔偿；第二，避免大规模侵权企业在承担赔偿责任后资不抵债陷入破产境地。在实现前述两个目的的同时，多元赔偿机制的实施还应尽可能地减少整个社会直接为企业的侵权行为承担赔偿责任。让企业尽可能地具备赔偿能力，对自己的行为负责便成为我们需要解决的问题。当然，要解决这一问题不能动摇股东承担有限责任这一基石。如果不考虑具体情形，只要出现不能赔偿大规模侵权损害的情况，一律要求股东承担损害赔偿责任，虽然可以增加被侵权人获得赔偿的机会，但这无疑会使股东感觉如履薄冰，从而降低投资的意愿。而是在坚持现有公司制度的基础上，如何通过其他方式尽可能地让公司债权人遭受的损失得到最大限度的弥补。因此，应当未雨绸缪，在公司存续期间即建立相应机制，让公司具有较强的赔偿能力。

责任自负最直接的体现是，在大规模侵权损害发生后，公司用其自有资金对被侵权人进行足额清偿；但在这一思路下，发生大规模侵权后，部分公司面临无力清偿的局面。在公司正常经营时，强制公司投保或缴纳赔偿基金用于解决未来可能出现的大规模侵权损害赔偿，虽然赔偿的主体是保险公司或基金，但其资金本质上来源于公司。因此，通过强制公司投保责任险或者出资设立赔偿基金的方式是责任自负的体现。

二、完全赔偿原则

如前所述，大规模侵权与普通侵权并无本质不同，而完全赔偿原则是普通侵权损害赔偿也坚持的赔偿原则，在此为何需要特别强调呢？原因在于，构建多元赔偿机制的重要原因是因为大规模侵权中的侵权人无力赔偿，在此背景下构建多元赔偿机制亦不能因此而降低赔偿的程度，依然按照完全赔偿的思路尽量填补被侵权人的损害。

所谓完全赔偿，就是指对于被侵权人所遭受的全部财产损害都应当赔偿，而不考虑行为人的主观过错程度。[1] 因为侵权责任法给予的赔偿是矫正赔偿，所以完全赔偿是其一个必然的逻辑。[2] 在确定被侵权人的赔偿范围时，如何实现对被侵权人的完全赔偿，同时又避免对其过度赔偿，即同时遵守完全赔偿原则和禁止得利原则，不仅是侵权损害赔偿制度中最核心的问题，也是大规模损害赔偿机制构建中必须要考虑的首要问题。"补偿原则"和"得利禁止原则"是贯穿于德国传统损害赔偿责任法立法始终的两个互为表里的原则。其中"补充原则"，要求将被侵权人因侵权而被减少的财产额恢复到"倘若损害事件没有发生时应处的状态"，这已经成为现代各国损害赔偿立法的"最高的指导原则"[3]。完全赔偿原则，更是清晰地表达出对损害赔偿要秉承这样一个原则，即只要发生侵权损害，无论侵权人的过错情况，也无论损害结果的类型，都应该先确定被侵权人损害的实际大小，然后再由侵权人向被侵权人提供相应的利益补偿，以实现对被侵权人损失的全部填补，让被侵权人的利益

---

① 参见王利明《侵权责任法研究》（上），中国人民大学出版社 2011 年版，第 618 页。
② 参见孙玉红《侵权法功能研究》，法律出版社 2010 年版，第 117 页。
③ 参见曾世雄《损害赔偿法原理》，中国政法大学出版社 2001 年版，第 14—15 页。

回复到如同未遭受过侵害时一样。[①] "得利禁止原则" 要求被侵权人所获得的补偿不得多于其损失。损害赔偿法的任务主要在于填补被侵权人所遭受的损害，这主要包括恢复原状和金钱赔偿两种模式。[②]

填补损害是侵权责任法的基本功能。侵权责任法的功能究竟应该为一元论、二元论，还是多元论，学界多有争议。"我国多数侵权责任法学者采用多重功能说，即我国侵权责任法的功能应当定位在补偿（填补损害）、预防侵权行为、惩罚侵权人等多个方面。"[③] 王利明教授认为，在侵权责任法的众多功能中，"侵权法的补偿功能是侵权法的主要功能"[④]。从侵权法视角而言，"矫正正义（corrective justice）是与修复因不当行为引起的侵权行为的双方当事人的不平衡关系（inequality）"[⑤]。现代侵权法的重心不在于对侵权人的责难，而在于对被侵权人损失的填补。[⑥] 从理论上讲，侵权行为的发生必然会引起当事人之间利益的变化，但这种变化并非处于被侵权人的自愿，而侵权损害赔偿，实质上则是对侵权行为产生的结果矫正。[⑦] 侵权责任所具备的损害填补功能，实际上就是矫正正义的具体表现。其主要作用就是：尽可能地将原告恢复到侵权行为实施之前原告所处的状态之中。[⑧] 损害赔偿法依据其正义价值基础旨在实现完全填补被侵权人所遭受的损害，但同时也应当避免超出在损害

---

① 参见程啸、王丹《损害赔偿的方法》，《法学研究》2013 年第 3 期。

② 参见［德］克里斯蒂安·冯·巴尔著《大规模侵权损害赔偿责任法的改革》，贺栩栩译，中国法制出版社 2010 年版，第 3 页。

③ 张新宝：《侵权责任法立法：功能定位、利益平衡与制度构建》，《中国人民大学学报》2009 年第 3 期。

④ 王利明：《侵权责任法制定中的若干问题》，《当代法学》2008 年第 5 期。

⑤ See John G. Culhane, " Tort, Compensation, and Two Kinds of Justice", in *Rutgers Law Review*, Vol. 55, No. 4 (2003), p. 1027.

⑥ See generally John Keeler, "Thinking through the unthinkable: Collective responsibility in personal injury law", *Common Law World Review*, Vol. 30, No. 4 (2001), p. 349.

⑦ 参见许明月《普遍性侵权、机会主义与侵权现象的法律控制——对传统侵权法的反思》，《法商研究》2005 年第 4 期。

⑧ 参见［加拿大］欧内斯特·J. 温里布《私法的理念》，徐爱国译，北京大学出版社 2007 年版，第 134—136 页。

填补之外给被侵权人带来利益。① 根据填补损害原则，被侵权人只应获得法律规定范围内的赔偿。

大规模侵权损害赔偿的范围非常广泛，赔偿项目繁多，既有物质损失，又有精神损失，是应坚持完全赔偿，还是部分赔偿？完全赔偿所强调的是，在确定损害赔偿数额时应当把其所涉及的所有赔偿项目均纳入计算，而债权人的赔偿请求是否能够实现则与完全赔偿无关，而与侵权人的赔偿能力有关。但如果在多元赔偿机制下，依然不能赔偿被侵权人的全部人身和财产损失，则应足额赔偿人身损失，对财产损失按照一定的限额予以赔偿。当保险或赔偿基金不足以赔偿全部人身损失的情况下，政府应通过社会救助的方式足额补偿人身损失。

足额赔偿的前提是一个损害只能获得一份赔偿，即不能获得多重赔偿。其理由在于，无论是由哪一个主体赔偿，其实都是整个社会在承担赔偿。例如，在企业赔偿后，必然会将其成本分摊到其产品成本中；让政府救助，则必然会将损失分摊给纳税人。毕竟多元赔偿机制并没有降低整个社会的损失，只是将可能的损失作一个相对合理的分摊。与此相关的问题是，如果认为现行的人身损害赔偿标准过低不足以弥补损失，亦不是获得多重救济的理由，解决的办法应该是提高赔偿标准。

三、预防为主原则

毫无疑问，大规模侵权是一种风险。预防风险的发生是风险管理的主要措施。最理想的结果是建立相应制度防范大规模侵权的发生，降低其损失发生概率，降低其损失程度。但无论建立多严密的防范体系，总归百密一疏。而且即使能够针对企业的特点制定严密的防范体系，执行环节难免会出现纰漏。正如墨菲定律所揭示的："如果有两种或两种以上的方式去做某件事情，

---

① 参见［奥］海尔穆特·库奇奥《损害赔偿法的重新构建：欧洲经验与欧洲趋势》，朱岩译，《法学家》2009 年第 3 期。

而其中一种选择方式将导致灾难，则必定有人会作出这种选择。""如果你担心某种情况发生，那么它就更有可能发生。"① 因此，对于大规模侵权固然应该重点防范其发生，但也不得不考虑在其发生后，如何解决善后问题，特别是预防侵权人赔偿能力不足情况的出现。

为了解决侵权人赔偿能力不足这一问题，应该要求企业在正常经营时即投保责任险或建立赔偿基金，而非在大规模侵权发生后才采取相应措施解决赔偿问题。在大规模侵权发生后才着手解决企业赔偿能力不足的问题，一方面往往措手不及，使被侵权人难以得到及时、充分的赔偿；另一方面其资金来源往往不限于企业本身，实际上难以达到让侵权人承担赔偿责任的目的，甚至可能出现采用违法方式筹措资金的问题。例如，在三鹿奶粉侵权事件中，在事件发生前，没有建立相应的社会化赔偿方式来预防赔偿能力不足的问题。在巨额损失出现后，为了解决赔偿能力不足问题，政府要求三鹿集团拿出巨额资金优先赔偿消费者，实际上违反了《企业破产法》不得偏颇性清偿的规定。此外，为了解决后续赔偿问题，政府要求乳制品行业出资成立赔偿基金，其实际运作却不尽如人意。

因此，所谓预防为主，并非预防大规模侵权风险的发生，而是指采取措施防范企业大规模侵权发生后无力赔偿的情况，进而预防两种情况的出现：一是被侵权人求偿无门；二是企业面临破产。预防的措施包括两方面：一是侵权人赔偿层面，梳理与直接加害人相关的其他侵权人，从而增加被侵权人获得赔偿的机会；二是在社会化赔偿层面，在大规模侵权发生前强制要求企业投保责任险或缴纳赔偿基金等，让企业成为预防措施的重要主体。

但之所以强调预防"为主"，则并非要求所有的企业均建立事先防范型社会化赔偿方式，对于不易发生大规模侵权的企业，例如服装制造企业，就没有必要建立事先预防型的社会化赔偿方式。但如果个别情况下，某企业生产

---

① 参见崔全会等《简论安全管理的警示职能——墨菲定律的启示》，《中国安全科学学报》1999年第 4 期。

的童装因为甲醛严重超标而发生大规模侵权，则可以通过事后建立赔偿基金的方式解决。

因此，多元化赔偿方式在大规模侵权发生前就应当建立，而不是在大规模侵权出现后，才试图通过多元的方式解决侵权人赔偿能力不足的问题。

四、强制与自愿相结合原则

强制与自愿相结合，是指要求大规模侵权风险发生较高的企业必须采取社会化赔偿方式解决可能发生的巨额损害赔偿问题，而对于其他企业则由其自行决定是否采取社会化赔偿方式。在多元化赔偿机制中，如前所述，对于侵权人赔偿方式并不需要独立构建，而社会化赔偿方式中的社会救助与企业无关，因此，所谓强制企业采取社会化赔偿方式，实际上是强制企业投保责任险或者缴纳赔偿基金。在构建大规模侵权的社会化赔偿制度时应当在强制和自愿之间寻求一个最佳平衡点。强制的领域应该限制在相对较窄的领域，更多的领域应该交由市场来解决。

无论是普通侵权损害赔偿，还是大规模侵权损害赔偿，都属于民事赔偿，依然属于私法自治的范畴。对于企业可能造成的大规模侵权损害赔偿，一种可能的态度是完全由市场来解决，即让愿意投保责任险或缴纳赔偿基金的企业最终得到市场的认可，通过市场竞争淘汰不愿意投保责任险或缴纳赔偿基金的企业。以责任保险为例，投保责任险理论上可以降低企业因大规模侵权赔偿导致破产的可能性，从而激励厌恶风险的企业投保责任险；同时，由于自愿投保责任险的企业破产的可能性相对较小，投资者、供货商和消费者等市场主体应该更愿意与其进行交易。但市场竞争并不必然带来我们所期待的理想结果，在自愿保险模式下，普遍存在逆向选择的情况，即侵权风险较高的企业投保意愿较强，相反则投保意愿较弱。在投保人相对较少的情况下，保险公司只能提高保险费率收取较高的保费才能维持运转，最终将陷入恶性循环，即投保人数少——提高保险费率——投保人数更少——再次提高保险费率，而强制模式可以控制企业的逆向选择。①

从我国责任保险的实践来看，企业自愿投保责任险的积极性并不高，在环境保护领域尤其如此。原环保总局与中国保监会曾经在 2007 年 12 月 4 日联合发布了旨在建立环境污染责任保险制度，防范环境污染风险的《关于环境污染责任保险工作的指导意见》（环发〔2007〕189 号），并提出在全国范围内地市以上区域开展试点工作，以期在"十一五"期间初步建立环境污染责任保险制度。② 但截至现在，我国环境污染责任保险制度的运行仍不尽如人意。实际上，无论我们赞成与否，随着民法的演变，私法自治不再绝对化，近代民法所倡导的所有权绝对、契约自由和过错责任三大原则均已因为工业社会的到来而被突破。"大规模侵权导致巨额赔偿——侵权人无力赔偿而破产倒闭——被侵权人得不到赔偿只能自认倒霉"，这一逻辑在传统民法思维有其存在的基础，但在现代法律理念下，大规模侵权损害赔偿不再纯粹是当事人之间的私事。

如果仅仅从保护被侵权人的角度考虑大规模侵权损害赔偿问题，似乎强制所有企业投保责任险或者缴纳赔偿基金是最佳方案。但强制企业投保责任险或者缴纳赔偿基金，必然会增加企业经营成本，最终增加整个社会的成本。相当一部分行业发生大规模侵权是极小概率事件，或者引起社会不稳定的可能性较小，自然没有必要强制这些企业投保责任险或者缴纳赔偿基金。强制的领域应该限制在相对较窄的领域，更多的领域交由市场来解决。强制企业投保责任险或者缴纳赔偿基金，其实质是政府对企业经营的干预，为了避免不当干预带来效率降低的问题，还是应当贯彻经济法所坚持的"适度干预原则"。这其中的"度"就在于企业发生大规模侵权的可能性，以及发生大规模侵权后是否极容易引起社会不稳定的可能性。在常见的大规模侵权类型中，

---

① 参见粟榆《大规模侵权责任保险赔偿制度研究》，博士学位论文，西南财经大学法学院，2014 年，第 83—84 页。
② 参见马宁《环境责任保险与环境风险控制的法律体系建构》，《法学研究》2018 年第 1 期。

其中较易发生且易引发社会不稳定的大规模侵权类型包括产品责任大规模侵权、环境污染大规模侵权、安全生产事故大规模侵权、交通事故大规模侵权、证券违法大规模侵权，因此，涉及这些领域的企业必须投保责任险或缴纳赔偿基金。但产品生产涉及诸多领域，大部分产品引发大规模侵权的可能性不大，或者其发生大规模侵权后引发社会不稳定的可能性不大，因此，产品大规模侵权应仅限于食品和药品领域的企业，这些企业需要强制其投保责任险或者缴纳赔偿基金。此外，虽然垄断和不正当竞争也会引起大规模侵权，但毕竟只有极少数企业可能会因为垄断或不正当竞争引起大规模侵权，且即使发生大规模侵权也不会导致社会严重不稳定。而网络大规模侵权虽然也较容易发生，但因其造成的损失一般与人身损害无关，且一般不会导致被侵权人生活陷入困顿。因此，对于垄断与不正当竞争行为大规模侵权、网络大规模侵权等涉及的领域不必强制企业投保责任险或缴纳赔偿基金。当然，如果企业自己愿意，法律自然没有禁止的必要。综上所述，可以考虑先针对部分容易导致大规模侵权且易引起社会不稳定的领域实施强制责任保险或建立事先防范型赔偿基金，即在食品与药品生产、安全生产、环境污染、交通事故、证券违法等领域实施。

第四节 多元化赔偿的法经济学分析

一、多元化赔偿有利于克服经济人趋利性的负面效应

（一）趋利性是经济人的本性

亚当·斯密在《国富论》中指出人类的本性是自利，人类的任何活动，包括商品交换都是由自利心推动的。在自由市场环境中，人们将按照自己认为的对自己最为有利的方式进行一切经济活动。换言之，经济社会中的正常人都具有理性，他们会主动地选择有利于自己的活动。因此，在经济社会中

"私人利润的打算，是决定资本用途的唯一动机"①。对于个体的理性经济人而言，那就是只会追求个体本位的利益最大化，而不是群体利益或群体中个体利益的最大化。② 对于任何企业而言，那就是在纯粹的经济利益追逐中，尽可能少地投入风险预防和管理成本以增加收益。

为了使投资者获得回报，企业必然以营利为目的，企业的趋利性本身并非应当被口诛笔伐之事。而且，正是因为企业具有趋利性，努力追求单位资本效益的最大化，客观上给整个社会带来了丰富的产品，从而促进了整个社会的发展。但企业的趋利性这一本性，在促进市场竞争加快经济发展的同时，也给社会带来相应的负面效应，比如生产有毒有害食品、造成大规模环境污染等。当企业利益与公共利益发生冲突时，固然可能存在部分商人自觉约束自己行为的情况，但资本的逐利性决定了这仅仅只是部分商人的行为，不可能是全体商人自觉自愿的一致行动。

因此，一般而言，如果企业不以营利为目的，则不能再称其为企业，而是慈善机构或别的性质的主体。企业作为经济人必然具有其趋利性，在经营过程中必然以营利为目的，这也是股东的必然要求。

(二) 社会化赔偿对企业趋利性的矫正

面对可能的大规模侵权，企业需要在原有生产成本投入之上，增加投保责任险或缴纳赔偿基金的成本。然而，这些成本投入后，并不能直接增加企业的收益。尽管我国《公司法》在 2005 年修改时即已确定公司的社会责任，2020 年颁布的《民法典》也对营利性法人承担的社会责任作了重申，但无论是现在还是将来，由于社会责任的抽象性，如何让企业承担社会责任依然是一个难题。尤其针对环境污染而言，如果仅仅倡导企业造成环境污染应当及时充分地赔偿，则企业常常会将赌注押在环境污染事件不会发生上，而不愿

---

① 焦君红、孙万国：《从"经济人"走向"生态理性经济人"》，《理论探索》2007 年第 6 期。
② 参见周建成《解析"理性经济人"》，《甘肃行政学院学报》2002 年第 3 期。

主动投保责任险或缴纳赔偿基金，除非有税收或金融方面的政策支持。毕竟可供支配的现金对于企业而言永远具有稀缺性，在用于生产经营还是风险防范方面，企业更倾向于用于前者。

如果企业过分追逐利润，全然不顾其行为可能造成环境污染带来巨额赔偿，就会有违保护社会整体利益的目标。尤其对于股东而言，其受有限责任制度的庇护，除非符合公司法人格否认情形，否则股东并不需要对公司造成的大规模侵权损害承担赔偿责任，没有任何动力让股东对公司可能产生的损害赔偿进行预防性投入。因此，有必要约束理性经济人的行为，以克服其趋利性所带来的负面效应。大规模侵权损害涉及人数众多、波及面广，造成的损失数以亿计。以重庆开县特大井喷事故为例，该事故导致 200 余人中毒死亡、2142 人中毒住院治疗、65000 人被紧急疏散安置，9.3 万人受灾，造成严重的房屋倒塌、牲畜死亡和环境污染，直接经济损失达 8000 余万元。[①] 面对如此巨大的赔偿数额，对任何企业而言都是难以承受之重，而强制企业投保责任险或缴纳赔偿基金可以在一定程度上让企业承担社会责任。

简而言之，经济人的趋利性通常让企业甘冒风险而不愿主动支付风险管控成本，进而损害公共利益。多元化赔偿在增强企业风险防御能力的同时，还有助于维护公共利益，是对企业作为经济人可能过于追逐利润的有力矫正。

二、多元化赔偿有利于外部成本内在化

（一）企业生产的外部性

《西方经济学大辞典》将外部成本定义为："厂商生产的商品或劳务给生产者和消费者以外的其他人所带来的损害。例如，生产过程中所排放的废气、

---

① 参见朱岩《大规模侵权的实体法问题初探》，《法律适用》2006 年第 10 期。

废水会污染环境，使生活在这一环境中的人们都受到损害。"[1] 外部性又分为正外部性和负外部性。正外部性的典型案例莫过于如灯塔所带来的外部性，灯塔不仅可以为其投资者起到指引作用，也可以让任何其他需要灯塔指引的人受益。而负外部性的典型案例莫过于企业生产过程中带来的环境污染，企业通过生产给投资者带来利润的同时，也可能带来废气、废水、固体污染物，这一系列环境污染问题并不会直接使企业的利润降低，但却严重损害了公共利益。企业生产的外部性使私人成本与社会成本、私人收益与社会收益不相一致[2]，可能对社会产生极为不利的影响。

人类社会在刚进入工业社会时，对工业化生产可能带来的环境污染问题并没有引起足够重视。早在18世纪，随着工业的发展环境问题日益突出，但污染环境的企业并未因此得到应有惩罚。工业发达国家不得不加大财政投入以解决环境污染问题，企业将本应由其承担的治污成本转嫁给了政府，最终导致政府背负沉重的财政负担。在有限责任制度的庇护下，大规模环境污染对企业投资者的惩罚仅限于企业破产。股东可以在公司有利润时逐年得到分配，获得丰厚的回报；当公司因大规模环境污染破产时，则可以一走了之，由此带来的巨额损失只能由被侵权人承受或者由政府救助解决。企业通过生产经营获取利润，由此带来的损失则转由社会承担，这明显有违社会公平。另外，若不通过相应制度控制企业生产经营所带来的外部成本，则企业在牟取自身利润的过程中将更加肆无忌惮，反而会增加风险发生的可能性。

（二）多元化赔偿与外部成本内在化

面对投资行为可能带来的大规模侵权，固然不能因噎废食而废除有限责任制度或者禁止投资，而应通过合理的制度安排使企业的这一外部成本内在

---

① 胡代光、高鸿业主编：《西方经济学大辞典》，经济科学出版社2000年版，第116页。
② 参见沈满宏《庇古税的效应分析》，《浙江社会科学》1999年第4期。

化。为了解决外部成本问题，庇古提出了解决外部性内部化的补偿原则，即通过征税的方式来填补私人成本和社会成本之间的差距。除了征税方式外，外部成本内部化的解决方式还可以通过强制企业投保责任保险或设立赔偿基金的方式解决，要求企业在作出决策时不仅要考虑自身成本效益，还要考虑兼顾整个社会的成本和效益，以实现社会公平。

外部成本内在化的优势在环境保护中早有体现，面对日益严重的环境污染问题，经济合作与发展组织在 1972 年提出了旨在通过明确污染者责任而降低污染行为的"污染者负担原则"（polluter pays principle），该原则要求造成环境污染的企业必须承担污染赔偿责任和治理责任，使企业的污染成本内在化，以实现社会公平。这项原则在适用过程中内容不断丰富，并被各国广泛接受，在我国即发展为"污染者付费、利用者补偿、开发者保护、破坏者恢复"原则，即"污染者付费，受益者补偿原则"①。由企业自行承担污染损害，实现外部成本内在化，使企业在生产经营中更加重视环境保护，降低社会成本以及环境污染风险的可能性。

在大规模侵权中，由于被侵权人众多，损害巨大，通常侵权人难以承担如此巨额的赔偿，这正是企业生产经营所带来的负外部性成本，多元化赔偿是实现外部成本内在化的有效途径。在多元赔偿机制中，强制企业投保责任险或缴纳赔偿基金，能够提高侵权企业的赔偿能力，将外部成本转为内部消化。以油污损害赔偿基金为例，即是"通过向工业或利益集团征税来形成针对潜在环境风险的保险基金"②，这一方式促使企业不得不把环境污染治理成本考虑在内，从而选择不易导致环境污染的生产方式，即实现了外部成本内在化，由企业对其生产经营活动中可能产生的风险承担赔偿责任。

---

① 参见王婷婷、于诗卉《油污损害赔偿基金之法理基础探讨》，《海洋环境科学》2015 年第 1 期。
② 参见王婷婷、于诗卉《油污损害赔偿基金之法理基础探讨》，《海洋环境科学》2015 年第 1 期。

三、多元化赔偿有利于提高社会整体效率

（一）多元化赔偿的成本

在法经济学分析中评判一个对象是否具有效率，常用的判断标准有两个：帕累托效率（pareto efficiency）和卡尔多—希克斯效率（Kaldor-Hicks efficiency）。帕累托效率，是指在资源分配时，在没有使任何人境况变坏的前提下使得至少一个人变得更好，此时的社会资源配置就处于最佳状态，因此也被称为帕累托最优。卡尔多—希克斯效率标准注重考虑社会价值和社会福利的最大化，当一项变动使一些成员增加的福利能够弥补另一些成员减少的福利且留有剩余，则社会成员的总福利增加，这变动即为卡尔多—希克斯效率。[①] 效率标准的实质就在于损益比，即收益与成本的比例问题，若用算数公式即可直观地表示为：法律效率＝法律收益÷法律成本×100%，其中法律收益包括法律供给主体的经济收益和法律供给主体的政治收益、社会收益、伦理收益等；法律成本包括法律主体投入的时间、人力、资本等支出及其相应的机会成本。可见，因计算法律效率时的收益与成本变量并不限于经济指标，因此，法律效率实际上还包括政治效率、社会效率、伦理效率等，当然，法律收益主要还是指经济效率。[②]

针对大规模侵权，对被侵权人权益的保护无疑具有非常重要的积极意义。但通过多元化赔偿方式，则可能带来相关主体成本增加的问题：赔偿基金制度需要由政府直接支付资金；而责任保险制度需要企业支付保险费，则会增加企业的经营成本；赔偿基金制度、责任保险制度的运营都需要政府增加相关人员进行监管，这必将增加政府监管成本。此外，多元化赔偿需要将责任

① 参见李树《经济理性与法律效率——法经济学的基本理论逻辑》，《南京社会科学》2010年第8期。
② 参见危怀安《论"法律效率"与"法律效应"的规范运用》，《华中科技大学学报》（人文社会科学版）2002年第6期。

保险、赔偿基金、侵权法等制度进行融合，由此即增加了制度建设成本。综上所述，多元化赔偿所要付出的成本包括企业的经营成本、管理成本，政府的监管成本和制度的建设成本等。当然，企业和政府所增加的部分投入会通过产品、税收等形式转嫁于社会，但企业和政府仍然是多元赔偿机制建立过程中的直接成本承担者。

（二）多元化赔偿的收益与效率

多元化赔偿在给企业和政府增加一定成本的同时，也给企业和政府带来相应的收益。从企业的角度来看，通过支付一定的保险费或者赔偿基金费用就可以分担其赔偿责任，降低其破产风险。从政府的角度来看，多元赔偿机制则有利于促进社会稳定，进而减少维护社会稳定的成本。[①] 此外，企业在投保责任险的同时，保险公司需要对企业的风险预防进行监督，无形中增加了企业的风险预防能力；赔偿基金的形成有赖于行业协同发展，在设立赔偿基金后也促进了行业规范和互相监督，降低大规模侵权风险发生的概率。

最为重要的是，多元赔偿机制可以提高社会整体效率。多元赔偿机制是对被侵权人的一种保障，能够使被侵权人及时、充分地获得赔偿，在一定程度上还可以避免司法救济中因司法程序漫长而造成"远水难救近火"的困境发生，并且可以减轻被侵权人的举证压力，免受大规模侵权案件普遍存在的执行难困扰，同时还可以防止出现被侵权人因侵权企业破产而无法得到救济的情况发生。对于社会而言，大规模侵权的发生本身属于社会影响较大、波及面广的社会群体性事件，以多元化赔偿作为保障，能够减轻大规模侵权发生后的医疗、救灾、重建等工作负担，有利于被侵权人的安置、救助工作顺利开展，保障人民福祉，维系社会稳定。而且，在建立多元赔偿机制后，还可以增加相关赔偿责任主体对企业的监管力度。例如，尽管一般情况下保险

---

① 参见于定明《论大规模侵权损害多元赔偿机制的协调》，《云南社会科学》2014 年第 4 期。

并不能改变不利事件发生的概率，它仅能缓和事件发生后的财务后果①，但在保险公司面临赔偿的情况下，必然将增加保险公司监督企业的动力。因为在企业投保责任险的情况下，如果责任保险事故频发，显然会使保险公司处于不利地位，保险公司势必积极促进投保企业提升风险管理能力。简而言之，多元化赔偿所得收益系社会整体效率的提高，包括投保企业管理层责任感提高、赔偿主体监管力度加大、政府救助压力减轻，同时提高被侵权人获赔概率和效率等。

再从受益对象来看，如前所述，直接受益者为被侵权人、企业、政府，间接受益者则为整个社会。大规模侵权属于社会的潜在风险，其发生的时间、地点具有不确定性，即使做好预防管理工作也不能完全排除事件发生的可能性，因为大规模侵权是人类工业发展和社会进步过程中的伴生品。所有社会成员都可能成为大规模侵权的受害者，一旦事件发生，基于道义责任，整个社会都应当对受害者予以支援，如果赔偿能力不足、救助机制薄弱，极有可能增加疫病传染、犯罪等社会不稳定因素发生的概率，最终由整个社会来承担恶果。正如社会连带思想所描述的一样，在大规模侵权中遭受不幸的当事人如果得不到必要的救济，不仅对其本人而言极为不公平，而且会引起社会不稳定，进而影响整个社会的每一个人。例如，在一些大规模侵权中，被侵权人及其家属因不满意赔偿方案而引发群体性事件。群体性事件产生的原因中固然包含多种因素，但也与大规模侵权发生后不能及时、充分的赔偿有关。一方面政府在处理群体性事件时需要耗费大量人力、物力和财力；另一方面被侵权人及其家属得不到及时充分的赔偿，也会影响其个人和家庭的发展，最终也必然对整个社会不利。由此可见，多元化赔偿的受益对象除了直接受益者以外，社会整体也是间接的受益者。所以，从法律效率的公式来看，当法律收益大于法律成本时，法律效率相对较高。多元化赔偿所产生的成本主

---

① See Deborah A. Stone, "Beyond Moral Hazard: Insurance as Moral Opportunity", *Connecticut Insurance Law Journal*, Vol. 6, No. 1 (1999), p. 12.

要由企业和政府承担，而所得收益则惠及企业、政府同时延展至整个社会，虽然成本投入量尚缺乏可供分析的量化数据，但从成本投入对象与受益对象的面上来看，受益对象显然要广于成本对象。另外，虽然政府在多元化赔偿制度构建与施行之初经济成本投入大，但制度一旦形成便可长期使用，并可从中获得政治收益、社会收益。

大规模侵权的发生具有不确定性，企业在生产经营中以营利为目的，对风险预防的支出成本，并不能产生直接经济利益。作为理性经济人，希望能够尽可能降低投入性支出。所以，从侵权人的利益出发，既要实现风险社会化，又要降低风险预防成本的投入。企业通过投保、设立赔偿基金等方式投入预防成本，一旦发生大规模侵权面临巨额赔偿时，由保险公司、赔偿基金等社会化赔偿方式分担赔偿数额，对企业而言，收益绝对大于成本。另外，侵权人在注重经济效应的同时还注重企业发展的社会效应，而拥有强大风险管理能力和防控机制的企业能够塑造良好的企业形象，消费者也更信赖于具有较强社会责任感的企业。大规模侵权多元赔偿机制的建立目的就是实现风险社会化分担的最大化，并合理控制、降低风险防控成本，而这也正是市场经济下作为潜在侵权人的各大企业的风险分担需要。

总体看来，设立多元化赔偿的经济收益大于经济成本，故从法律效率上进行衡量，这一机制的设立也符合法律经济学的效率要求，即利大于弊。正如边沁所认为的，"最大多数人的最大幸福乃是判断是非的标准"①，法律的根本目的在于为绝大多数人谋求最大的幸福②，而多元化赔偿有利于提高社会整体效率，有利于提升整个社会的幸福感。

---

① ［美］E. 博登海默著：《法理学法律哲学与法律方法》，邓正来译，中国政法大学出版社 2004年版，第 111 页。

② 吕世伦主编：《西方法律思潮源流论》，中国人民大学出版社 2008 年版，第 397 页。

本章小结

大规模侵权造成的损失非常巨大，仅仅依靠侵权法不能解决巨额损害赔偿问题，而完全依靠社会化赔偿的某一种方式也不足以解决大规模侵权损害赔偿问题，应通过多元赔偿机制解决大规模侵权损害赔偿问题。多元赔偿方式包括侵权人赔偿和社会化赔偿。在大规模侵权中，侵权人应当对被侵权人赔偿是不言而喻的，但在直接加害人之外往往存在其他侵权人，在直接加害人面临破产清算时，需要根据不同的责任形态确定其他侵权人的赔偿责任。在社会化赔偿方式方面通过责任保险或赔偿基金分散侵权人的风险，同时政府和社会组织也应进行应急救助和兜底保障。

对于某一个具体的被侵权人而言，无论是大规模侵权损害，还是普通侵权损害，对其造成的损害和痛苦都是一样的，因此，在损害赔偿范围方面，大规模侵权与普通侵权并无本质不同。只是鉴于大规模侵权所造成的损害巨大，且侵权人有可能陷入破产境地，发生大规模侵权时不宜再支持惩罚性赔偿，否则可能使本不会陷入破产的企业最终走向破产清算，给整个社会带来更大的不幸。

在适用多元赔偿机制时，如果企业没有陷入破产，则先由责任保险或赔偿基金赔偿，不足部分由侵权人赔偿；如果企业陷入破产，则在责任保险或赔偿基金赔偿后，被侵权人参与破产清算分配。与此同时，在刚发生大规模侵权时，政府和社会进行应急救助；在企业因大规模侵权破产清算后，政府和社会对不能获得足额清偿的被侵权人实施救助。

大规模侵权损害多元赔偿机制的核心思想是完全赔偿和责任自负，而要实现这一目标，应当通过责任保险或者赔偿基金防范企业无力赔偿的情况出现。但如果让所有的企业都投保责任险或缴纳赔偿基金，则势必过分增加整个社会的成本，因此，多元赔偿机制在强调公平的同时还应兼顾效率，只需要针对部分容易导致大规模侵权的领域强制企业投保责任险或缴纳赔偿基金。

在多元赔偿机制中,在大规模侵权发生前即要求企业支付一定的资金用于未来可能发生的赔偿,这使企业本可以用于生产经营、利润分配的资金减少,在某种程度上会损害效率。但效率与公平是相对的,理性经济人的趋利本性使企业具有过于追逐利润的倾向,从而忽视可能带来的大规模侵权损害赔偿问题,多元赔偿机制可以促使企业承担社会责任。产品责任、环境污染、安全生产事故等大规模侵权事件是企业生产过程中的外部性,通过建立社会化赔偿方式可以使外部成本内在化。社会化赔偿方式会增加企业生产经营成本和政府制度建设及监管成本,但从整个社会而言,多元赔偿机制有利于提高社会整体效率。

第三章　侵权人赔偿梳理

在大规模侵权中极容易出现直接加害人赔偿能力不足的问题，因此，探讨"侵权人赔偿"不是论证侵权人是否应当赔偿，也不必从侵权损害赔偿责任的构成要件、归责原则、损害赔偿数额的确定等方面进行一般性的探讨，而是从主体的角度分析，除了直接加害人以外，还有哪些主体应当与直接加害人一起承担损害赔偿责任，从而增加被侵权人获得赔偿的机会。

同一个大规模侵权中往往包含了多个侵权人，在构建大规模侵权损害赔偿纠纷解决机制时，为了解决直接加害人赔偿能力不足的问题，应尽可能地梳理出较多的赔偿主体。这里使用"侵权人赔偿梳理"一词，而非建议"在制度构建时规定尽可能多的赔偿主体"，原因在于大规模侵权相对于普通侵权而言，在其构成要件上并无本质不同，不宜专门针对大规模侵权增加若干应承担赔偿责任的特殊主体。以产品侵权为例，《侵权责任法》规定不仅生产者应当赔偿，而且销售者也应当承担赔偿责任，这一规定无论是对于大规模侵权，还是对于普通侵权，都是适用的。

一般而言，在发生大规模侵权时，如果系共同侵权造成，则共同侵权人需要承担连带赔偿责任；如果符合公司法人格否认的情形，股东需要对被侵权人承担赔偿责任；或者董监高违反了忠实义务和勤勉义务侵害了第三人的利益，董监高也应当对被侵权人承担相应的赔偿责任，甚至行政主体因为不作为或违法实施行政许可而需要承担行政赔偿责任。

第一节　股东的赔偿责任

一、股东赔偿责任的法理依据

公司是具有独立法人地位的组织，在公司侵害他人权益时，应当由公司独立对外承担侵权责任，一般而言应当与股东无关。但不可否认的是，公司是一个抽象的组织，并不能通过"自己的行为"直接采取任何行动，其行为依赖于法人机关的决议和公司相关工作人员的实施。如果公司被控制股东所操纵，不能独立表达自己的意志，在实质上已经丧失了作为一个独立法人的意思能力，行为能力处于"休克"的状态，正像自然人处于休克状态一样。[1]因此，甚至有学者认为，"对整个社会而言，股东有限责任原则并无任何积极意义，因为它并没有化解投资风险，相反它却对传统的民事责任应与民事行为相对应的经典理论形成了挑战，而且还使公司就其投资的失败风险外在化"[2]。完全否定股东有限责任制度的贡献未免过于激进，但股东有限责任制度确实给一些不怀好意的投资者带来了便利。

为了平衡股东与公司债权人的利益，公司法人格否认制度便应运而生。虽然公司法人格否认制度突破了有限责任制度，但这项制度并不违背公平、正义的法律价值，因为对于"那些成立公司只是想利用公司有限责任的保护，赚钱就揣到自己腰包、赔钱就远走高飞或者百般抵赖的人，法律没有保护的必要"[3]。尤其是在发生大规模侵权高于以往时代的背景下，对那些一心只追求高额利润，罔顾环境保护和其他民事主体合法利益的公司，一旦造成如三

---

[1]　张宗敏：《公司法人格否认中控制股东责任性质之探讨》，《河北法学》2006年第1期。

[2]　朱慈蕴：《公司法人格否认法理与公司的社会责任》，《法学研究》1998年第5期。

[3]　王成：《公司被吊销后股东清算责任论纲》，《北京大学学报》（哲学社会科学版）2001年第5期。

鹿奶粉事件、天津港爆炸事件等后果极其严重的大规模侵权时，即使以肇事公司的全部财产清偿也无法弥补被侵权人的损失。若没有公司法人格否认制度，就不能追究实际控制肇事公司股东的责任，不仅不能更好地为被侵权人提供救济，更会放纵股东的恣意妄为。①

毫无疑问，公司法人格否认制度对股东有限责任制度是一种冲击，但这种冲击是必要的。而且股东有限责任制度作为一种制度安排并非不可改变，正如有限责任制度是一种公共政策考量一样，公司法人格否认制度也是一种公共政策考虑，并非如天赋人权般的自然法理一样不可修正。公司法人格否认制度确立了股东的赔偿责任，这就意味着增加了一个负责赔偿被侵权人损失的责任主体，扩大了被侵权人获得赔偿的可能性。

需要进一步讨论的是，因大规模侵权产生的债权是否可以适用公司法人格否认制度。有论者认为，公司法人格否认制度所适用的债务对象仅应为表意行为所生之合同债务，不应包括侵权债务。② 实际上，美国学者不仅支持对侵权之债适用公司法人格否认制度，而且还认为相对于合同之债，法院应该更加支持侵权之债中当事人的诉求。③ 而从我国司法实践来看，公司法人格否认制度的适用对象既包括合同之债，也包括侵权之债。④ 但从司法实践看，因合同之债提起公司法人格否认之诉的远多于侵权之债，其原因不在于法院对因侵权之债所提起的法人格否认之诉持不支持的态度⑤，而在于在没有发生大规模侵权时，侵权之债的数额大部分仅为数十万元，多则也仅数百万元，一般情况下公司尚有赔偿能力，被侵权人不需要通过法人格否认之诉实现其债权。

自愿债权人可以选择是否与公司进行交易，同时在交易时可以通过相关

---

① 参见朱慈蕴《公司法人格否认法理与公司的社会责任》，《法学研究》1998 年第 5 期。
② 参见赵旭东《公司法人格否认规则适用情况分析》，《法律适用》2011 年第 10 期。
③ 参见朱慈蕴《公司法人格否认：从法条跃入实践》，《清华法学》2007 年第 2 期。
④ 参见黄辉《中国公司法人格否认制度实证研究》，《法学研究》2012 年第 1 期。
⑤ 参见黄辉《中国公司法人格否认制度实证研究》，《法学研究》2012 年第 1 期。

约定约束公司的行为。例如，可以在订立合同前对公司的偿债能力进行调查，在订立合同时要求公司提供担保，甚至在合同履行过程中要求公司采取相应措施防范风险，等等。而非自愿债权人并不能决定是否与公司进行交易，以及在交易时通过何种方式降低自己的风险。只能被动地接受成为公司债权人，在形成债权前不可能对公司进行充分调查或通过担保确保债权的实现。因大规模侵权产生的债权属于非自愿债权，相对于自愿性债权，非自愿债权人是被动地成为债权人，没有事先防范、抵抗的机会和能力，较为无辜，因此，法院更应该适用公司法人格否认制度来保护此类非自愿债权人。[①]

二、来自美国的司法实践

在美国大规模侵权之诉中，自 1980 年 CERCLA 通过起，联邦法院就已经开始适用相关条款判处股东对公司的大规模侵权行为承担相应的赔偿责任。[②] 一方面，严格责任法律规定排斥 CERCLA 相关条款的适用，这个尤其体现在美国上诉法院第五巡回法庭的判决中。[③] 据此，即使公司股东与公司的不当行

---

① See F. H. Easterbrook & D. R. Fischel, *The Economic Structure of Corporate Law*, London: Harvard University Press, 1991. p. 58. 转引自朱慈蕴：《公司法人格否认法理与公司的社会责任》,《法学研究》1998 年第 5 期。

② 比如：Riverside Mkt. Dev. Corp. v. International Bldg. Prod. , Inc. , 931 F. 2d 327, 330 (5th Cir.) , cert. denied, 112 S. Ct. 636 (1991) [法院认为如果股东有不当行为，她应当承担相应的赔偿责任 (holding that a shareholder may be liable if she personally participates in wrongful conduct)]; United States v. Kayser- Roth Corp. , Inc. , 910 F. 2d 24, 26 (1st Cir. 1990), cert denied, 111 S. Ct. 957 (1991) [法院认定股东/控股公司以"经营者" (operator) 的身份承担责任 (holding shareholder/parent corporation liable as "operator")]; United States v. Northeastern Pharmaceutical & Chem. Co. , Inc. , 810 F. 2d 726, 744 (8th Cir. 1986), cert. denied, 484 U. S. 848 (1987) [法院认为股东个人因其参与了违反 CERCLA 规定的行为，所以要承担相应责任 (holding shareholder individually liable because he participated in the conduct that violated CERCLA)]; Shore Realty Corp. , 759 F. 2d at 1050 (holding shareholder liable as an "operator" within the meaning of CERCLA); Joslyn Mfg. Co. v. T. L. James & Co. , Inc. , 893 F. 2d 80, 82 (5th Cir. 1990), cert denied, 111 S. Ct. 1017 (1991) [法院未对股东适用 CERCLA 的责任条款 (refusing to extend CERCLA liability to shareholder)]。

③ See Joslyn Mfg. Co. v. T. L. James Co. , Inc. , 893 F. 2d 80, 81 (5th Cir. 1990), cert denied, 111 S. Ct. 1017 (1991) .

为有关联，公司股东也会被免除承担相应的责任。① 然而，对此，也有反对意见，认为公司股东的行为与 CERCLA 规定的责任条款有关联的时候，其个人应当承担其该责任条款所规定的赔偿责任②，这种责任也就变成了直接责任（direct liability），因为股东属于 CERCLA 规定和认定的要依法承担责任的自然人范畴。③ 例如，在 New York v. Shore Realty Corp. 一案④中，美国上诉法院第二巡回法庭认定，Donald LeoGrande 是 Shore Realty 公司的创始人和经营人，负责经营及管理问题地块并控制着对该地块的清理工作，因而他属于 CERCLA 规定的"执行人（operator），应依据 CERCLA 的相应条款承担其个人的直接责任（personally and directly liable）。在 United States v. Kayser-Roth Corp., Inc. 一案⑤中，美国上诉法院第一巡回法庭认为母公司因其与子公司（subsidiary corporation）的控股关系具有 CERCLA 认定的"执行人（operator）"的资格因而要承担责任。在 United States v. Northeastern Pharma-ceutical & Chemical Co., Inc. 一案⑥中，美国密苏里西部地区法院认为 John W. Lee 是公司的股东和生产总监，作为公司的一个执行人，对公司一切活动享有利益并积极参与公司的经营管理工作，必须对公司的侵权行为承担相应责任。

从上诉案例可知，美国 CERCLA 的责任在司法实践中对于股东的适用情况大致确立以下规则：（1）赋予公司股东有限责任并因此对它们与危害性污染有关联的行为给予豁免；（2）根据 CERCLA 确定股东承担责任的资格，并

---

① See Joslyn Mfg. Co. v. T. L. James Co., Inc., 893 F. 2d 80, 81 (5th Cir. 1990), cert denied, 111 S. Ct. 1017 (1991).

② See Riverside Mkt. Dev. Corp. v. International Bldg. Prod., Inc., 931 F. 2d 327, 330 (5th Cir. 1991), cert. denied, 112 S. Ct. 636 (1991).

③ See Riverside Mkt. Dev. Corp. v. International Bldg. Prod., Inc., 931 F. 2d 327, 330 (5th Cir. 1991), cert. denied, 112 S. Ct. 636 (1991).

④ 759 F. 2d 1032, 1050 (2d Cir. 1985).

⑤ 910 F. 2d 24, 26 (1st Cir. 1990).

⑥ 810 F. 2d 726, 744 (8th Cir. 1986).

使其承担他们行为的后果①；（3）对股东在违反 CERCLA 并承担相应责任的最有效和实质的方式，是对股东或母公司（控股公司）参与决策过程中或实质执行过程中的参与程度进行评估，然后确定股东的责任。②

三、股东赔偿责任的具体展开

（一）股东承担赔偿责任的适用条件

如前所述，股东承担公司债务的法理基础是公司法人格否认制度，因此，股东承担赔偿责任的适用条件也即是公司法人格否认制度的适用条件。根据《公司法》第 20 条第 3 款的规定，公司法人格否认制度的适用条件包括：（1）滥用公司法人独立地位和股东有限责任；（2）逃避债务；（3）严重损害公司债权人利益。这一规定存在以下问题：

第一，条文表述重复。该规定将"公司法人独立地位"和"股东有限责任"并列，但这两个概念实际上是对同一个制度从不同角度所作的表述，尤其是在规范公司法人格否认制度时，这两个概念所指内涵显然相同，滥用公司法人独立地位实际上就是滥用有限责任，将二者并列有重复之嫌。

第二，将"逃避债务"作为适用条件之一，使债权人难以举证。③ 在司法实践中股东是否具有逃避债务的目的并非争议的焦点，只要认定了滥用公司法人独立地位的行为，就推断股东存在逃避债务的目的。④ 而且在公司某些侵权行为与股东滥用公司法人独立地位相关联时，股东并不具有逃避债务的目的。例如，公司故意生产有缺陷的产品、没有采取相应措施防范重大安全事故、没有采取相应环保措施致使污染环境导致侵权，这些行为与股东过度追

---

① 42 U. S. C. A. § § 9601-9657（West Supp. 1991）.

② See Andrew S. Naylor, "Direct Shareholder Liability under the Comprehensive Environmental Response Compensation and Liability Act", *Creighton Law Reiview*, Vol. 25, Issue 4（1992）, p. 1437.

③ 参见石少侠《公司人格否认制度的司法适用》，《当代法学》2006 年第 5 期。

④ 参见黄辉《中国公司法人格否认制度实证研究》，《法学研究》2012 年第 1 期。

求利润有关，但其主观上并没有逃避债务的目的。如果认为：因为有公司承担债务，所以股东不担心在前述情况下自己会承担侵权赔偿责任，因此，这些情形也属于逃避债务，这样理解则未免过于牵强。因此，股东滥用公司法人独立地位的目的，既可能是为了逃避债务，也可能是为了获得不当利益。

第三，在司法实践中难以认定何为"严重损害公司债权人利益"。损失是否严重具有很大的主观性，不能仅仅以损失额度简单判断。例如，当侵权行为仅造成 1 人死亡时，对被侵权人本人而言甚至对其家庭而言不可谓不严重，但对整个社会而言，则通常难谓损失严重。实际上，当股东滥用公司法人独立地位时，是对债权人个人造成的损失非常严重，还是对整个社会而言造成的损失非常严重，并不重要，关键是在股东滥用公司法人独立地位的同时出现公司不能清偿的情形，因此，不必将"严重损害公司债权人利益"作为公司法人格否认制度的适用条件之一。

因此，我们认为，公司法人格否认制度适用条件应该包含：

第一，行为要件：股东滥用公司法人独立地位。股东滥用公司法人独立地位的表现形式通常包括：（1）财产、营业和人员的混同；（2）资本显著不足；（3）欺诈或不当行为；（4）过度控制。鉴于何谓"滥用"较难界定，由法官根据个案进行自由裁量较为妥当，或者通过案例指导的方式对相关行为的内涵进行揭示。[1]

第二，结果要件：公司不能清偿债务。对于债权人而言，如果公司能够清偿全部债务，要求股东承担赔偿责任并无实际意义，相反还会因被告主体的增加而增加诉讼的负担。相反，在公司不能清偿债务时，增加相应的赔偿主体对于债权人则可能提高获得清偿的机会。因此，即使股东存在滥用公司独立法人地位的情形，但还没有影响到债务清偿时，亦没有必要赋予债权人否认公司法人格的权利。至于股东滥用公司法人独立地位损害到其他利益时，

---

[1] 参见朱慈蕴《公司法人格否认：从法条跃入实践》，《清华法学》2007 年第 2 期。

例如，股东滥用公司法人独立地位侵占公司资产损害到其他股东利益，则其他股东可以提起股东损害之诉或通过追究行政责任或刑事责任救济其权利，并无必要适用公司法人格否认制度。

需要进一步讨论的是，被侵权人请求股东承担赔偿责任的前提是公司不具有清偿能力，那么，被侵权人依据公司法人格否认制度提起诉讼之前是否应当先起诉公司？从公司法人格否认制度本来的逻辑而言，被侵权人似应有此义务，但这显然会增加被侵权人的诉讼成本，不利于保护被侵权人。因此，为了平衡被侵权人和股东之间的利益，可以将股东的先诉抗辩权与被侵权人的实体请求权结合起来，即在一个诉讼中，被侵权人将公司和股东同时列为被告，法院在判决主文中"明确在执行主债务人即公司的财产仍不能清偿债务时，即可执行股东的财产而无须另行诉讼"[1]。

（二）股东赔偿责任主体的限定

除了一人公司外，公司股东的人数为两人或两人以上，多者甚至数以万计，如上市公司。在众多股东中，是否所有的股东都需要对公司的债务承担赔偿责任？美国加利福尼亚州曾经规定股东按照出资比例承担损失[2]，按照该规定意味着所有股东都需要承担公司债务。这一做法有其显而易见的缺陷：（1）当公司股东人数众多且经常发生变动时，很难确认债务人[3]，将导致被侵权人的维权成本非常高，尤其是上市公司的股东处在不断变化当中，被侵权人或法院要分辨出如此多的被告并非易事。（2）股东因其出资比例不同对公司的控制程度亦不相同，尤其对于上市公司的所谓"散户"股东而言，其所持有的股权比例非常低，对公司的影响基本可以忽略不计，对股东的决策并

---

① 赵旭东：《公司法人格否认规则适用情况分析》，《法律适用》2011年第10期。
② 参见王利明《公司的有限责任制度的若干问题》（上），《政法论坛》（中国政法大学学报）1994年第2期。
③ 参见王利明《公司的有限责任制度的若干问题》（下），《政法论坛》（中国政法大学学报）1994年第3期。

没有实质影响，让所有股东对公司债务承担责任并不公平，势必抑制其投资积极性。因此，当发生大规模侵权时，应当仅由控股股东承担赔偿责任。

如果控股股东没有达到绝对控股的情况，则由排名在前的大股东共同承担连带赔偿责任。例如，甲公司排名在前的大股东的持股情况为 A 持有 30%、B 持有 15%、C 持有 10%、D 持有 8%，因 A、B 和 C 的持股比例之和已经超过 50%，则由 A、B 和 C 三位股东共同承担赔偿责任，而 D 则不需要承担赔偿责任。之所以如此处理，是因为控股股东或大股东可以单独或共同决定公司是否进行相关活动，以及制止公司进行相关违法活动。

（三）股东赔偿责任的性质与责任形态

学界对股东的赔偿责任的性质存在不同观点，既有学者认为股东滥用公司法人独立地位所承担的赔偿责任属于违约责任，也有学者认为该责任的性质属于侵权责任。[①] 持违约责任观点的学者认为，股东与公司债权人之间天然存在不得滥用公司法人独立地位的注意义务，而注意义务的违反亦可视为对约定义务的违反，进而导致违约责任的发生。我们认为，承担违约责任的前提是，当事人之间形成合法有效的合同关系，而且当事人具有违反合同约定义务或法定义务的情形。但股东与公司债权人之间显然并没有一般意义上的合同关系，虽然根据公司合同理论，公司是由一系列合同所组成，但股东与公司债权人之间并没有真正缔结合同。因此，将股东滥用公司法人独立地位的行为所需要承担的赔偿责任定性为违约责任并不妥当，将其定性为侵权责任更为符合传统法学理论的逻辑。

在确定股东赔偿责任的性质后，还需要进一步探讨股东赔偿责任的责任形态。在数人侵权场合，很显然股东与公司之间属于共同责任，共同责任所包含的责任形态包括连带责任、不真正连带责任、按份责任和补充责任。我

---

① 参见李昌玉《控制股东对第三人民事责任的性质》，《长江大学学报》（社会科学版）2007 年第 2 期。

国《公司法》第 20 条第 3 款将适用公司法人格否认所产生的股东与公司之间的责任规定为连带责任。这一规定有利于被侵权人索赔，但为了平衡股东与公司债权人之间的利益，有必要作进一步区分。具体而言，股东承担赔偿责任可以分为两种情形：一是股东导致公司的清偿能力下降，股东在相应资产范围内承担赔偿责任，即股东与公司一起承担有限连带责任；二是股东利用或控制公司，对侵权行为的发生具有故意或重大过失，则股东与公司一起承担无限连带责任。例如，股东明知或应知公司的生产行为会污染环境，依然进行相关生产。又如，股东明知或应知公司生产的产品会引发产品责任，依然进行生产销售，长生生物假疫苗事件即是如此。

除了股东与公司之间的责任形态外，还涉及股东与股东之间的责任形态。前已述及，应当承担大规模侵权赔偿责任的仅为控股股东。如果仅有一个绝对控股的股东需要承担赔偿责任，则自然不存在股东与股东之间的责任问题；在非绝对控股的情形下，承担赔偿责任的主体包括有两个或两个以上的股东，为了保护被侵权人，股东之间的责任形态规定为连带责任更为恰当。

（四）股东赔偿责任与董监高赔偿责任竞合的处理

控股股东通常都是公司的董监高，当控股股东过度控制公司引发大规模侵权时，既可以依据公司法人格否认制度要求控股股东承担赔偿责任，又可以根据董监高对第三人的民事责任原理要求其以董监高的身份承担赔偿责任。由此可见，股东赔偿责任与董监高赔偿责任存在竞合的可能，我国现行法律对二者发生竞合应如何处理没有明确规定。日本公司法采用"事实董事"制度，将参与公司事务管理决策的控制股东视为"事实上的董事"，即日本法是通过扩大解释董事的赔偿责任的相关规定来追究控制股东的责任。[1] 我们认为，在发生责任竞合时，应参照违约责任与侵权责任竞合的处理方式，由被

---

[1]　参见李昌玉《控制股东对第三人民事责任的性质》，《长江大学学报》（社会科学版）2007 年第 2 期。

侵权人选择按照股东赔偿责任还是董监高赔偿责任索赔。这样既可以避免股东因同一行为承担两次赔偿责任，又可以照顾到被侵权人的选择权。

第二节　董监高的赔偿责任

一、董监高赔偿责任的法理依据

将董监高置于侵权人地位，直接向公司债权人承担赔偿责任时，首先需要解决的问题即在于如何使之脱离公司人格独立这一基本制度，直面公司债权人的赔偿责任。公司作为独立法人，其对外进行相应行为所产生的法律责任本应由公司承担，董监高一般不需要向公司的债权人承担赔偿责任。否则，"可能会导致董事在经营中谨小慎微，坐失良机"[1]。而且从民事法律关系的逻辑上来看，即使存在法人机关的成员肆意妄为、滥用职权影响法人的行为，但若要法人机关的成员与法人一起共同向第三人承担连带责任，在法理上仍然需要探讨。[2] 故在讨论董监高向公司债权人承担赔偿责任之前，需要首先厘清董监高与公司这一独立法人之间的关系。

董事在公司内部管理中具有重要地位，实际控制和掌握公司的经营管理权和决策权，在符合股东和公司利益的前提下，对公司进行管理和运作，同时代表公司对外进行交流活动。由此，理论上对于董事与公司的关系提出了不同的学说，主要有代理关系说、委任关系说、信托关系说以及双重关系说。其中代理关系说认为公司作为法律拟制人，本身不具有行为能力，需要由董事作为代理人在代理权限内活动，董事在公司中处于代理人的地位，它以公司名义进行活动，而不承担个人责任。[3] 委任关系说则认为，董事因委任行为

---

[1] 蔡元庆：《董事责任保险制度和民商法的冲突与协调》，《法学》2003 年第 4 期。

[2] 参见王利明《侵权行为法归责原则研究》，中国政法大学出版社 1992 年版，第 271—272 页。

[3] 参见王美娟主编《公司法》，华东师范大学出版社 1993 年版，第 260 页。

而取得对公司财产和业务的经营、管理权。这种委任关系基于公司股东会对董事的选任，以及董事明确接受委任而成立。董事对公司的经营决策权或业务执行权，均来自这份委任。[①] 信托关系说，是指董事的经营管理行为是基于其与公司之间的信托关系。董事与公司之间的关系基础是信任与忠实，故董事应当为受托人的利益尽到善良管理义务，否则应当对公司所受损失进行赔偿，亦可能受到相关利益人的起诉。双重关系说是代理关系说与信托关系说的结合，美、英等商法理论较为发达的国家均采用此学说。该说认为，董事与公司的内部关系为信托关系，外部为代理关系，即董事是公司的受托代理人，董事一方面基于代理关系对外代表公司进行民商事活动；另一方面明确董事的权利来源于信托关系，董事享有公司经营管理的独立决定权。

以上四种学说均在一定程度上反映了董事与公司之间的关系，但均存在不足。代理关系说反映了董事以公司名义进行活动的特点，但是董事与一般代理人在所获的权利限度上存在明显差异。一般代理人在法律行为中的意思表示权利受限于本人的意思表示范围，虽然也拥有作出或接受意思表示的权利，但主要以本人的意思表示为主，权限的自由度小，而董事在公司的治理中，拥有广泛的经营自主权，能够随时根据公司状况与市场情况对公司战略进行调整，是拥有个人意志的法人机关。委任关系说突出了董事具有经营决策和业务执行权，但董事对外以公司名义进行活动的外在关系不符合委任的特点。信托关系说同样能明确董事经营决策权，并在当前存在大量董事违背信义义务、滥用权利，侵犯债权人合法权益，以公司面纱规避自身责任的背景下，能够基于信托义务对董事进行追责以弥补损失，但同样也存在不当之处：（1）信托关系的成立以信托财产所有权的转移为前提，但公司作为独立法人持有财产所有权，并未将财产转移为董事所有；（2）信托关系中，受托人以自己名义对财产进行利用和管理，而董事的经营管理活动仍然是以公司

---

① 参见常素云《董事与公司关系的法理分析》，《河北法学》2002 年第 3 期。

名义进行。双重关系结合了代理关系说与信托关系说的长处，但也同时存在二者的弊端。

虽然以上学说各有长处与不足，但从上述论述中可以清晰呈现董事与公司之间的关系：第一，董事是公司法人机关的核心成员，拥有广泛的经营决策和管理执行权，董事的意志在一定程度上主导公司的运营；第二，董事以公司名义对外进行活动，公司作为独立法人对外承担法律后果；第三，董事的一切经营活动应当以公司和股东利益为重，尽到忠实、勤勉义务。

监事和高级管理人员同样是法人机关的重要组成部分，同样对公司负有忠实和勤勉的义务。不仅如此，监事还有权对公司的财务状况，以及公司董事和高级管理人员的职务行为进行监督，同时有权对董事会决议提出质询和建议，当监事不作为时即破坏了公司内部的监察机制，增加了违法、违章行为发生的概率，对公司、股东和债权人的利益造成消极影响。高级管理人员是董事决议和公司管理的具体执行人，作为公司的高级雇员，位处公司高层，对公司的决策和发展具有较大影响力。因此，监事和高级管理人员与公司的关系，与董事与公司的关系，在本质上是一样的。

公司人格的独立性并不必然导致董监高可以因此免除公司侵权行为引发的民事责任。公司机关成员的意志构成了公司机关的集体意志，直接支配和左右公司的思想和意志，实际上可以看作公司的化身，或者公司的灵魂。公司机关成员在履行其成员职务时的表现实际上也是其个人意志的表达，公司的任何决策最终都来自机关成员的意志。因此，公司机关成员在接受公司委任后，就应该与公司一起承担管理风险的责任。[1] 正如胡长青先生所持观点："就法理立论，故应以公司法人单独负损害赔偿之责，但就保护交易安全立论，则又以法人与董事负连带责任为宜。"[2] 对于无法通过合同进行自我保护

---

[1] 参见梅慎实《论董事的民事责任》，《法律科学》1996 年第 2 期。
[2] 李宗录：《论董事与法人负侵权连带责任的可行性》，《理论月刊》2006 年第 10 期。

的被侵权人，董监高应该对其有更为严格的信义义务。①

　　为了更加周全地保护第三人免于遭受董事不法行为之侵害，很多国家和地区的公司法均规定了董事对第三人承担责任的情形。例如，《日本商法典》规定，公司造成第三人损害时，董事在执行此相关职务过程中有恶意或重大过失时，该董事需对第三人负连带赔偿责任。又如，《比利时公司法》规定，通常情况下董事对公司的债务无须承担个人责任，除非发生以下情形之一时，董事、经理就必须对股东或第三人以董事个人名义承担责任：（1）公司的股东人数未满 7 人时，公司对外承担的债务；（2）公司资本增加时，对实物的评估作价过分超出正常价值；（3）公司对外往来的信函中，或者由董事签署的公司文件上，遗漏了法律规定必须记载的法定内容。再如，《法国公司法》规定，董事若有违反公司法或《公司章程》的行为，或者董事在管理中有失误行为时，就应该对公司股东或公司债权人承担责任。

　　有些国家和地区甚至针对公司面临破产而董事怠于申请公司破产情况，规定了董事对债权人的赔偿责任。例如，澳大利亚规定董事具有防止破产交易的义务。② 又如，德国民法典规定董事会在公司面临破产的情况下，应当及时申请破产，对未及时申请破产有过错的董事需要承担赔偿责任。③ 再如，日本《公司法》第 429 条第 1 款规定："公司负责人等就执行其职务有恶意或重大过失时，该公司负责人等，承担赔偿由此给第三人造成损害的责任。"④

　　之所以这些国家和地区作如是规定，是因为，当公司进入（或即将进入）破产清算程序时，董事经营管理的公司资产应该被视为债权人的资产，而非公司的资产。此时对董事委以经营管理职责的也不再是公司，而是公司的债权人。因此，此时董事应当对公司债权人承担谨慎敬业和善意履行的信托义

---

①　参见王艳华《反思公司债权人保护制度》，法律出版社 2008 年版，第 215 页。

②　黄辉：《澳大利亚董事义务制度研究》，载王保树主编：《商事法论集》2007 年第 2 期，法律出版社 2007 年版，第 160—161 页。

③　郑冲、贾红梅译：《德国民法典》，法律出版社 2001 年版，第 6 页。

④　郭丁铭：《公司破产与董事对债权人的义务和责任》，《上海财经大学学报》2014 年第 2 期。

务。因此，若在此特殊期间董事未能尽善意、诚信的经营管理义务，故意造成公司经营的损失，抑或不及时采取有效措施防止损失扩大，就应该对此造成的损失或扩大的损失向公司债权人承担个人赔偿责任。①

而证券法领域对董监高需要对公司的行为承担赔偿责任已经达成共识，几乎各国证券法均规定，若公司因虚假陈述行为而导致投资者遭受损失时，有过错的董监高需要与发行人或上市公司承担连带赔偿责任。

董监高对第三人的赔偿责任究竟为何种性质，仍需进一步探讨。有关董监高对第三人民事责任的性质形成了三种主要观点：第一，法定责任论，即根据公司法的规定而要求董监高承担对第三人的责任；第二，侵权行为特别法论，即董监高对第三人所受损失承担的责任属于侵权责任，但这种侵权责任应该由特别法规定的；第三，特别侵权行为论，即无须特别侵权法律规定即可认定董监高对第三人所受损失承担的责任属于侵权责任，但应该将董监高的行为认定为特别侵权行为。② 前述第二种观点和第三种观点虽有差别，但均赞成董监高对第三人的责任性质为侵权责任，并无本质区别。鉴于传统的民事责任一般包括违约责任、侵权责任和缔约过失责任，并无法定责任这一类型，而且董监高对第三人的民事责任性质为何对本研究的观点并无实质影响，仅仅影响相关术语的使用，即考虑可以将董监高对第三人的民事责任概括在"侵权人赔偿"这一术语之内。因此，相对于法定责任论而言，我们更倾向于董监高对第三人的责任性质为侵权责任。

二、我国相关规定及其适用

我国有关董监高直接向公司债权人承担民事责任的规定可从《公司法》《企业破产法》《证券法》进行考察。

---

① 参见郭丹《破产企业董事对债权人之个人民事赔偿责任——新〈企业破产法〉及英美相关法律制度评析》，《审计与经济研究》2007年第1期。
② 参见梅慎实《论董事的民事责任》，《法律科学》（西北政法学院学报）1996年第2期。

《公司法》明确了董监高的忠实义务和勤勉义务，但董监高的赔偿责任仅限于对公司遭受的损失承担赔偿责任，并不包括向公司以外的第三人直接承担赔偿责任。① 由此可见，《公司法》仍然与传统民法理论保持一致，只确认董监高的内部赔偿责任，被侵权人并不能直接向董监高提起侵权诉讼。另外，公司法司法解释规定，董事恶意处置公司财产给债权人造成损失，或者未经依法清算，以虚假的清算报告骗取公司登记机关办理法人注销登记时，债权人可以直接要求董事承担赔偿责任。② 可见，司法解释已经在一定程度上突破了传统民法的法人侵权理论。前已述及，日本、法国、比利时等国家的《公司法》都在一定程度上确立了董事与公司的连带赔偿责任，这一做法值得我们借鉴，尤其在面对大规模侵权，被侵权人亟待权利救济而公司法人赔偿不能的情况下，确立董监高与公司之间的连带责任具有必要性。

《企业破产法》第125条规定："企业董事、监事或者高级管理人员违反忠实义务、勤勉义务，致使所在企业破产的，依法承担民事责任。"这一规定成为追究董监高民事责任的最直接法律依据，但遗憾的是该规定过于原则，在实践中依然会面临许多适用上的难题。首先，谁有资格提起对董监高等高级管理人员的民事赔偿之诉，该条款并未规定清楚是公司股东，还是债权人，抑或其他利益相关方；其次，董监高等人员承担民事责任的责任构成要件，该条文也未界定，即追究董监高民事责任时，是否需存在主观恶意（故意或过失）？是否需有直接的行为（作为或不作为）？以及行为与损害后果之间是否需要必然的因果关系等；最后，董监高承担民事责任的类型，该条款也语焉不详，即董监高是与破产企业一并向第三人承担连带责任，还是在破产企业无力赔偿后才承担补充责任？③ 在《企业破产法》没有明确前述问题的情况

---

① 参见《公司法》第147条第1款和第149条。

② 参见《最高人民法院关于适用〈中华人民共和国公司法〉若干问题的规定（二）》第19条。

③ 参见郭丹《破产企业董事对债权人之个人民事赔偿责任——新〈企业破产法〉及英美相关法律制度评析》，《审计与经济研究》2007年第1期。

下，根据有利于保护被侵权人的原则，应当将该规定解释为：在董监高对公司破产存在过错的情况下，被侵权人可以请求其承担连带赔偿责任。

《证券法》第85条规定："信息披露义务人未按照规定披露信息，或者公告的证券发行文件、定期报告、临时报告及其他信息披露资料存在虚假记载、误导性陈述或者重大遗漏，致使投资者在证券交易中遭受损失的，信息披露义务人应当承担赔偿责任；发行人的控股股东、实际控制人、董事、监事、高级管理人员和其他直接责任人员以及保荐人、承销的证券公司及其直接责任人员，应当与发行人承担连带赔偿责任，但是能够证明自己没有过错的除外。"首先，这一规定明确了董监高与公司对外承担连带责任，有利于保护广大中小投资者的利益；其次，以过错责任为归责原则，责任的承担以董监高存在过错为前提，避免了责任的无限扩大，导致其出现不作为或少作为的消极处事态度；最后，将侵权行为界定为信息披露不当，包括诸如发布虚假信息、进行误导性陈述或者发布的信息存在重大遗漏等情况，这些不当的披露行为都将导致投资者在证券交易中遭受损失。

从以上我国关于董监高赔偿责任的相关规定中可以看出，当前立法仅在上市公司信息披露环节中规定了对董监高存在不当信息披露行为造成投资者损失的情况下需与公司对外承担连带责任。除此以外，《公司法》《企业破产法》中虽然规定了董监高的民事赔偿责任，但对于董监高是否应当对第三人承担民事责任规定得不够明确。结合域外立法经验以及我国《证券法》突破传统民法理论确认董监高赔偿责任的这一规定来看，董监高在法定情况下与公司之间具有连带赔偿责任应是立法趋势。

三、董监高在大规模侵权中的赔偿责任

董监高在一般情况下并不需要对公司的债务承担赔偿责任，但有相当一部分董监高系公司的股东或股东代表，公司的利益与其自身利益有直接关系。即使董监高不是公司股东，但也面临股东会和董事会对其业绩考核的压力。

对此，宾夕法尼亚大学沃顿商学院教授开展的"普强实验"给出了有力证明。20世纪70年代，美国普强公司生产的新药帕那巴销量不错，但FDA发现该药存在让服用者产生不良反应的安全性隐患，就责令普强公司停止销售该药。针对此情况，普强公司召开特别董事会后决定继续销售该药，并积极采取法律措施与FDA对抗以延缓帕那巴的撤市时间，因为普强公司知道该药每延后撤市一个月，就可以多赚100万美元。当然，最终该药还是被FDA下达禁令撤市。此事引发了沃顿商学院阿姆斯特朗教授的关注，并设计了一个商业实验：先让学生对普强公司的行为作评价，此时有97%的学生认为普强公司的做法不负责任；随后让学生扮演普强公司的董事，再让学生表态，此时竟有79%的学生作出了与普强公司董事相同的选择，即继续销售有问题的药。这项实验随后在10个国家重复进行了91次，都得出了惊人相似的结果。

如果仅仅只有公司对外承担侵权赔偿责任，无异于让公司法人制度庇护董监高的错误行为，这如同公司法人制度对股东不当行为的庇护是一样的。在大规模侵权的情况下，尤其是环境污染、产品责任等大规模侵权，董监高在大规模侵权发生前是积极履行职责及时制止，还是听之任之，甚至积极促成，均有可能，公司侵权行为与董监高的决策往往有直接关系，因此，董监高应当与公司一起承担连带赔偿责任。

当然，董监高是否应当对公司大规模侵权承担赔偿责任，还应考虑与其职责之间的关系。例如，监事对公司的了解相对有限，对公司的违法行为往往是事后才能了解，因此，监事对公司大规模侵权行为是否应承担责任应看其是否及时发现和制止，而不应唯结果论。此外，对于董监高是否应当对公司大规模侵权承担赔偿责任，还应遵循商业判断规则，以免过分束缚董监高的手脚。

第三节　行政主体的赔偿责任

学界关于行政赔偿责任的性质为何争议较大，有民事责任说、行政责任说、双重性质说（认为兼具民事责任和行政责任两种性质）等观点。[①] 但是，行政赔偿责任性质之争存在的前提为公私法领域的划分，如无公私法之分的英美法系国家就将职务侵权行为视为普通侵权，所需承担的责任亦属于民事责任。从理论来看，行政赔偿责任中的责任构成、归责原则等理论均来源于民事侵权理论。从责任的本质来看，行政赔偿责任的本质仍为填补损害，与民事责任中的损害赔偿并无根本差异，英国学者卡罗尔·哈洛对矫正正义思路下的侵权法进行了反思，进而提出行政赔偿的一般性思路，并认为其仍属于侵权法上的问题。[②] 因此，本研究将行政主体的赔偿责任作为侵权人赔偿的一部分进行讨论。

一、行政主体赔偿责任的法理依据

大规模侵权发生的原因多种多样，其中相当一部分与行政主体的行为有关。行政主体的这些表现概括起来包括行政不作为或者违法实施行政许可，这两种行为都会给第三人，也就是大规模侵权中的被侵权人带来损失。

行政不作为和行政许可属于行政法学上两个不同的概念，但行政不作为和行政许可有重合的地方。在作出行政许可之后，依据《行政许可法》第 61 条第 1 款的规定，行政主体依然有进行监管的职责。如果行政主体不履行监管职责，则属于行政不作为。但若从《行政许可法》所调整法律行为的内容来看，行政机关"准予"的内容不能简单理解为仅仅是"准许"，实际上还包括了与"准予"有关的一系列内容，如对申请的审查、颁发许可、对许可进行变更，以及撤销许可、注销证照等活动。可见，行政机关的行政许可是包括"准予"在内的一系列行为，不是简单的同意和批准，还特别强调许可之后的

---

① 参见王子正《行政赔偿责任的法律性质研究》，《天津行政学院学报》2001 年第 1 期。
② 参见［英］卡罗尔·哈洛著《国家责任：以侵权法为中心展开》，涂永前、马佳昌译，北京大学出版社 2009 年版，第 15 页。

行政监管。①

　　具体而言，"行政不作为②，是指行政主体及其工作人员负有某种作为的法定义务，并且具有作为的可能性而在程序上逾期有所不为的行为"③。行政许可，是指行政机关根据公民、法人或者其他组织的申请，经依法审查，准予其从事特定活动的行为。④ 而违法实施行政许可，则是指行政机关违反法律的规定核准行政相对人行政许可申请。无论是行政不作为，还是违法实施行政许可，都可能给行政相对人造成损失，国家应承担相应赔偿责任。马怀德教授即认为，行政许可的监管不仅应该强调对被许可的持证人活动的监管，还要加强对行政许可行为的监管。因此，行政许可法中不仅要明确规定行政许可机关应该依法履行职责，还要规定不履行法定许可职责，以及滥用行政许可权的法律责任。⑤ 从立法实践看，国外亦有相关规定。例如，美国《联邦侵权求偿》（*The Federal Tort claim Act*）第 1346 条规定："由政府雇员在他的职务或工作范围内活动时的疏忽或错误的作为或不作为所引起财产的破坏或损失，人身的伤害或死亡等"属于国家应当承担赔偿责任的情形之一。⑥

　　我国《行政许可法》第 76 条也明确规定："行政机关违法实施行政许可，给当事人的合法权益造成损害的，应当依照国家赔偿法的规定给予赔偿。"我国《行政诉讼法》第 25 条也规定，"行政行为的相对人以及其他与行政行为有利害关系的公民、法人或者其他组织，有权提起诉讼。"从《国家赔偿法》来看，该法第 2 条规定了被侵权人获得国家赔偿的一般情形，但对国家机关和其工作人员不作为的情况是否应当赔偿并未明确规定，仅能依据《国家赔偿

---

① 参见黎军《国家赔偿行政许可第三人问题研究》，《法学》2004 年第 10 期。

② 对于"行政不作为"也有学者认为应当将其表述为"行政失职""行政不作为违法"，本研究采用"行政不作为"这一通行表述。参见姚锐敏《论行政失职》，《河北法学》2001 年第 5 期；朱新力：《论行政不作为违法》，《法学研究》1998 年第 2 期。

③ 周佑勇：《论行政不作为的救济和责任》，《法商研究》1997 年第 4 期。

④ 参见《行政许可法》第 2 条。

⑤ 参见马怀德《行政许可制度存在的问题及立法构想》，《中国法学》1997 年第 3 期。

⑥ 王鉴辉：《行政不作为违法的国家赔偿责任研究》，《现代法学》2000 年第 1 期。

法》第 3 条第 5 项和第 4 条第 4 项的概括性规定中请求对行政不作为行为要求赔偿，具有很大的不确定性。从《行政许可法》来看，该法第 7 条规定公民、法人或其他组织的合法权益"因行政机关违法实施行政许可受到损害的，有权依法要求赔偿"。虽然现行法律没有明确规定第三人是否可以在行政主体不作为或违法实施行政许可的时候要求赔偿，但我国司法实践对此持肯定态度，同时也有相应理论支持，因此，我们认为，如果系因行政主体不作为或违法实施行政许可引起侵权，被侵权人应可以请求行政赔偿。

但在行政主体不作为或者违法实施行政许可情况下，相关行政主体对发生侵权损害是否应当承担行政赔偿的责任，依然是需要讨论的问题。因为此时人身损害赔偿债权人并非处于行政相对人的地位，而是第三人的地位。有论者认为，根据反射利益理论，即使行政主体不作为或者违法实施行政许可给第三人带来不利，第三人也不能据此请求行政赔偿。[①] 此外，行政不作为和违法实施行政许可涉及的第三人主张行政赔偿，往往难以证明行政行为与其损害结果之间的关系。学者黎军认为："许可第三人的损失与违法许可之间因果关系的确定……有一定难度。这种因果关系具有两个明显特征：一是引起第三人损害的原因较复杂，一般存在多因一果现象……二是许可行为与第三人损害事实之间的因果关系并不是那么直接而明显。"[②]

但持相反观点的学者认为，行政主体实施的行政行为不仅针对行政相对人，在特定情形下其行为对行政第三人也会有影响，如果行政主体怠于行使职权而造成行政第三人合法权益受损时，行政主体也应该对此进行赔偿。[③] 虽然第三人所受损害由侵权人直接导致，但不当的行政行为也是其中存在的间接原因，由此，第三人作为行政行为的利害关系人具有行政诉讼的主体资格。

---

① 参见徐银华、肖进中《行政法上之公权与反射利益理论的历史演变》，《中国行政法之回顾与展望》，"中国行政法二十年"博鳌论坛暨中国法学会行政法学研究会 2005 年年会论文集。
② 黎军：《国家赔偿行政许可第三人问题研究》，《法学》2004 年第 10 期。
③ 参见高辰年《论行政不作为的赔偿责任》，《行政法学研究》2000 年第 4 期。

二、行政主体在大规模侵权中的赔偿责任

在普通侵权中，如果行政主体不作为或者违法实施行政许可与企业致人损害之间有牵连关系，被侵权人应可以获得行政赔偿，而一些大规模侵权的发生往往与行政主体不作为或者违法实施行政许可具有因果关系。

例如，在天津港"8·12"特大火灾爆炸事件中，最终事故调查报告认定①，瑞海物流公司在公司经营初期就已经违反了相关的市政管理规划和滨海新区控制详细规划，存在未批先建，以及边建边经营，尤其是运营危险物堆场等行为。而且在建设完成后有长达 11 个月处于无证经营状态，最终瑞海物流公司负责人通过行贿违规取得《港口经营许可证》及《港口危险货物作业附证》。在瑞海物流公司设立和经营过程中，相关政府部门存在不严格遵照法律执行，不认真履行监管职责的行为，负责港口交通、海关、市政规划、安全生产、质检、市场监管，或者环保、海事的任何一个行政部门，若能严格认真地贯彻执行相关法律法规，严禁违法违规的行政许可或项目审查，就不会酿成如此大的悲剧。而在这次事件中最大的受害者即为第三人——瑞海物流公司爆炸仓库周围的个人和单位，可见，第三人所受损害除了与瑞海物流公司的行为具有直接关系外，相关行政主体的不作为和违法行政许可也在其中起到了间接作用，行政主体应当承担一定赔偿责任。

需要进一步讨论的是，究竟应该由哪一级、哪一个地方的行政主体承担大规模侵权损害赔偿责任。有些大规模侵权发生范围较广，涉及全国不同地区；而有些大规模侵权虽然发生范围不涉及不同地域，对此，可以按照行政处罚管辖所确定的级别管辖规则来处理。例如，《食品药品行政处罚程序规定》第 7 条对食品药品的处罚程序的级别管辖规定："省、自治区、直辖市食品药品监督管理部门依职权管辖本行政区域内重大、复杂的食品药品行政处

---

① 《天津港"8·12"爆炸事故调查报告公布》，搜狐新闻，2016 年 2 月 6 日，见 http：//news.sohu.com/20160206/n437009505.shtml。

罚案件。"但该规定较为模糊，何谓"重大、复杂"有很大的解释余地。从行政管理的角度而言，上级食品药品监督管理部门可以针对具体案件进行解释，一般不会影响该规定的实施。但从损害赔偿的角度而言，涉及不同层级的行政主体需要通过财政承担赔偿款，因此，有必要在此基础上作出非常明确的规定。可以从大规模侵权损失的赔偿额度来确定承担赔偿责任的层级，具体而言：（1）大规模侵权损害总额度在1亿元以下的由县一级行政主体承担；（2）大规模侵权损害总额度在1亿元以上至10亿元以下的，由地级市一级行政主体承担，无地级市或自治州的，则由直辖市一级行政主体承担；（3）大规模侵权损害总额度在10亿元以上100亿元以下的，由省一级行政主体承担；（4）大规模侵权损害总额度100亿元以上的，由中央一级行政主体承担。

如果大规模侵权是跨区域的，凡是存在行政主体不作为或者违法实施行政许可的行政主体都应共同承担行政赔偿责任。例如，某有毒产品在甲地生产，但在全国各地销售。根据我国现行相关规定，该有毒产品能够得以生产和销售，与生产地和流通地相关监管部门行政不作为密切相关，则这些不同地方的行政主体均应承担赔偿责任。

本章小结

当发生大规模侵权时，作为直接加害人的企业自然应承担赔偿责任。除了直接加害人以外，与大规模侵权发生有牵连的其他侵权人也应承担赔偿责任。通过适用公司法人格否认制度，让股东对大规模侵权承担损害赔偿责任。借鉴《证券法》的规定，建立普遍意义上的董监高对第三人民事责任制度，从而在发生大规模侵权时可以让董监高承担损害赔偿责任。但股东有限责任制度应该是公司法的基石，不能轻易突破，更不能彻底颠覆，否则将大大降低投资热情，从而不利于经济繁荣。董监高作为公司的决策、监督和管理层，需要对瞬息万变的市场及时作出决定，如果动辄得咎，过分束缚其手脚，将不利于其及时作出商业判断，从而延误商机。

尽管让股东、董监高与直接加害人——公司一起承担连带责任，使这些主体面临承担巨额赔偿的巨大压力，可以在一定程度上压制其肆无忌惮的行为。但大部分股东、董监高的赔偿能力有限，即使倾其所有也常不能解决大规模侵权的损害赔偿问题。尽管《证券法》规定董监高需要对公司虚假陈述行为造成的损失承担连带赔偿责任，但虚假陈述所带来的损失赔偿动辄过亿，作为自然人的股东和董监高往往无力赔偿。如果严格执行这一制度，势必使股东、董监高将投资和经营行为视为畏途。因此，应当对股东、董监高可能面临的大规模侵权损害赔偿规定赔偿限额。对于股东而言，可以考虑在大规模侵权发生前股东从公司获得的五年税后利润总和作为赔偿限额[1]；对于每位董监高而言，可以考虑在大规模侵权发生前十年从公司获得的报酬的总和作为赔偿限额。如果发生大规模侵权时，公司的经营期间不足十年或者五年，则可以考虑以大规模侵权总损失额的 5% 作为赔偿限额。与此同时，对于容易发生大规模侵权的公司自然人股东和董监高，还应强制其投保责任险，以解决其赔偿能力不足的问题。

此外，个人破产制度也是让自然人股东和董监高承担大规模侵权损害赔偿责任的重要配套制度。目前，我国仅建立企业破产制度，个人破产制度仅在深圳特区建立，就全国层面而言，仍缺乏对个人债务合理豁免的制度。通过建立个人破产制度，使自然人股东和董监高可以通过破产免责制度[2]免除债务，否则这些主体将因大规模侵权承担巨额债务，同时因其赔偿能力不足而在债权人申请强制执行的情况下终身面临清偿巨额债务。需要特别指出的是，

---

　　[1]　如果大规模侵权发生前五年没有利润或者利润较低，则依然以此为准。之所以以股东所取得的利润作为赔偿限额依据，是为了避免股东利用公司法人人格攫取利润，而对可能产生的大规模侵权不严加防范。

　　[2]　破产免责制度，是指在破产程序终结后，对于破产人未能依破产程序清偿的债务，依照破产法的规定，在何种条件下和什么范围内予以免除继续清偿责任的制度。参见文秀峰《个人破产法律制度研究——兼论我国个人破产制度的构建》，中国人民公安大学出版社 2006 年版，第 183—184 页。

大规模侵权所造成的损害有相当一部分是人身损害，在域外个人破产制度中，人身损害赔偿通常不属于免责的范畴。① 照此规定，即使我国建立个人破产制度，股东和董监高也不能基于破产免责制度得以豁免人身损害赔偿债务。因此，针对大规模侵权的特殊情况，个人破产制度中免责范围不宜再作相同规定，即对于股东和董监高因为公司大规模侵权造成的人身损害亦应纳入破产免责之列。

行政主体在不作为或违法实施行政许可的情况下应当对大规模侵权所产生的损害承担赔偿责任。由行政主体承担赔偿责任，实际上是由纳税人来承担，尽管地方政府相对而言具有较强的赔偿能力，但在承担赔偿责任后，势必减少其他方面的财政支出，影响政府的正常运行。因此，对于政府承担赔偿责任也应有一定赔偿限额，可以考虑以大规模侵权发生当年的地方财政收入的5%作为赔偿额上限。

强调股东、董监高和行政主体在一定条件下需要对大规模侵权损害承担赔偿责任，其目的一方面是填补被侵权人的损害；另一方面通过让这些主体承担侵权损害赔偿责任体现侵权法的惩罚功能。但如果这些主体承担的赔偿责任过重，则可能会影响到经济发展和政府正常运行，因此，需要通过相应配套制度，例如限额赔偿制度，适当减轻这些主体的赔偿责任。

---

① 参见文秀峰《个人破产法律制度研究——兼论我国个人破产制度的构建》，中国人民公安大学出版社 2006 年版，第 183—184 页。

第四章　社会化赔偿探索

如前所述，本研究所指社会化赔偿包含责任保险、赔偿基金和社会救助，纵观近几年发生的大规模侵权案件可以发现，政府在灾民安置、后续建设等工作中都起到了关键的主导性作用，而政府在大规模侵权中的这一角色定位，一方面反映了政府在维护社会稳定和民生工作中，重视人民福祉，保障群众利益；另一方面也从侧面反映出了我国在责任保险、赔偿基金和社会救助中的非政府救助制度建设上仍不成熟。理论界对于大规模侵权社会化赔偿的讨论较多，在实践层面也有相应的操作，再对社会化赔偿的各种方式作一般性的探讨显得较为多余。但有关责任保险、赔偿基金和社会救助的基本问题依然存在争议。例如，大规模侵权损害的可保性、大规模侵权损害赔偿基金的设立时间、社会救助模式选择等，本部分主要围绕三种社会化赔偿方式构建的基本思路进行探讨。

第一节　责任保险与大规模侵权损害赔偿

一、责任保险概述

关于保险，迄今并没有一个完全令人满意的全面的定义。有学者认为，责任保险是抽象的或仅仅是支付赔偿的源泉，其特征则是由该保险所处的语境而决定。然而，当责任保险放置于侵权语境时，它就被认为是挑战侵权法的幸运处遇（treatment of luck），或者被认为是解释其他看起来显然不公正事项学说的坚持（the ersistence of doctrines）。① 为了论述的方便，我们可以把保险看作一种以补偿损害为目的而进行的分散风险的合约安排，并且一方当事人以这种分散风险的安排作为自己的营业内容，而非仅仅将其作为商业交易的一个附带行为。② 谈及损害赔偿社会化解决方案，责任保险无疑是第一个选项。责任保险不再将侵权事故拘泥于侵权人与受害人之间的债权纠纷，而是将侵权事故视为一种社会风险，并通过合理的保险方案分散、转移风险。③ 根据我国《保险法》第 65 条的界定，责任保险是指以被保险人对第三者依法应负的赔偿责任为保险标的的保险。以投保人是否自愿投保为划分标准，责任保险可以区分为自愿责任保险和强制责任保险两类。自愿责任保险，是指投保人出于自愿，在平等协商的基础上与保险人协商一致而建立的责任保险关系；强制责任保险，也可以称为法定责任保险，是指投保人根据法律法规的明确规定，相关主体必须向保险人投保而建立的责任保险关系。④

风险社会将保险与侵权法紧密地结合在一起，在侵权程序中发挥了越来越重要的损失分摊的作用。保险实际上是保险人与被保险人就后者提供的一定保费与风险进行交换，并将这种风险分配至在类似境遇中的群体；该群体中的每一个人的风险通过这样的风险分配和转移方式实现风险的承担。⑤ 20 世纪中叶，美国侵权法学者依靠损失分摊原理，支持侵权法中严格责任的扩张，认为商业活动的参与者应当越来越多地对其所从事的活动造成的损害负责。

---

① See Kenneth S. Abraham, "Tort Luck and Liability Insurance", *Rutgers University Law Review*, Vol. 70, Issue 1（2017）, p. 6.

② 参见［美］肯尼斯·S. 亚伯拉罕《美国保险法原理与实务》，韩长印等译，中国政法大学出版社 2012 年版，第 2 页。

③ 参见粟榆《责任保险在大规模侵权中的运用》，《财经科学》2009 年第 1 期。

④ 参见邹海林《责任保险论》，法律出版社 1999 年版，第 70—72 页。

⑤ See Robert H. Jerry II, *Understanding Insurance Law（the 2nd edition）*, LexisNexis, 1996, p. 17.

该理论认为，商业活动的参加者应当在其产品的价格结构中分散被侵权人的损失或分散保险成本，以替代侵权人对被侵权人损失所承担的责任。①

从最简单的意义上讲，保险的功能就是在将来发生损失的情形下，保护保单持有人的利益。具体来讲，保险具有经济功能，具体表现在：（1）风险转移（risk-transfer）的功能，即将风险从风险厌恶者那里转移到风险偏好者或者风险中立者那里；（2）风险集中（risk-pooling）或者风险分散（diversification）的功能，即将风险厌恶者结合起来以共同分摊个体风险并因此降低其集体风险；（3）风险分配（risk-allocation）的功能，即单个被保险人的风险被分配到风险程度大致相当的被保险人群体中。②

保险不仅具有风险转移、风险集中和风险分配这些直接的经济功能，而且由于保险已经在当代社会生活方式中占据重要地位，使得其同时具有一些社会功能。首先，保险会在一定程度上影响人们的社会观念；其次，保险有时可以成为社会治理的替代手段或者治理工具；最后，保险还有社会平衡器的作用。③ 特别是当一些"保险与社会"学者发展了上述各种洞见，他们的工作为保险在实践中的操作带来了一丝曙光。④ 责任保险已经悄然走入生产经营和生活的各个领域，并逐渐成为解决侵权索赔纠纷的重要手段。甚至法官在处理侵权纠纷时，裁量侵权人的赔偿责任范围和赔偿数额时，都会不自觉地将是否有责任保险纳入考虑范围。责任保险在侵权损害赔偿过程中的位置日

---

① 参见［美］小詹姆斯·A. 亨德森《美国侵权法实体与程序》，王竹等译，北京大学出版社 2014 年版，第 603 页。

② 参见［美］肯尼斯·S. 亚伯拉罕《美国保险法原理与实务》，韩长印等译，中国政法大学出版社 2012 年版，第 3—5 页。

③ 参见［美］肯尼斯·S. 亚伯拉罕《美国保险法原理与实务》，韩长印等译，中国政法大学出版社 2012 年版，第 5 页。

④ See, e. g., Richard V. Erickson et al., *Insurance as Governance*, Toronto: University of Toronto Press（2003）；Tom Baker and Jonathan Simon（eds.），*Embracing Risk: The Changing Culture of Insurance and Responsibility*, Chicago: the University of Chicago Press（2002）.

渐突出，保险公司也将成为侵权纠纷案件的重要参与者。① 另外，在司法裁判中，保险的"深口袋"魅力直接影响到法官对侵权案件的裁判。这也并不难理解，在发生侵权损害事件时，侵权人个人的赔偿能力通常有限，很难及时、全面地弥补被侵权人的损失，而作为金融类企业的保险公司的赔付能力显然远甚于个人，其财务能力可以如一个"深口袋"般分散损失，提供更为及时、全面的赔付。时至今日，保险制度与侵权责任制度之间的互动与影响也无法让人忽视，这点可以从谨慎、严谨的判决书中得到证据支持，法官已经承认他们在裁判侵权赔偿案件时会分析谁的口袋更深，谁分散、消化损失的能力更强。②

不得不说，现代社会对保险功能的认可超过了之前的历史阶段，保险不仅是被普遍利用的风险管理工具，而且作为一个有效的手段解决了之前计划通过扩展侵权责任所去解决的社会问题。③ 责任保险俨然已经成为由侵权人直接赔偿之外的另一种对被侵权人进行救济的重要方式，具体来看有两个表现：一方面是责任保险的普及，目前责任保险已经广泛覆盖到各类事故责任领域，足以确保在发生事故时被侵权人可以及时得到足额赔偿；另一方面是责任保险的险种不断地创新、突破，目前仍在不断丰富、发展的责任保险险种可以覆盖新的侵权行为，并为被侵权人提供必要的救济。④

二、责任保险与大规模侵权损害

（一）大规模侵权损害的可保性

风险可保性，是指保险人将众多具有同种类风险的个人或集体集合在一

---

① 参见杨帆《论侵权损害赔偿与责任保险的互动关系》，博士学位论文，华中科技大学社会学院，2013 年，摘要部分。
② 参见杨帆《论侵权损害赔偿与责任保险的互动关系》，博士学位论文，华中科技大学社会学院，2013 年，第 122 页。
③ 参见邹海林《责任保险论》，法律出版社 1999 年版，第 43 页。
④ 参见王利明《建立和完善多元化的受害人救济机制》，《中国法学》2009 年第 4 期。

起，运用一定的保险精算规则计算出合理的分担金比例，并由这些面临同类风险的个人或集体按一定的分担金比例缴纳保险金，由此形成保险基金，当投保人发生风险事故时，保险人按照详细的理赔规则对其损失进行补偿，且还需确保有所盈利的行为。理想的可保风险需具备五个条件：（1）须有多数同质危险单位；（2）损失可以被确定和计量；（3）风险发生导致的损失概率是可以测量的；（4）损失发生须具有偶然性；（5）风险并不属于特大灾难致使大多数的保险对象同时遭受损失。[①] 从以上五个方面的条件看，大规模侵权的可保性是不强的，尤其是大规模侵权的灾难性不符合前述第五个条件。但随着观念的变化，有些按照"经典定义"不具有可保性的风险，例如航空航天风险、巨灾风险等，在相关分保安排下变得具有可保性。因此，从决策论学和经济学的角度，凡是符合法律规定的、保险方案为保险双方所接受、使各方从风险转移中获得效用改进，那么该风险就是可保的，而不论其是否符合"大数定律"[②]。随着社会的发展以及保险业的创新，前述理想可保风险的条件也在发生变化，只要能够设置更为严格的风险控制手段，保险也依然可以覆盖大规模侵权造成的损害。[③]

实际上，并不要求保险公司开发一个专门针对大规模侵权的责任保险险种，只需要将已有的责任保险险种扩大覆盖至环境污染侵权、产品责任侵权等可能发生大规模侵权的事项即可，差别只是在于保险人在对这些风险承保时可能面临巨额理赔的情况。例如，在天津港"8·12"爆炸事故中，赔付金额在50亿至100亿元人民币左右，可能成单次事故最大赔偿案，其中苏黎世保险公司需要理赔的金额约17亿元人民币，中国大地保险公司需要理赔的金

---

① 参见粟榆《大规模侵权责任保险赔偿制度研究》，博士学位论文，西南财经大学法学院，2014年，第23页；史黎《我国大规模侵权责任保险制度构建论》，博士学位论文，吉林大学法学院，2016年，第52—53页。

② 参见石兴《风险可保性理论之创新研究》，《上海保险》2010年第10期。

③ 参见粟榆《责任保险在大规模侵权中的运用》，《财经科学》2009年第1期。

额约 17.3 亿元人民币。① 因此，并不存在大规模侵权不具有可保性的问题。况且油污损害、火灾、交通事故等都属于很可能造成巨额损失的情形，但在实践中保险公司均予以承保。

（二）大规模侵权责任保险与道德风险

反对通过责任保险解决侵权损害赔偿的观点之一，即是认为责任保险极易诱发道德风险。责任保险中的道德风险（moral hazard），是指被保险人或受益人为谋取保险金而有意识地制造事故，致使保险标的受到损害；或者发生保险事故后未能及时、主动地采取有效措施降低损失，导致保险标的所受损失进一步扩大。② 毫无疑问，在保险人和投保人、受益人之间信息不对称的情况下，保险的存在有可能诱发损失。比如，如果一个机修工知道，他的工具被偷的情况下，保险人会全额赔付，那么这个机修工将不会不厌其烦地在每天工作结束时将他的工具锁进储藏室。③ 当人们已经被投保，他们就没有那么注意去避免或者防止事件、灾难、疾病、失窃以及其他损失的发生，因而，保险就会间接地增加损失数量的发生。④ 但保险制度的一些机制已经可以有效防范道德风险，具体表现为：（1）保险公司不承保因故意造成的事故，且将许多情形通过免责条款排除在赔偿范围之外。（2）保险公司通过赔偿限额，浮动费率和回溯性费率，让投保人承担部分风险等方式降低保险人的风险。除了保险机制外，其他法律机制也可以防范道德风险，即在大规模侵权后，即使所有损失都由保险人赔付，投保人不需要承担任何赔偿责任，但投保人的负责人和直接责任人员可能面临承担行政责任和刑事责任，同时投保人的

---

① 参见王红茹、吴文征《天津港"8·12"爆炸直接经济损失或达 700 亿》，《中国经济周刊》2015 年第 34 期；谢玮：《瑞士苏黎世保险前 CEO 自杀为哪般?》，《中国经济周刊》2016 年第 23 期；陈婷婷：《天津港爆炸成去年保险最大赔案》，《北京商报》2016 年 3 月 15 日。

② 参见贾爱玲《环境责任保险制度研究》，中国环境科学出版社 2010 年版，第 74 页。

③ See Robert H. Jerry Ⅱ, *Understanding Insurance Law* (*the 2nd edition*), LexisNexis, 1996, p. 15.

④ See Deborah A. Stone, "Beyond Moral Hazard: Insurance as Moral Opportunity", *Connecticut Insurance Law Journal*, Vol. 6, No. 1 (1999), p. 12.

商业信誉将严重受损，甚至一文不值。例如，在三鹿奶粉事件中，三鹿集团的董事长和公司其他负责人被追究刑事责任，三鹿这一品牌形象也严重受损，甚至这一事件殃及我国整个奶粉行业。此外，如果大规模侵权属于安全责任事故，企业也将面临行政处罚，严重者可能被吊销营业执照；相关责任人员如果是国企负责人则面临行政处分和党纪处分，其升迁也将大受影响。即使是民营企业，其职业经理人的声誉也将大受影响，很难在相关领域继续从事管理工作。

正如王泽鉴教授曾针对责任保险对侵权法的影响分析道："责任保险制度在19世纪后半叶开始建立之际，曾遭受严厉指责。论者认为，基于不法行为所生之损害，得借保险之方式予以转嫁，一则违反道德规范；二则足以导致行为人注意之疏解，助长反社会行为，危害公益，实不宜容许其存在。然而，批评者虽众，并未能阻止责任保险之发达。"原因在于，面对风险社会频繁发生的这些意外灾害，侵权人赔偿能力有限，而责任保险在此时就可以有效填补被侵权人遭受的损害。至于反对者提出的，因为侵权人投保了责任保险就会故意降低注意义务，进而造成侵权损害，实际上并无足够多的案例证实这一担忧。侵权行为毕竟牵涉合法的权利受损，侵权人即使不考虑民事赔偿，也会担心受到行政或刑事制裁。①

综上，大规模侵权具有可保性，同时可以实现保险行业扩张、投保企业分散风险、被侵权人获得权益保障。从全球范围内保险业的实践情况及发展趋势来看，以责任保险的赔偿弥补大规模侵权造成的损失已经在西方发达国家取得了若干成功的实践经验，社会效益良好。② 目前，我国具有强制性的责

---

① 参见王泽鉴《民法学说与判例研究》，北京大学出版社2015年版，第491页。
② 参见粟榆《大规模侵权责任保险赔偿制度研究》，博士学位论文，西南财经大学法学院，2014年，第82页。

任保险包括机动车第三者责任险①、民用航空器第三人责任险②、船舶油污责任险③、客运和危险货物运输承运人责任险、④ 内河船舶污染损害、沉船打捞责任险⑤、旅游业相关责任险⑥、海洋石油勘探开发污染损害责任险⑦、破产管理人执业责任险⑧、疫苗责任险⑨等险种。在前述责任保险中，民用航空器第三人责任险、内河船舶污染损害、沉船打捞责任险、海洋石油勘探开发污染损害险这三种责任保险并非绝对强制的责任保险，还可以通过财务担保替代。

三、大规模侵权责任保险制度构建的基本思路

关于责任保险具体制度的构建已有很多成熟的研究成果，在此无意再重复相关论述，本研究主要针对大规模侵权责任保险的关键问题提出相应建议，

① 《道路交通安全法》第 17 条规定："国家实行机动车第三者责任强制保险制度，设立道路交通事故社会救助基金。具体办法由国务院规定。"

② 《民用航空法》第 105 条规定："公共航空运输企业应当投保地面第三人责任险。"该法第 150 条规定："从事通用航空活动的，应当投保地面第三人责任险。"该法第 166 条规定："民用航空器的经营人应当投保地面第三人责任险或者取得相应的责任担保。"

③ 《海洋环境保护法》第 66 条规定："国家完善并实施船舶油污损害民事赔偿责任制度；按照船舶油污损害赔偿责任由船东和货主共同承担风险的原则，建立船舶油污保险、油污损害赔偿基金制度。""实施船舶油污保险、油污损害赔偿基金制度的具体办法由国务院规定。"

④ 《道路运输条例》第 36 条规定："客运经营者、危险货物运输经营者应当分别为旅客或者危险货物投保承运人责任险。"

⑤ 《内河交通安全管理条例》第 12 条规定："按照国家规定必须取得船舶污染损害责任、沉船打捞责任的保险文书或者财务保证书的船舶，其所有人或者经营人必须取得相应的保险文书或者财务担保证明，并随船携带其副本。"

⑥ 《旅游法》第 56 条规定："国家根据旅游活动的风险程度，对旅行社、住宿、旅游交通以及本法第四十七条规定的高风险旅游项目等经营者实施责任保险制度。"《旅行社条例》第 38 条规定："旅行社应当投保旅行社责任险。旅行社责任险的具体方案由国务院旅游行政主管部门会同国务院保险监督管理机构另行制定。"

⑦ 《海洋石油勘探开发环境保护管理条例》第 9 条规定："企业、事业单位和作业者应具有有关污染损害民事责任保险或其他财务保证。"

⑧ 《企业破产法》第 24 条第 4 款规定："个人担任管理人的，应当参加执业责任保险。"

⑨ 《疫苗管理法》第 68 条规定："国家实行疫苗责任强制保险制度。""疫苗上市许可持有人应当按照规定投保疫苗责任强制保险。因疫苗质量问题造成受种者损害的，保险公司在承保的责任限额内予以赔付。""疫苗责任强制保险制度的具体实施办法，由国务院药品监督管理部门会同国务院卫生健康主管部门、保险监督管理机构等制定。"

尤其是针对大规模侵权风险的可保性较低这一特征，提出若干鼓励保险公司承保的措施。

（一）赔偿限额制度与免赔额制度

赔偿限额是责任保险中常采取的方式，即保险人在法定或约定范围内赔偿的最高额度，当实际损失超出赔偿最高额度时由被保险人自行赔偿。大规模侵权造成的损失巨大，如果完全由保险人赔偿，保险人将不堪重负。如果让保险人足额赔偿，则保险人要么拒绝承保，要么提高保险费率，这将使通过责任保险制度解决大规模侵权损失的目的落空。在赔偿限额的确定方面，在保险期内可能会出现两种类型的赔偿限额：一是单次保险责任事故的赔偿限额；二是在保险期内所有保险责任事故赔偿数额累计的限额。粟榆博士认为这两种类型都应当作为赔偿限额的确定依据[1]，即若确定了一个具体的赔偿限额，那么无论是达到单次事故的限额，还是一定期限内达到累计的赔偿额，保险人对超出限额部分的损失都可以不再承担赔偿责任。这一规定有利于降低保险人的赔偿责任，保险人可以在出险前确定保险期内应当承担的最大赔偿额，有利于吸引保险公司积极开展责任保险。

除了赔偿限额制度可以使保险人有明确的预期外，免赔额制度也是有效降低保险人风险的措施。免赔额，是指保险人在保险事故发生后可以于一定损失额度内免于承担赔偿责任。免赔额包括绝对免赔额、总计免赔额、相对免赔额等类型。"责任保险的免赔额，一般采用绝对免赔额，即保险人只承担超出免赔额范围的赔偿责任，未超过的部分由被保险人自己负责。"[2] 采取绝对免赔额，可以减少小额索赔，使保险人理赔费用降低。但考虑到大规模侵权可能对单个被侵权人造成的损失较小，单纯看某一个被侵权人的损失都属

① 参见粟榆《大规模侵权责任保险赔偿制度研究》，博士学位论文，西南财经大学法学院，2014年，第89页。

② 郭颂平主编：《责任保险》，南开大学出版社2006年版，第57页。

于免赔额范围以内，但将所有被侵权人的损失相加则是一个巨额损失。例如，在三鹿奶粉事件中，食用有毒奶粉造成患儿死亡和重伤的情况并不是很多，但遭受一般性损失的非常多。因此，即使单一损害在免赔额以内，如果同质的损害已经被认定为大规模侵权，在累计损失一定额度内依然由投保人赔偿，但当累计损失超出一定额度则保险人不应再依据免赔额制度主张不予赔偿。

赔偿限额制度与免赔额制度，在使保险人的承保风险变得更可控的同时，也使投保人和保险人共同承担赔偿责任，可以促使投保人提高管理水平，降低道德风险。

（二）期内索赔制度

责任保险的索赔方式包括期内索赔式和期内发生式。期内索赔式，是指在责任保险中不论损害在何时发生，只要受益人在保险期内向保险人要求理赔，保险人就有义务按照保险合同约定进行赔付。期内发生式，是指只要损害发生在承保期内，保险人就应承担保险责任，不论受益人索赔的时间是否在保险期内。大规模侵权所产生的风险大都具有长尾特性，尤其以产品责任和环境污染侵权最为典型。这意味着，如果采取期内发生式，保险人需要对未来若干年后发现的损害承担赔偿责任。虽然保险赔偿责任有诉讼时效的规定，但诉讼时效都是从知道或应当知道的时候起算；如果当事人一直不知道也不应当知道，则需要适用 20 年的最长诉讼时效。对保险人而言，"期内索赔式"的优势是显而易见的，保险人只需要对保险合同约定期间内的索赔承担赔偿责任即可，对保单到期后的索赔可以不用赔付，这样就可以规避"长尾责任"的风险。不过"期内索赔式"也会让保险人对保单生效前所产生的损害承担赔偿责任[1]，保险人可以在保险单中约定，只对保险单生效以前一定

---

① 参见粟榆《大规模侵权责任保险赔偿制度研究》，博士学位论文，西南财经大学法学院，2014 年，第 90 页。

追溯期内发生的事故引起的损失承担赔偿责任[1]，这样可以克服期内索赔式的弊端。因此，为了降低保险人的风险，吸引保险公司对可能引起大规模侵权的事故承保，我国责任保险应当采取期内索赔式。

（三）保险费率的确定

保险费率直接决定保险人的成本和利润，如果系纯商业性的保险，其费率自然应该完全由市场形成，但本研究所讨论的责任保险具有强制性，对于应当投保责任险的企业必须投保，如果不对保险费率进行相应规定，则不利于投保人。在保险费率的确定上应该坚持以下几点：（1）保险费率应当由国务院保险监督管理部门会同相关部门确定；（2）根据不同的行业确定不同的费率；（3）参考工伤保险费率的规定，按照以支定收、收支平衡的原则确定[2]；（4）可建立保险事故发生率与保险费率联动机制。

在上述几点原则中，需要进一步阐述的是责任强制险的费率浮动机制。浮动费率可以促使企业提高管理水平，降低大规模侵权事故发生率，有利于整个大规模侵权责任强制保险制度良性运行。可以参考机动车交通事故责任强制保险浮动费率制度，建立如下表所示的责任强制险浮动因素与浮动比率机制：

序号	浮动因素	浮动比率
1	上一个年度未发生责任事故	下浮 10%
2	上两个年度未发生责任事故	下浮 20%
3	上三个及以上年度未发生责任事故	下浮 30%

---

① 参见史黎《我国大规模侵权责任保险制度构建论》，博士学位论文，吉林大学法学院，2016年，第103页。

② 参见于定明《建立潜在债权保护制度的初步构想——以瑕疵担保请求权为考察中心》，《云南大学学报》（法学版）2008年第1期。

续表

序号	浮动因素	浮动比率
4	上一个年度赔偿数额在 50 万元以下的	不浮动
5	上一个年度赔偿数额在 50 万元以上 100 万元以下的	上浮 10%
6	上一个年度赔偿数额在 100 万元以上 500 万元以下的	上浮 20%
7	上一个年度赔偿数额在 500 万元以上的	上浮 30%
说明	(1) 本表所指赔偿数额系指保险人赔偿的数额； (2) 本表所指赔偿数额系按照期内索赔方式计算的数额； (3) 本表所指"以下"含本数，本表所指"以上"不含本数。	

（四）鼓励设立自保公司

自保公司，通常是指被保险人无法在保险市场上获得特定的保险服务时，自己成立或控制一家保险公司满足特定的保险需求。专业的自保公司自 20 世纪 60 年代才发展起来，其业务并不限于为母公司及其控股子公司提供保险服务，也可以进入再保险市场。目前，自保公司已成为保险市场的重要新兴力量。很多涉及风险较多的大型公司都倾向于成立自保公司满足自己的特殊风险管理需求，石油行业的巨型企业对此尤为积极，如美国联合电力天然气保险公司、石油灾害保险公司、能源保险公司等，都是大型石油公司为自己设立的自保公司。①

设立自保公司的优点主要是节约保险成本、防止保费流失、合理避税，而且可以解决其他保险公司对部分大规模侵权不愿承保的问题。目前已经有中石化、中石油、中海油、中国铁路总公司等大型央企成立自保公司，但根据中国保监会发布的《关于自保公司监管有关问题的通知》（保监发〔2013〕

---

① 参见粟榆《大规模侵权责任保险赔偿制度研究》，博士学位论文，西南财经大学法学院，2014 年，第 73 页。

95 号）规定，自保公司的承保范围并不包括责任保险，因此，需要调整自保公司的承保范围，即将责任保险纳入自保公司承保范围。

第二节　赔偿基金与大规模侵权损害赔偿

一、大规模侵权损害赔偿基金概述

基金，是指为了特定目的而筹集的具有一定数量的资金，包括营利性基金和非营利性基金，例如证券投资基金、保险基金、慈善基金等。大规模侵权损害赔偿基金，特指专门用于赔偿大规模侵权中被侵权人损失的专项基金。建立赔偿基金的目的主要在于及时、充分地赔偿被侵权人，同时避免企业因大规模侵权的发生而破产。目前国内尚未专门针对大规模侵权损害赔偿设立具有普遍适用效力的赔偿基金制度，只是在部分领域规定了赔偿基金制度，如油污损害赔偿基金制度、证券投资者保护基金等。

由于缺乏一般性规范大规模侵权赔偿基金的规定，现在我国针对尚未建立赔偿基金的领域发生的大规模侵权，只能采取"特事特办"的方式设立赔偿基金。但很显然，这种赔偿基金的设立在我国属于"特事特办"的范畴，并未形成制度，这就很难保证在其他类似案件中的"未来原告"可以得到同等的对待。而且，在三鹿奶粉事件中医疗赔偿基金的支付仅限于患儿年满 18 周岁以前。

为了减少"特事特办"式的个案赔偿基金，我国有必要针对大规模侵权事件建立普遍适用、常态化的损害赔偿基金制度。正如有学者针对环境侵权提出：在大规模侵权案件中，受影响的被侵权人往往人数众多，损害后果严重，需要支付的赔偿数额也较大，通常一般的加害公司难以承受。因此，就会导致加害公司无力承受损害赔偿责任而陷入破产的困境。对此，我国除了加强大规模侵权预防工作外，还有必要借鉴国外环境侵权事件的处理经验，实行社会化的救济方式分摊公害损失，例如，成立基金法人对受害者进行赔偿。① 除了一般性的倡议外，有些学者还专门论证了赔偿基金制度的具体内容。② 由此可见，我国理论界对企业所致大规模侵权损害赔偿建立赔偿基金已经达成了一定的共识。尽管在构建赔偿基金制度的过程中将会面临诸多非法律技术层面的障碍，但在迫切需要的现实面前，我国应该针对容易发生大规模侵权且不能通过强制责任保险制度解决赔付问题的领域建立赔偿基金制度。

二、大规模侵权损害赔偿基金的现实基础

（一）赔偿基金的立法实践

目前我国法律规定的事先防范型赔偿基金有：油污损害赔偿基金③、道路交通事故社会救助基金④、证券结算风险基金⑤、保险保障基金⑥、证券投资者保护基金⑦、证券交易所风险基金⑧、基金风险准备金⑨，等等。在相关基本法律颁布后，相关部门陆续出台了上述赔偿基金制度的配套规定，如《船舶油污损害赔偿基金征收使用管理办法》《道路交通事故社会救助基金管理试行办法》《保险保障基金管理办法》《证券交易所风险基金管理暂行办法》《证券结算风险基金管理暂行办法》《证券投资者保护基金管理办法》《公开募

---

① 参见江必新、刘润发《论环境侵权民事救济的立法完善——以民法的社会化为视角》，《求索》2008 年第 1 期。

② 参见王明远《环境侵权救济法律制度》，中国法制出版社 2001 年版；阳露昭、张金智《论环境污染损害的公共补偿制度》，《郑州大学学报》（哲学社会科学版）2008 年第 3 期；贾爱玲《环境侵权损害赔偿的社会化制度研究》，知识产权出版社 2011 年版；张新宝《设立大规模侵权损害救济（赔偿）基金的制度构想》，《法商研究》2010 年第 6 期。

③ 参见《海洋环境保护法》第 66 条。

④ 参见《道路交通安全法》第 17 条。

⑤ 参见《证券法》第 154 条。

⑥ 参见《保险法》第 100 条。

⑦ 参见《证券法》第 126 条。

⑧ 参见《证券法》第 114 条。

⑨ 参见《证券投资基金法》第 22 条。

集证券投资基金风险准备金监督管理暂行办法》。

在与前述基金制度相关的法律条文中，虽然有些法律条文并未采用"基金"这一表述方式，但都具有赔偿的作用。从设立的初衷看，主要是为了降低相关主体的风险，维护社会稳定。从赔偿基金设立的时间看，大多是在损害尚未发生时即已设立，而针对损害发生后设立赔偿基金的法律法规尚未出台。从所涉及的领域看，这些赔偿基金制度大都在金融法领域规定，如《保险法》《证券法》《证券投资基金法》。从所适用的损害类型看，这些赔偿基金制度主要是适用于财产损害赔偿，仅有道路交通事故社会救助基金、油污损害赔偿基金直接涉及人身损害的赔偿。而且金融领域赔偿基金所针对的损害赔偿既包括侵权损害赔偿，还包括违约损害赔偿。尽管目前设立于金融领域的赔偿基金并非都与大规模侵权损害赔偿有关，但金融领域的赔偿基金的基本原理与大规模侵权损害赔偿领域赔偿基金的基本原理相同，即预先提取或缴纳一部分资金用于应对将来可能发生的大规模损害赔偿，因此，我们将其作为大规模侵权损害赔偿基金的立法实践基础。

（二）赔偿基金的实际操作

赔偿基金的成功范例之一是依据美国国会 1980 年通过的《综合环境反应、赔偿和责任法》而成立的"超级基金"。赔偿基金的背后必然有一个令人痛惜的侵权事故，美国"超级基金"的出台也不例外。

位于纽约州西北部的拉夫运河未能如愿建成，这段废弃的河道的一部分于 1947 年被胡克（Hooker）化学公司买下作为倾倒化学废弃物的场所，至 50 年代已有超过 20000 吨的化学废弃物被倾倒于该河道中。随后 20 年，随着人口增长，该地区也逐渐发展为居民区并建立了学校。20 世纪 70 年代中后期，人们意识到掩埋于该地区的有毒废物的泄漏造成对生活、健康的影响。在该地区居民的斗争和公众舆论的强大压力下，美国政府宣布该地区成为"国家紧急灾害区"，并将居民予以疏散撤离。但倾倒化学废弃物的胡克公司并非该土地的开发者（实际上胡克公司并不支持对该河道进行开发利用），并无法律依据可以让其承担侵权赔偿责任。此事件就催生了美国的《综合环境反应、赔偿和责任法》，并专门成立了用于解决危险物质泄漏治理的专项基金，因而该法案也被称为"超级基金法"①。该项赔偿基金成立时为16亿美元，由联邦财政和征收自石油化工行业的附加税两部分组成。1996年美国修订"超级基金法"，将基金扩充至85亿美元。②《综合环境反应、赔偿和责任法》是美国首要的环境污染防治方面最重要的立法（principle legislation），该法不仅适用于陆地污染的清理，也适用于美国海岸线及其专属经济区域〔exclusive economic zone（EEZ）〕污染的清理；美国政府负责运营由石油企业以及纳税形成的"超级基金"③。

随着日本经济在"二战"后的快速发展，日本也步入了公害频发的时代。为解决此问题，1969年日本特别制定了《关于因公害引起的健康损害的救济的特别措施法》，该法规定：在一定区域内连续居住一定期间（幼儿6个月以上，成年人3年以上），因大气或水污染而罹患特别病症的人，可以要求医疗费赔偿，其中一半由政府负担，另一半由企业负担。1973年，日本颁布了《公害健康被害补偿法》，并进一步明确了对公害造成的健康受害者要进行补偿，补偿条件包括三项：（1）在指定区域内；（2）生活了一定期限；（3）罹患了特定的疾病。1986年日本修订了《公害健康被害补偿法》，取消了须在指定区域内才可以申请补偿的条件，并设立基金用于防止大气污染带来的危害。④ 公害补偿基金主要来自向污染者征收的课税。⑤

---

① 参见李冬梅《美国〈综合环境反应、赔偿和责任法〉上的环境民事责任研究》，博士学位论文，吉林大学法学院，2008年，第10—15页。

② 参见蒋莉《美国环保超级基金制度及其实施》，《油气田环境保护》2005年第1期。

③ See Peter G. Bernard and Andrew P. Mayer, "A Tale of Two Sovereigns: Canada, the United States, and Trans-border Pollution Issues", *U. S. F. Maritime Law Journal*, Vol. 13, No. 1 (2000), p. 153.

④ 参见王晓辉《日本公害补偿制度评析与借鉴》，《环境保护》2011年第16期。

⑤ 参见刘占旗等《公害补偿以邻为镜——从日本看我国环境污染健康损害补偿》，《环境保护》2011年第10期。

在最近几年国际上发生的大规模侵权中，相关国家也尝试通过设立赔偿基金来应对巨额赔偿问题。如 2010 年发生于墨西哥湾的钻油平台爆炸导致的漏油事故，英国石油（BP）公司出资 200 亿美元设立专项基金，赔偿美国因漏油事件而受影响的受害者。再如，2011 年日本国会众议院审议通过了《原子能损害赔偿支援机构法案》，以专门解决福岛第一核电站核泄漏事故引发的赔偿问题，该法案要求各电力公司按一定比例向该机构缴纳赔偿负担金，以接受受害者的赔偿申请。①

在印度博帕尔案件发生后，印度政府通过了《博帕尔法》（The Bhopal Act），旨在对损害索赔进行规制。该法案授权印度政府在所有事故索赔中拥有代表受害者的唯一身份，并且建立了一套行政赔偿制度，此外还创设了一个基金专门负责财务支持。但是即便如此，在这场灾难中，印度政府与联合碳化公司就 33 亿美元的索赔总额达成"不连贯和解"协议，首先约定设立一个 4.7 亿美元的基金，相当于让灾难受害者每人得到 320 美元的补偿，8000 名灾难死亡者每人可得到 1430 美元。②

康特甘药物致害案也建立了专门的赔偿基金，1970 年 4 月受害者的代表律师与格兰泰公司达成和解协议，格兰泰公司出资 1 亿马克组建"残障儿童救助基金会"，专门用于向患儿支付医疗费用。1971 年，德国联邦议会通过相关立法将"残障儿童救助基金会"纳入联邦妇女与青少年部管理，并拨款 1 亿马克注入该基金会（德国联邦政府又陆续对该基金会注资 2.2 亿马克），专门救助康特甘药害的受害儿童。为弥补"残障儿童救助基金会"救助的不足，在受害人的呼吁下，2005 年德国联邦政府再次立法成立"康特甘基金会"③。

---

① 参见张新宝、岳业鹏《大规模侵权损害赔偿基金：基本原理与制度构建》，《法律科学》（西北政法大学学报）2012 年第 1 期。

② 参见［英］卡罗尔·哈洛《国家责任：以侵权法为中心展开》，涂永前、马佳昌译，北京大学出版社 2009 年版，第 64—65 页、70 页。

③ 参见罗思荣、马利峰《大规模侵权民事救济比较研究》，《湖南警察学院学报》2013 年第 6 期。

三、大规模侵权损害赔偿基金的设立时间

张新宝教授将赔偿基金分为诉讼替代型救济（赔偿）基金和诉讼结果型救济（赔偿）基金，从其对这两种基金的论述看，都是着眼于大规模侵权发生后设立相应赔偿基金，只是区分了诉讼前和诉讼后。① 在张新宝教授主持的课题成果《大规模侵权损害（赔偿）基金条例》第六条也明确赔偿基金只有在发生大规模侵权后才由基金指导委员会决定是否成立。② 由此可见，张新宝教授不主张在大规模侵权发生前即设立大规模侵权损害赔偿基金。

邢宏在其博士学位论文中进行比较分析时，将大规模侵权损害赔偿基金分为预设型损害赔偿基金、保证型损害赔偿基金和事后救济型赔偿基金，这一分类主要是以基金的设立时间是在大规模侵权发生之前还是之后为标准。而从其论述看，保证型损害赔偿基金既包含事前预设的赔偿基金，例如日本矿山损害赔偿基金；也包括事后救济型基金，例如美国超级损害赔偿基金。因此，如果以赔偿基金设立时间为标准分类，所谓保证型损害赔偿基金并未处在一种更为特殊的时间状态，不宜将其与预设型赔偿基金和事后救济型赔偿基金并列。邢宏在其博士学位论文中进行对策论证时，提出应分别设立常设型大规模侵权损害赔偿基金和应急型大规模侵权损害赔偿基金，其中常设型大规模侵权损害赔偿基金即是在大规模侵权尚未发生时即已设立，而应急型大规模侵权损害赔偿基金则是在大规模侵权发生后才设立③，这更加印证了以赔偿基金设立时间先后为分类标准的思路。我们也非常赞同这一思路，即大规模侵权损害赔偿基金的设立不仅是为了在大规模侵权发生后应急，更重要的是为了防范侵权人无力赔偿情况的出现，应当在大规模侵权发生前即设

---

① 参见张新宝《设立大规模侵权损害救济（赔偿）基金的制度构想》，《法商研究》2010年第6期。
② 参见张新宝、葛维宝主编《大规模侵权法律对策研究》，法律出版社2011年版，第5页。
③ 参见邢宏《论大规模侵权损害赔偿基金》，博士学位论文，华中科技大学社会学院，2013年，第67—91、105—107页。

立。同时，现行有关大规模侵权损害赔偿基金的称谓尚未约定俗成，为了使其称谓更能贴合其含义，我们在前述研究的基础上，以赔偿基金的设立时间是在大规模侵权发生之前还是之后为标准，再将赔偿基金分为事先防范型赔偿基金和事后救济型赔偿基金更为妥当。

在实际设置时，应当以事先防范型赔偿基金为主，事后救济型赔偿基金为辅，原因在于：如前所述，在大规模侵权发生后才建立赔偿基金，许多企业无力缴纳赔偿基金，在资金筹措方面面临较大难度，最终可能主要依靠政府出资和社会捐助，实际上起不到应急的作用，也不能达到主要让侵权人来承担损害赔偿的目的。因此，对于强制建立赔偿基金制度的领域，原则上应当建立事先防范型赔偿基金。但对于不易发生大规模侵权的领域，则只需要建立事后救济型的赔偿基金。同时，当企业因大规模侵权而进入破产清算或重整时，对于隐蔽损害可以建立事后救济型赔偿基金。

实际上，事后救济型赔偿基金适合在两种情况下设立：一是侵权企业希望通过重整获得再生，设立事后救济型赔偿基金以处理因大规模侵权所导致的损害。这样可以将这部分债权隔离，被侵权人不再参与重整，使企业避免因偶发的大规模侵权事件而陷入无穷无尽的巨额损害索赔中。此外，大规模侵权所形成的债权数额通常较为庞大，债权人人数众多，将使企业重整计划的制订和实施变得尤为复杂，使所有债权人和股东不得不面临企业最终走向清算倒闭的境地。二是在企业进入破产清算程序时，尚未发现自己权益受损的人身损害赔偿债权人不能参与破产清算，为了保护这部分隐蔽性债权可以设立事后救济型赔偿基金。在美国石棉案中，法院即为未来原告寻求代理人，由律师为这部分未来原告主张权益，最终设立赔偿基金用于赔偿未来原告的损失。①

---

① 参见冀宗儒编著《美国破产法案例选评》，对外经济贸易大学出版社 2006 年版，第 385 页。

四、赔偿基金的筹集与管理

（一）赔偿基金的筹集

赔偿基金的筹集是非常重要的一环，学界一般认为其资金来源包括三个方面：（1）潜在侵权人出资；（2）政府拨款；（3）社会捐助。① 从我国的立法实践看，油污损害赔偿基金完全由潜在侵权人出资；道路交通事故社会救助基金资金来源则包括前述三个方面的来源②；证券投资者保护基金的资金来源主要是由潜在侵权人及社会捐助。详见下表。

序号	基金类型	资金来源
1	油污损害赔偿基金	由持久性油类物质货物所有人或其代理人缴纳。③
2	道路交通事故社会救助基金	（1）按照交通事故责任强制保险的保险费的一定比例提取的资金；（2）地方政府按照保险公司经营交通事故责任强制保险缴纳营业税数额给予的财政补助；（3）对未按照规定投保交通事故责任强制保险的机动车的所有人、管理人的罚款；（4）救助基金孳息；（5）救助基金管理机构依法向机动车道路交通事故责任人追偿的资金；（6）社会捐款；（7）其他资金。④

---

① 参见张新宝、葛维宝主编《大规模侵权法律对策研究》，法律出版社 2011 年版，第 6 页；李敏：《赔偿基金在大规模侵权损害救济中的定位与制度构想》，《西北大学学报》（哲学社会科学版）2012 年第 4 期。

② 道路交通事故社会救助基金的部分资金来源于机动车交通事故责任强制保险的保险费和救助基金管理机构依法向机动车道路交通事故责任人追偿的资金，这本质上是由潜在的侵权人出资。因此，从《道路交通事故社会救助基金管理试行办法》第 6 条的规定来看，道路交通事故社会救助基金资金来源则包括潜在侵权人出资、政府拨款和社会捐助三个方面。

③ 参见《防治船舶污染海洋环境管理条例》第 56 条第 1 款和《船舶油污损害赔偿基金征收使用管理办法》第 7 条。

④ 参见《道路交通事故社会救助基金管理试行办法》第 6 条。

续表

序号	基金类型	资金来源
3	证券投资者保护基金	(1) 上海、深圳证券交易所在风险基金分别达到规定的上限后，交易经手费的20%纳入基金；(2) 所有在中国境内注册的证券公司，按其营业收入的0.5%—5%缴纳基金；(3) 发行股票、可转债等证券时，申购冻结资金的利息收入；(4) 依法向有关责任方追偿所得和从证券公司破产清算中受偿收入；(5) 国内外机构、组织及个人的捐赠；(6) 其他合法收入。①

　　对此，我们认为，如果建立事先防范型赔偿基金，则其资金来源应仅为潜在侵权人，当然不排除社会捐助，但在尚未发生大规模侵权时，对基金会进行捐助的可能性也比较小。即使发生社会捐助，也不需要对社会捐助进行额外规定，毕竟捐助属于意思自治的范畴，不需要在赔偿基金制度中为其作出特别规定。如果系建立事后救济型赔偿基金，则其资金来源主要为侵权人出资，同时可以纳入政府拨款，同样也不排除社会捐助。至于基金会筹集资金后为了保值增值所产生的收益当然也属于两种类型的赔偿基金的资金来源。

　　之所以对两种不同类型赔偿基金的资金来源作出区别，是鉴于本研究所坚持的责任自负原则。在大规模侵权尚未发生时即建立赔偿基金，其目的是让企业未雨绸缪，从自由资金中拿出一部分用于未来可能产生的损害的赔偿，此时政府不必直接出资。在大规模侵权发生后，如果由政府拨款给基金会，实际上可以理解为将赔偿基金与社会救助结合在一起，即政府将进行社会救助的资金融入赔偿基金，减少大规模侵权损害赔偿或补偿的环节，有利于节约行政成本。因此，事后救济型赔偿基金的资金来源除了包括侵权人出资外，还可以将政府拨款和社会捐助纳入赔偿基金。

---

　　① 参见《证券投资者保护基金管理办法》第14条。

（二）赔偿基金的管理主体

1. 政府管理

根据《船舶油污损害赔偿基金征收使用管理办法》第 3 条和第 7 条的规定，"船舶油污损害赔偿基金"由交通运输部所属海事管理机构向货物所有人或其代理人征收，属于政府性基金，收入全额上缴中央国库，实行专款专用。此外，依据《道路交通事故社会救助基金管理试行办法》第 3 条的规定，道路交通事故社会救助基金也由政府筹集和管理。有些地方将道路交通事故社会救助基金交由具有独立法人地位的事业单位进行管理，如昆明市道路交通事故社会救助基金管理中心、重庆市道路交通事故社会救助基金管理中心、上海市道路交通事故社会救助基金管理中心等。通过行政机关或事业单位管理赔偿基金，本质上是政府直接对赔偿基金进行管理，其弊端在于增加了政府财政负担，而且往往存在效率低下的问题。在大规模侵权发生后进行损害赔偿时，政府难以处于一个相对超然的地位。

2. 潜在侵权人自行管理

证券交易所风险基金、证券结算风险基金、基金风险准备金都是由可能承担赔偿责任的证券交易所、证券登记结算机构、基金管理人或基金托管人自行进行管理。该种管理模式的优点是提取方便，有利于降低管理成本；缺点是资金不独立，较难监督。虽然相关基金的管理办法要求其资金做到相对独立，例如《证券结算风险基金管理办法》第 8 条规定"本基金应当以专户方式全部存入国有商业银行，存款利息全部转入基金专户"，但毕竟该账户依然受基金出资人控制。这对于受政府严格监管的证券交易所、证券登记结算机构而言具有可行性，而对于一般的数量庞杂的潜在侵权企业，采取此种方式，政府难以对其形成有效监管。

3. 成立公司进行管理

在该种管理模式下，赔偿基金本身是一个具有独立法人地位的公司。例如，《证券投资者保护基金管理办法》第 2 条第 2 款规定，设立国有独资的中国证券投资者保护基金有限责任公司，负责基金的筹集、管理和使用。又如，《保险保障基金管理办法》第 6 条第 1 款规定，设立国有独资的中国保险保障基金有限责任公司，依法负责保险保障基金的筹集、管理和使用。通过成立公司对赔偿基金进行管理，存在与《公司法》相冲突之处：（1）赔偿基金的资金来自不同的企业，如果由这些企业以出资的方式将资金交付给赔偿基金，则使赔偿基金的股东人数非常庞大，公司治理面临巨大难题。如果需要缴纳赔偿基金的企业以其他方式将资金交付给公司，则只能以赠予、借款等方式进行，并不符合赔偿基金设立的目的。（2）随着企业出资的增加，赔偿基金面临不断增加注册资本问题，公司会经常面临注册资本变更登记问题。（3）以公司方式管理赔偿基金，出于保值增值目的进行的投资还面临缴纳税款。（4）如果应当缴纳赔偿基金的企业与赔偿基金公司形成投资关系，在应当缴纳赔偿基金的企业因破产或其他原因消灭主体资格时，企业在基金公司的股权属于破产财产，并没有有效隔离企业与赔偿基金公司之间的财产关系。虽然证券投资者保护基金采取公司这一组织形式，国家企业信用信息公示系统显示国务院为该公司的唯一股东，缴纳保护基金的证券公司并没有成为该公司的股东，似乎可以克服前述弊端。但根据《证券投资者保护基金管理办法》的规定，证券交易所和证券公司必须向赔偿基金公司缴纳基金[1]，则相当于赔偿基金公司具有行政职能，与通常公司的职能相冲突，与法理不符。

4. 成立基金会管理

有学者认为，作为财产集合体的大规模侵权损害赔偿基金，具有财团法人的一般属性。[2] 根据《民法典》的规定，基金会是非营利法人的一种类

---

① 参见《证券投资者保护基金管理办法》第 14 条。
② 参见李敏《赔偿基金在大规模侵权损害救济中的定位与制度构想》，《西北大学学报》（哲学社会科学版）2012 年第 4 期。

型。① 目前我国对基金会有明确规定的主要是行政法规《基金会管理条例》，该条例所调整的基金会的财产来源均为捐赠财产，与现在学界所探讨的赔偿基金的资金来源主要为侵权人出资和政府拨款不相符，因此，将赔偿基金依据《基金会管理条例》登记为基金会存在一定障碍。②

上述四种形式的管理主体各有利弊，相对而言，将赔偿基金的管理主体确定为非营利法人是较为妥当的方式。原因在于：（1）通过基金会管理赔偿基金没有增加政府的行政成本；（2）建立基金会可以有效隔离赔偿基金缴纳方对赔偿基金的直接控制；（3）基金会这一组织形式符合赔偿基金不以营利为目的这一性质。为了解决《基金会管理条例》所调整的财产来源单一问题，可以通过修改《基金会管理条例》的适用范围来实现，即将其适用范围修改为不再限于捐赠财产。将赔偿基金的组织形式确定为非营利法人后，企业按照法律规定向基金会缴纳相应资金，企业与基金会之间形成信托关系。基金会取得财产后按照《信托法》的规定以自己的名义进行管理，当发生大规模侵权时，基金会以自己的名义对外支付赔偿金。③

（三）基金会的治理

基金会的治理结构完善与否是基金会健康运行的保障。首先，基金会成立时应该制定完备的《基金会章程》。只要不违反法律的明确规定，《基金会章程》可以就所有事项作出详细规定，《基金会章程》是规范基金会所有活动的"宪章"。其次，基金会的决策机构是理事会。为了使理事会内部能够形成有效制衡，理事会理事由政府、缴纳赔偿基金的企业、行业协会委派的人员共同组成。可以委派理事的政府机构为赔偿基金所涉及的行政监督管理部门，

---

① 参见《民法典》第 87 条第 2 款。
② 参见《基金会管理条例》第 2 条。
③ 参见李敏《赔偿基金在大规模侵权损害救济中的定位与制度构想》，《西北大学学报》（哲学社会科学版）2012 年第 4 期。

例如，食品赔偿基金则由食品监督管理部门委派。缴纳赔偿基金的企业众多，显然不可能每一家企业均委派人员作为理事，只有市场份额较大、缴纳赔偿基金较多的企业始得委派理事。① 这样设计避免基金会政府化，同时又避免基金会完全由缴纳赔偿基金的企业控制。最后，基金会应当设立监事会。诚如 P. H. 美弗斯顿伯格所言，当人们在非营利性机构中工作时，通常可以看到脚踏实地的作风和无私奉献的精神。但同样在非营利组织内，自私、野心、权谋、独断等现象也屡见不鲜。② 因此，由政府、缴纳赔偿基金的企业、行业协会分别委派人员组成监事会是非常必要的。对于事后救济型赔偿基金，监事会成员中还应该有被侵权人代表。为了降低管理成本，日常管理只需要少量行政人员和运营赔偿基金的专业人士，当面临大规模侵权损害赔偿时，可以临时聘用律师、会计师等专业人员。管理人员的报酬从赔偿基金中支付，但应限制在合理的比例之中。

（四）赔偿基金的信息披露

曾有媒体报道，三聚氰胺婴幼儿奶粉事件赔偿基金成为疑云重重的"谜基金"，涉案的 22 家企业出资情况及出资标准未公布，赔偿基金的管理运作情况、赔偿细节、基金余额也未见公示。③ 在记者的调查过程中，成立赔偿基金的机构中国乳制品工业协会拒绝公布前述信息，甚至建议"媒体不要报道"；受托负责具体运营赔偿基金的中国人寿则以"国家机密"为挡箭牌，不肯透露运作情况。④ 从公开的信息看，中国人寿只在 2012 年 5 月公布了《婴幼儿奶粉事件医疗赔偿基金管理及运行情况》。

---

① 根据《船舶油污损害赔偿基金征收使用管理办法》第 19 条第 1 款的规定，船舶油污损害赔偿基金管理委员会即由政府和主要货主代表组成。

② 参见 P. H. 美弗斯顿伯格《非营利机构的生财之道》，朱进宁等译，科学出版社 1991 年版，第 97 页。

③ 参见张遇哲《赔偿基金不能成为"谜基金"》，《中国青年报》2011 年 5 月 17 日。

④ 参见江德斌《"三聚氰胺医疗赔偿"为何迷雾重重》，《中国商报》2011 年 5 月 20 日。

阳光是最好的防腐剂，基金会应当向社会及时、全面、充分地披露赔偿基金的相关情况。《基金会管理条例》也规定了基金会、境外基金会代表机构的披露义务①，但该条例的规定过于简单。大规模侵权损害赔偿基金会披露的事项至少应当包括：（1）赔偿基金筹措情况；（2）基金会理事会和监事会组成人员详细情况；（3）基金会的财务报告及详细的投资去向、收益回报情况；（4）基金会对被侵权人赔偿的详细情况；（5）基金会负责人和所有管理人员工资待遇情况。在没有发生大规模侵权损害赔偿时，基金会一年至少在指定媒体上公布一次；在发生大规模侵权损害赔偿时，基金会应不定期公布重大事项。

第三节　社会救助与大规模侵权损害赔偿

一、社会救助的界定

社会救助，是指由政府或社会组织向社会中的贫困人口或因特殊事由遭遇不幸的脆弱群体，以金钱、实物或其他服务的方式提供接济、扶助的社会保障机制。② 与社会救助相关的概念是社会救济，在我国法律文件中，社会救助和社会救济均出现过。例如，《宪法》第45条第1款规定："中华人民共和国公民在年老、疾病或者丧失劳动能力的情况下，有从国家和社会获得物质帮助的权利。国家发展为公民享受这些权利所需要的社会保险、社会救济和医疗卫生事业。"又如，《人口与计划生育法》③《农业法》④《城市居民最低生

---

① 《基金会管理条例》第25条第2款规定："公募基金会组织募捐，应当向社会公布募得资金后拟开展的公益活动和资金的详细使用计划。"第38条规定："基金会、境外基金会代表机构应当在通过登记管理机关的年度检查后，将年度工作报告在登记管理机关指定的媒体上公布，接受社会公众的查询、监督。"

② 参见郑功成《社会保障学——理念、制度、实践与思辨》，商务印书馆2000年版，第13—14页。

③ 参见《人口与计划生育法》第28条。

④ 参见《农业法》第83条。

活保障条例》① 等法律文件中均使用"社会救济"一词。但《残疾人保障法》②《妇女权益保障法》③《老年人权益保障法》④《艾滋病防治条例》⑤《社会救助暂行办法》等法律文件中使用"社会救助"一词，其中特别要提到的是，1992 年颁布的《妇女权益保障法》使用"社会救济"一词，但该法于 2005 年修改时将"社会救济"改为"社会救助"。"社会救助"和"社会救济"仅一字之差，究竟应该使用哪一个词更为贴切？"社会救助与社会救济目标似乎一致，都是为了克服贫困，保障人民群众的基本生活权益，维护社会稳定。然而，前后两者却有着层次和内涵上的区别。后者带有一定的恩赐观念、被动性和随意性，前者则体现互助、扶助的主动性和公平性。"⑥ 目前学术界开始反思"社会救济"这个概念传递出的消极影响，认为"救济"并不符合现代社会救助的理念，并提出应该用"社会救助"一词代替"社会救济"⑦。我们也认同这个观点，认为"社会救助"更符合现代社会治理的表述。

　　社会救助的对象，一般而言应该是生活困难人员，但在发生大规模侵权后，许多被侵权人并不一定陷入生活困境，而对其进行社会救助更多的是起到一种抚慰作用。例如，在上海"11·15"特大火灾事故后，对事故中的遇难者，除了向其家属支付死亡赔偿金、丧葬费和精神抚慰金外，上海市静安区政府还向家属支付了一笔 31 万元的帮扶金，其中政府综合帮扶金 10 万元，抚恤金 1 万元，社会捐助帮扶金 20 万元。⑧ 在甬温动车事故中，每位遇难者家属获得 91.5 万元赔偿，其中 30 万元来自社会救助。⑨ 但显然在这些遇难者

---

① 参见《城市居民最低生活保障条例》第 5 条第 1 款。

② 参见《残疾人保障法》第 48 条。

③ 参见《妇女权益保障法》第 28 条第 1 款。

④ 参见《老年人权益保障法》第 31 条。

⑤ 参见《艾滋病防治条例》第 46 条。

⑥ 施德容：《从社会救济到社会救助——城市社会救助体系探索》，《中国民政》1996 年第 5 期。

⑦ 参见黄晨熹《社会救助的概念、类型和体制：不同视角的比较》，《华东师范大学学报》（哲学社会科学版）2005 年第 3 期。

⑧ 参见刘士国《突发事件的损失救助、补偿和赔偿研究》，《中国法学》2012 年第 2 期。

⑨ 参见陈东升《揭秘温州动车事故赔偿标准出台内幕》，《法制日报》2011 年 8 月 15 日。

家属中，并非都属于困难家庭。因此，社会救助的主要目的是保障基本生存，即保障被救助对象的生存权①，但除了扶危济困以外，还包括安抚被侵权人。

二、对大规模侵权实施社会救助的理论基础

社会救助的理念源于社会连带理论。狄骥认为，社会连带关系是一切人类社会的事实。② 社会连带理论认为，社会中的人们为了实现相互的需要就必须相互提供援助，进而形成了相互依赖、相互扶助的关系。一个人若是在社会生存中出现问题和困难，这并不仅仅是他个人的问题和困难，也是社会每个人的问题和困难。因此，照顾社会所有的人，是整个社会的责任。基于社会连带理论，社会保障责任的主体应该是国家和社会，它们负有保障社会成员基本生活条件的责任。③ 需要强调的是，国家进行社会救助并不等同于国家赔偿，只是政府履行其职能的体现，是为维护社会稳定而提供的最低限度的保障，而非为侵权人买单。随着社会的发展，国家角色由"守夜人"向"福利国家"转变，国家除了维护社会秩序和国家安全之外，还要实现一个福利目标，即通过对国民收入的再分配，最终使公民的基本需求得到满足。从这一角度而言，政府对社会救助承担法定责任是其职责的应有之义④，故国家负有社会救助的职责义务。"国家责任介入的目的，不仅仅是防止侵权的进一步扩大，稳定社会秩序，更重要的是把对被侵权人损害的及时弥补作为其目标的一部分。强调以国家责任的形式对被侵权人人身损害进行弥补，在法律价值取向上就是对人的价值和尊严的重视，对基本人权的维护。"⑤

---

① 刘琳：《行政法视野下的社会救助》，博士学位论文，中国政法大学法学院，2009 年，第 65—66 页。

② 参见胡兴建《从"社会契约"到"社会连带"——思想史中的卢梭和狄骥》，《西南政法大学学报》2004 年第 2 期。

③ 参见林嘉《社会保险对侵权救济的影响及其发展》，《中国法学》2005 年第 3 期。

④ 参见解直凤《论政府在社会救助中的责任限度》，《山东科技大学学报》（社会科学版）2006 年第 1 期。

⑤ 参见林丹红《大规模人身损害侵权救济中的国家责任》，《法学》2009 年第 7 期。

体现国家对特殊、弱势群体关怀的"给付行政"这一概念随着社会的发展，公民权利意识的增强，以及政府服务意识的普及，日渐成为学界和实务界讨论的热点。最早由德国学者 Ernst Forsthoff 提出的"给付行政"主要是指，行政主体及公共企业，通过向社会公众提供社会保障、公共扶助、资金、实物以及其他经济、文化等社会服务，积极提高社会福利的公共行政活动。① 所以，在给付行政的观念里，虽然公民可以通过购买商业保险等方式化解其因遭遇突发事件而蒙受的损失，但国家依然负有确保公民的生活达到基本生活水平的责任和义务。② 因此，解决公共事件里的各种危机和问题就是政府应当承担的基本职责和义务。即使政府对公共事件的发生完全没有任何直接责任，也必须安排相关职能部门及时、全程参与事件的处理，防止损害结果的扩大，并对被侵权人予以必要的救助和帮扶。如果政府对事件的发生负有一定责任，就更是应该责无旁贷地承担处理事件的职责。③

三、社会救助的法律依据

根据我国《突发事件应对法》第 61 条第 2 款的规定，"受突发事件影响地区的人民政府应当根据本地区遭受损失的情况，制订救助、补偿、抚慰、抚恤、安置等善后工作计划并组织实施，妥善解决因处置突发事件引发的矛盾和纠纷"。而根据《突发事件应对法》第 3 条第 1 款的界定，突发事件，是指突然发生，造成或者可能造成严重社会危害，需要采取应急处置措施予以应对的自然灾害、事故灾难、公共卫生事件和社会安全事件。可见，大规模侵权应当属于突发事件，可以按照《突发事件应对法》的相关规定给予社会救助。

---

① 参见董保华等《社会保障的法学观》，北京大学出版社 2005 年版，第 83 页。
② 参见林鸿潮《论公民的社会保障权与突发事件中的国家救助》，《行政法学研究》2008 年第 1 期。
③ 参见范愉《群体性侵害事件的多元化解决——三鹿奶粉事件与日本 C 型肝炎诉讼案的比较研究》，《法学家》2009 年第 2 期。

与此同时,《自然灾害救助条例》第 4 条也规定,"县级以上人民政府应当将自然灾害救助工作纳入国民经济和社会发展规划,建立健全与自然灾害救助需求相适应的资金、物资保障机制,将人民政府安排的自然灾害救助资金和自然灾害救助工作经费纳入财政预算。"根据该法的相关规定,县级以上人民政府及其相关部门在接到自然灾害预警时,应该开放避难场所,疏散、转移高风险的人员、财产;发生灾害后,应该转移安置受灾人员,调拨、运输救灾物资,保障受灾人员的基本生活,抚慰受灾人员,组织救助捐赠等;灾后还应该统筹组织修缮或重建居民住房,并提供寒冷季度的特别生活保障等。[①] 此外,《自然灾害救助条例》第 33 条还规定,对于事故灾难、公共卫生事件、社会安全事件等突发事件,也可以参照该条例执行。

但略显遗憾的是,2014 年颁布的行政法规《社会救助暂行办法》虽然规定了多种救助类型,与大规模侵权相关的救助类型主要是受灾人员救助和临时救助,其中受灾人员救助明确规定只适用于自然灾害,明显不能完全覆盖大规模侵权损害所需要的救助。而临时救助被限定在较小的范围,根据该法第 47 条之规定,临时救助主要针对:"因火灾、交通事故等意外事件,家庭成员突发重大疾病等原因,导致基本生活暂时出现严重困难的家庭,或者因生活必需支出突然增加超出家庭承受能力,导致基本生活暂时出现严重困难的最低生活保障家庭,以及遭遇其他特殊困难的家庭。"可见,《社会救助暂行办法》只能对家庭困难人员进行救助,并没有将公共卫生事件、社会安全事件等突发事件中全部被侵权人纳入临时救助的范围。但鉴于《突发事件应对法》《自然灾害救助条例》对此已经有明确规定,而且在实践中政府已经将公共卫生事件、社会安全事件等突发事件纳入社会救助的范围,所以,《社会救助暂行办法》这一不足尚不会影响对符合条件的被侵权人的救助。此外《社会救助暂行办法》规定表明了国家对社会力量参与救助的支持和肯定,该

---

① 参见《自然灾害救助条例》第 4 条、第 13 条、第 18 条、第 19 条和第 21 条。

法第 52 条规定："国家鼓励单位和个人等社会力量通过捐赠、设立帮扶项目、创办服务机构、提供志愿服务等方式，参与社会救助。"第 53 条还规定："社会力量参与社会救助，按照国家有关规定享受财政补贴、税收优惠、费用减免等政策。"由社会救助管理部门及相关机构"建立社会力量参与社会救助的机制和渠道，提供社会救助项目、需求信息，为社会力量参与社会救助创造条件、提供便利"[1]。但网络、证券、反垄断领域的大规模侵权不属于突发事件，而且其损害为财产损害，相对于人身损害而言，对其进行社会救助的必要性不强，因此，社会救助的适用对象不包括这些领域的大规模侵权。

四、社会救助在大规模侵权中的作用

(一) 社会救助的应急功能

大规模侵权事故具有偶发性和不可预测性，当大规模侵权发生时，很多情况下侵权企业的内部管理已经处于瘫痪状态，例如，在天津港"8·12"爆炸事故发生后，瑞海物流公司已经处于混乱状态，相关负责人要么逃离现场，要么已经被司法机关控制，根本不可能由侵权企业进行应急处置和赔偿，只能由当地党委和政府组织消防、医疗卫生、民政等部门进行应急处置。因此，虽然在多元赔偿机制构建中将责任保险和赔偿基金适用顺序安排在先，但不能刻板地理解为时间上先由责任保险、赔偿基金赔偿或者确定前者赔偿不能后才能启动社会救助机制。基于政府在社会救助中能够发挥主导作用，当偶然性事故发生后，面对被侵权人亟须赔偿救助而其他赔偿机制的启动尚需反应时间的矛盾时，社会救助机制恰好能够填补这一空当，发挥"救急难"的功效。例如在深圳"12·20"光明新区滑坡灾害中，首先民政部门在事故发生后的第二天即作出反应，据深圳市互联网信息办公室官方微博发布的信息，"深圳市民政局根据应急预案和工作分工，配合光明新区成立了 300 人的善后

---

① 参见《社会救助暂行办法》第 52、53、56 条。

工作小组，在光明新区群众体育中心设立临时安置点，发放了棉被、毛巾被、棉大衣以及足够的饮用水和食物。下一步，将对失联人员家属及时安抚，做好灾后心理干预工作"①。与此同时，在社会组织方面，深圳滑坡事故发生后，广东省红十字会启动应急机制，积极协调深圳红十字会了解灾情和需求，同时广东省红十字会赈济救援队和医疗救援队根据灾区需求随时赴灾区开展救援工作，备灾救灾中心救灾物资可随时调拨至灾区。② 此外，还有深圳慈善会、光明新区志愿者协会、爱心企业和个人加入救援工作之中。在我国已经发生的大规模侵权中，社会救助机制通常都在第一时间启动，由民政部门对受灾群众进行安置，并同社会组织、爱心企业、爱心人士一起提供救灾物资和义工服务。在经历了重大灾难后，被侵权人不仅在财产和身体健康上受到损害，而且也会对精神健康造成损害，需要对其进行心理干预。所以，值得注意的是，社会救助不仅提供物资上的帮助，还关注受灾群众的灾后心理调适问题。如天津港"8·12"火灾爆炸事故后天津市安定医院相继派出的两批9名灾区常驻心理专家及社会工作者后，又集结了24名精神、心理专科医生组成"天津心理救援服务队"前往滨海新区灾民安置点，协助第一时间进入灾区进行心理危机干预的专家，开展对灾民的心理筛查和安抚工作。③ 所以，社会救助不仅在财力、物力上对被侵权人予以救助，还关注被侵权人的心理健康问题，这是责任保险和赔偿基金制度所无法取代的。

(二) 社会救助的兜底功能

大规模侵权造成的损失极大，而责任保险的覆盖范围和赔偿数额有限，

---

① 参见人民网《深圳成立 300 人善后小组紧急调集救援物资》，2015 年 12 月 22 日，见 http：//society. people. com. cn/n1/2015/1222/c1008-27962763. html。

② 参见新华网《广东省红会为深圳滑坡事故启动应急机制救灾物资和救援力量全部就绪》，2015 年 12 月 20 日，见 http：//news. xinhuanet. com/2015-12/20/c_ 1117519963. htm。

③ 参见央广网《天津港爆炸：两组心理专家进驻安置点开展心理安抚》，2015 年 8 月 16 日，见 http：//news. cnr. cn/native/gd/20150816/t20150816_ 519552922. shtml。

赔偿基金重在补偿，赔偿能力受到基金资产情况的限制，仅依靠赔偿基金同样难以做到全面赔偿。社会救助比责任保险、赔偿基金的覆盖范围广，包括遭受自然灾害的群体、疾病患者、低收入人群等。根据《社会救助暂行办法》第2条的规定："社会救助制度坚持托底线、救急难、可持续，与其他社会保障制度相衔接，社会救助水平与经济社会发展水平相适应。"不难看出，社会救助重在基础救助、紧急救助，旨在起到基本保障作用。大规模侵权造成的损失极大，即使保险公司、赔偿基金以及债务人对被侵权人进行了最大限额的赔偿，也不能确保所有损害都获得充分、及时的赔偿。三种社会化赔偿制度在大规模侵权中基于其各自优势和不足，存在互补关系，在多元赔偿机制下形成一张相互交织的密网，使被侵权人的损害能够得到最大限度的填补。

综上，当前我国的社会救助凝聚了政府、社会组织和个人的力量，以政府为主动，能够在灾后第一时间作出反应，解决其他赔偿机制启动前的受害群体基础保障问题，同时亦能在其他赔偿机制启动后填补漏洞，保证被侵权人的合法权益。但是，在大规模侵权中，若以社会救助力量为主要救济手段，则近似于国家和社会为侵权人买单，有违公平原则。结合社会救助的特点，应当在大规模侵权事故发生后责任保险与赔偿基金启动前的空白阶段，以及赔偿后仍然存在漏洞的情况下，对被侵权人进行救助，保证其基本生存权，发挥社会救助机制的补充作用。

五、社会救助模式选择

国家负有对弱势群体进行社会救助是一项不可推卸的天然责任。诚如洛克对此的分析：人们之所以将自己享有的自然状态中的权利让渡给国家，目的就是让国家为自己提供更好的保护。从这个角度来看，国家存在的意义就是为了更好地实现民众的安全、和平和公共福利。[1] 但与此同时也需要注意

---

① 参见［英］洛克著《政府论》（下篇），叶启芳、瞿菊农译，商务印书馆2010年版，第77—80页。

到，社会救助还应该强调其"社会性"，即除了国家作为救助的责任主体外，还应该将广泛的非政府组织、企业等机构和基层社区，一并纳入社会救助的责任主体中，多元化的社会救助主体才能提供全方位的救助服务，才能完全实现社会救助的根本目标，保障弱势群体的基本生活。①

在当前大规模侵权社会救助中，主要以政府救助模式为主，有学者提出应当建立多元社会救助体系，强调国家与社会的救助责任并重理念，构建一个由政府、社会中间层主体、市场主体等三个层次组成的社会救助多元责任主体。② 首先，在这三个角色中，政府当然是较为重要的角色。政府除了直接提供救助的物质、资金外，其不可替代的功能是为社会救助制定法律，创造良好的政策环境，并进行监管。政府制定的法律规则将成为其他社会救助角色参与救助活动的法律工具。其次，社会中间层主体也是社会救助多元责任主体中的必要角色。社会中间层主体，是指处于政府与市场主体之间，且由独立于二者，主要作为政府干预市场，或者市场影响政府，又或者市场主体之间相互关联的中介和润滑剂的法律主体，如工商业团队、产品质检机构等，具有中介性、民间性和公共性等突出特征，是现代社会治理中的重要角色。③社会中间层主体处于国家和个人之间，在社会救助这个特殊情景下，一方面，政府借助社会中间层主体的能量可以提升救助效果；另一方面，民众也能通过社会中间层主体对政府活动进行监督，使公权力在社会救助过程中受到制衡。与此同时，社会中间层主体还可以扩充救助资金的渠道，沟通社会救助工作中的信息，促进救助活动的合理化和效率。最后，市场主体肯定也是社会救助多元责任主体不可或缺的角色，市场主体可以扩充救助资金渠道、提

---

① 参见周沛、陈静《新型社会救助体系研究》，《南京大学学报》（社会科学版）2010年第4期。

② 参见蒋悟真《我国社会救助立法理念及其维度——兼评〈社会救助法（征求意见稿）〉的完善》，《法学家》2013年第6期。

③ 参见王全兴《经济法基础理论专题研究》，中国检察出版社2002年版，第524—531页。

供切实的社会救助服务，实现更高效的社会救助。① 综上，社会救助的发展应当趋向主体的多元化，国家、社会中间层组织、市场主体共同支撑起社会救助体系。

结合我国当前社会救助现状，社会中间层组织发展尚不健全，这是由于我国经济发展滞后，制度建设不健全所导致，同时市场主体在社会救助中的力量薄弱，积极性不足。我国社会救助的现状则表现为主要依靠政府救助，由国家财政拨款支持。虽然立法和政策已经向企业、慈善机构、公益组织等社会力量倾斜，但受我国经济发展现状、国民意识、监督管理等因素的限制影响，社会救助中政府救助与非政府救助之间没能实现良性互补。值得注意的是，由于监督管理工作不足，存在部分非政府组织财务不明晰，捐款去向不明的情况，由此大大损害非政府组织在社会救助事业中的形象，影响民众参与社会救助的热情。

在未来社会救助的发展中，国家在社会救助中应当作为法律制度的引导和监管者，着重发挥最后的保障支撑作用；而社会中间层主体也必将成为社会救助活动不可或缺的重要力量。社会中间层主体将运用其处于政府与市场之间的特殊定位，不仅为政府和市场主体在社会救助中的盲点补漏，而且还可以成为沟通二者的桥梁和中介。社会中间层主体之所以能在社会救助中发挥那么大的作用，一方面与其成立的目标定位有关，这些组织中大部分以公益、非营利为宗旨，恰好与社会救助追求的价值目标契合；另一方面社会中间层主体的公共性、民间性等特征既可以避免市场提供公共物品失灵的现象，又较之政府有更大的灵活性和活动空间，可以同时弥补市场和政府的不足。与此同时，社会中间层主体在社会救助中的出现克服了单一主体工作中的无

---

① 参见蒋悟真《我国社会救助立法理念及其维度——兼评〈社会救助法（征求意见稿）〉的完善》，《法学家》2013 年第 6 期。

效率，结合政府和市场主体的活动，可以更好地平衡各方的利益。① 从当前我国的现实国情来看，仅依靠国家财政支撑社会救助所需资金难以满足救助需要，政府应当成为社会救助中的"掌舵者"，而由社会力量来"撑船"，即政府从政策层面积极支持社会力量广泛地参与救助事业，并为开发社会救助资源充分创造条件，推进促成社会组织和社会成员之间直接的互助合作，最终构建起以政府为主导、非政府组织为重要力量的多元立体式的社会救助责任主体。②

本章小结

社会化赔偿由责任保险、赔偿基金和社会救助组成，各自有其不可替代的作用。鉴于责任保险不需要增加额外的管理成本，且其运营人员具有资本运营优势，相对于赔偿基金而言责任保险是首选。但责任保险不能覆盖所有领域且具有不完全性的特点，为了吸引保险人承保大规模侵权风险，需要通过赔偿限额制度、免赔额制度和期内索赔制度降低其赔偿风险。在责任保险不能覆盖的领域，应当强制设立赔偿基金制度。赔偿基金既可以在大规模侵权尚未发生时即建立，也可以在大规模侵权发生后始建立；但事先防范型的赔偿基金制度针对较易发生大规模侵权的领域设立，而事后救济型的赔偿基金的设立只针对不易常发生大规模侵权的领域设立，尤其是针对大规模侵权中被侵权人后续损害的赔偿，是赔偿基金制度的优势所在。

大规模侵权所造成的损害巨大，但就全国而言并不会经常发生大规模侵权，如果将全国所有的保费或赔偿基金集中起来用于赔偿大规模侵权损害，

---

① 参见王素芬《非营利组织参与社会保障的理论基础与实现路径》，《当代法学》2012年第3期。

② 参见周沛、陈静《新型社会救助体系研究》，《南京大学学报》（社会科学版）2010年第4期。

则可以使赔偿能力大大增强。因此，在食品、药品、安全生产、环境污染、交通事故等领域分别按照行业投保责任险或缴纳赔偿基金，同时建立以行业为基础的全国统筹体系。将全国筹集的资金用于某一地的大规模侵权赔偿，可以使责任保险的费率和赔偿基金的缴纳数额维持在一个相对较低水平，有效降低企业的负担，同时还可以增强赔偿能力。

投保人既会发生普通侵权，也会发生大规模侵权。当发生普通侵权时，并不需要全国统筹机制解决，各个承保的保险公司自行按照一般保险理赔程序进行处理即可。只有当侵权行为被认定为大规模侵权时，才启动全国统筹机制解决。同样的道理，赔偿基金也应按照这一方式来处理，即当发生普通侵权时，被侵权人不能请求基金会赔偿，依然由侵权人进行赔偿。一旦启动全国统筹机制，各保险公司应当按照各自收取该险种的保费占该全国总额的比例支付赔偿款。相应地，在赔偿基金方面，则由行业赔偿基金来负责赔偿。

基于社会连带思想，发生大规模侵权时，有必要对被侵权人进行社会救助。社会救助主要是进行应急救助和兜底保障。社会救助是国家责任，应当以政府救助为主，同时鼓励社会组织的参与。针对大规模侵权，应当以责任保险或赔偿基金救济为主，社会救助主要起到辅助作用。

第五章　大规模侵权损害赔偿
多元纠纷解决机制

　　无救济即无权利。法律的灵魂即是对权利的保障以及实现。正如美国著名学者罗切特所言：在缺乏有效的程序机制来追求合法的法律请求的情况下，我们对实体法的全面意义绝不可能为人所知。因此，普通法和制定法关于我们法律权利的陈述经常不过是虚幻的东西，因为它们可能使我们对权利产生了高度期待，随后却在与程序障碍岩石的碰撞中破碎。[1]　大规模侵权及其纠纷解决对侵权法与民事诉讼法都提出了巨大的挑战，世界各国几乎都面临着由于大规模侵权造成损害赔偿，并需要利用纠纷解决机制对大规模侵权受害方权利予以救济的问题。因此，有关大规模侵权以及大规模侵权损害赔偿纠纷解决机制的建构成为近20年来研究的重点问题。在本书前四章对大规模侵权损害多元赔偿进行充分论述之后，最终需要回归程序机制设计与求偿权利实现两个问题。

---

　　[1]　See Rachael Mulheron, *The Class Action in Common Law Legal Systems: a Comparative Perspective*, Oxford: Hart publishing, 2004, p. 53.

第一节　大规模侵权损害赔偿纠纷
解决机制构建的误区

大规模侵权的特殊性直接决定了其纠纷解决机制的特殊性。因此不论对哪个国家而言，大规模侵权损害赔偿纠纷解决机制的建构都是一件异常复杂、非常艰难的理论与实践工作。传统"两造对立"的民事诉讼模式在大规模侵权救济中不仅无法发挥解决纠纷的作用，而且在理论与制度上给大规模侵权诉讼程序的设计与运行提出了很多问题与挑战，例如，当事人适格、当事人诉讼程序参与权与实施权、既判力扩张等。

我国学者对于大规模侵权损害赔偿纠纷解决机制，特别是集团诉讼与群体诉讼模式，经过 20 年细致而深入的研究，就民事程序法研究方向来看，已经取得了丰硕的研究成果。但是不得不承认，对于该如何建构我国大规模侵权损害赔偿纠纷解决机制，从解决理念、解决思路、解决路径三个方面还存在着一些误区。这些误区影响了我们对大规模侵权损害赔偿纠纷解决机制的理解，同时也阻碍了我们对大规模侵权损害赔偿纠纷解决机制的设计。

一、实体法与程序法二元分立的纠纷解决理念

实体法和诉讼法的分离，以及相应的实体法学和诉讼法学的分离，都源于继承罗马法传统的德国普通法末期诉权的分解。德国普通法末期，诉权分解成了请求权和诉权。相应地，诉讼法从私法中分离出来，私法演变成了市民社会法体系。[①] 在一国法制中，当诉讼法与私法在体系上彻底分离后，如何认识两者之间的相互关系，成了实体法学和诉讼法学各自的课题。由于民事实体法与诉讼法学都没有正确把握实体法与程序法之间的关系，相互将彼此

---

① 参见［日］中村宗雄、中村英郎著：《诉讼法学方法论——中村民事诉讼理论精要》，陈刚、段文波译，中国法制出版社 2009 年版，第 6—13 页。

理论和实务排除在理论研究之外，逐渐形成一种自我封闭的理论体系，而这些也成为很多理论问题在逻辑上无法自洽的一个重要原因。①

如果将法律部门划分本身当作真理，对法律部门划分予以盲目崇拜，不仅会阻碍法律人去思考更为全面、更为有效、更为实用的社会治理模式②，而且可能致使法律人像瞎子摸象一样，孤立地、片面地去讨论解决大规模侵权损害赔偿纠纷解决方案。这些方案要不无法解决大规模侵权问题，要不不够经济和有效。而且实体法与程序法之间，本来就无法像我们切苹果一样用刀子把它们一切两半，精确无误地切分开来，特别是大规模侵权损害赔偿纠纷解决过程中，常常是实体问题与程序问题交织在一起。

对于我国大规模侵权损害赔偿纠纷的解决问题，学术界并没有形成比较一致的意见，且实体法与程序法学者们的观点相左，相去甚远。有学者认为，应当引入英美"集团诉讼"制度，可以通过对程序法的改革和完善解决大规模侵权问题。③ 也有学者认为大规模侵权从本质上属于侵权问题，只有从实体法角度，从根本上完善大规模侵权行为的责任认定和责任承担等问题，才能真正满足社会转型时期对大规模侵权损害赔偿纠纷解决的根本需求。④ 这些观点都有可取之处。但是从另一方面说，这些观点多少受到了实体法与诉讼法二元分立观点的影响。而且，以实体法与程序法二元论设计大规模侵权损害赔偿纠纷解决机制，也是个世界性普遍问题。正如美国学者一针见血地指出："大规模侵权集团诉讼的历史是一个因侵权实体法未能重视系统及程序发展导致的丧失机会（loss opportunity）的简史。"⑤

---

① 参见陈桂明、赵蕾《中国特别程序论纲》，《法学家》2010 年第 6 期。

② 参见 [德] 格哈德·瓦格纳著《损害赔偿法的未来——商业化、惩罚性赔偿、集体性损害》，王程芳译，中国法制出版社 2012 年版，第 2 页。

③ 参见章武生《论群体性纠纷的解决机制——美国集团诉讼的分析和借鉴》，《中国法学》2007年第 3 期。

④ 参见胡卫萍《社会转型中的大规模侵权及其责任承担机制研究》，中国检察出版社 2012 年版，第 33 页。

⑤ See Alexandra D. Lahav, "Mass Tort Class Actions—Past, Present, and Future", *New York University Law Review*, Vol. 92, No. 4 (2017), p. 998.

二、以集团诉讼为中心的一元化纠纷解决思路

集团诉讼是从英美衡平法上发展而来的一种诉讼制度，经过几个世纪的演变，集团诉讼从形式到内容都有极大的丰富和发展。West 诉 Randall 一案是美国联邦判例法中最早关于集团诉讼的案件之一。[①] 现代集团诉讼始于 1966年，当时联邦民事规则咨询委员会完成了对《美国联邦民事诉讼规则》第 23条的一系列革命性修改，确立了美国集团诉讼，也为世界集团诉讼确立了标杆。不可否认，集团诉讼发挥了重要的作用——不单是请求被害者的单个救济（补偿功能），同时可以阻止单位和个人为追求不当利益的一般违法行为的发生（抑止机能），并且恰当运用可减轻法院的负担（合理化机能）。[②] 因此，与普通法理论相适应，解决大型纠纷和借此充实法律规则，实际上是法院在集团诉讼中承担的两个重要社会职能。[③]

但是，需要注意的是集团诉讼同样存在很多问题。而且，以集团诉讼为中心的一元化纠纷解决思路根本无法解决大规模侵权损害赔偿这个非常复杂的问题。首先，对于是否构成集团诉讼是一个非常复杂的问题，认定标准也不同。其次，在美国处理大规模侵权案件司法实践中，复杂诉讼与多区域诉讼（Multidistrict Litigation，MDL）都是为了弥补传统民事诉讼程序规则的不足，旨在加快处理复杂案件过程的特殊联邦法律程序，几乎所有大规模侵权诉讼以及集团诉讼都属于复杂诉讼以及多区域诉讼的范围，而且美国理论与实践一致认为复杂诉讼与多区域诉讼是更加需要加强冲突管理与案件管理的案件类型。[④] MDL 发生在当案件涉及一个或多个事实常见问题的民事诉讼在不

① West v. Randall, 29 F. Cas. 718 (R. I. 1820) (No. 17, 424) (Story, J., on circuit).

② ［日］小岛武司：《诉讼制度改革的法理与实证》，陈刚等译，法律出版社 2001 年版，第72—73 页。

③ 王福华：《集团诉讼存在的理由——关于普通法集团诉讼目的论的研究》，《当代法学》2008年第 6 期。

④ 全美州法院中心：《复杂诉讼规则指引》，2020 年 5 月 1 日，见 https://public. resource. org/scribd/8763868. pdf。

同地区待决时，特别是为了有效处理可能涉及数十个不同联邦法院的成百上千原告的案件。这些案件都有共同的问题，多区域诉讼司法委员会（United States Judicial Panel on Multidistrict Litigation，JPML）有权决定是否应根据 MDL 合并案件，一旦决定需要合并审理，那么受 MDL 约束的案件就需要由某个法院转移到指定法院集中审理，这么操作主要是出于提高审判效率以及防止矛盾裁判的考虑，可以对审前程序和证据开示进行类型化审理，并应用于集团诉讼中对其他案件事实的认定，这样就可以大大提高案件管理与审判效率。①

美国历史学家杰罗尔德·S. 奥尔巴赫（Jerold S. Auerbach）认为，其实在任何社会中都有很多可以用来解决纠纷的替代性纠纷解决方式（alternatives），其中诉讼只是纠纷解决机制中的一种。② 因此，就全球对大规模侵权纠纷解决机制研究而言，在 1970 年之前，两大法系诸多国家或地区一般采用单一化的模式。然而，考察晚近 20 年替代性纠纷解决机制以及接近司法运动的兴起，特别是近 10 年来纠纷解决系统设计理论以及集团仲裁、集团诉讼调解等纠纷解决法律服务规则与实践在大规模侵权损害赔偿纠纷的广泛运用，两大法系众多国家的群体性纠纷解决机制呈现出一种多元化建构的趋势。③

三、以行政为主导的大规模侵权损害赔偿纠纷解决路径

对于 2008 年爆发的三鹿奶粉事件的行政主导式救济机制，范愉教授这样评价："尽管存在诸多异议，也不排除有更好的方案，然而平心而论，比较国际上同类事件的处理，其处理的快速、全面、相对合理和经济，在世界同类

---

① 美国联邦司法中心：《MDL 动议的清单和示例》，2020 年 5 月 1 日，见 https：//www. jpml. uscourts. gov/sites/jpml/files/28_ usc_ 1407. pdf.

② See Jerold S. Auerbach，*Justice without Law*?，Oxford：Oxford University Press，1984，p. 3.

③ 参见张嘉军《多元化：两大法系群体性纠纷解决机制的当代走向——兼论我国群体性纠纷解决机制的未来趋势》，《郑州大学学报》（哲学社会科学版）2008 年第 4 期。

事件的处理中并不多见。"① 这样的评价可以说非常中肯，也非常符合当时中国对于大规模侵权缺乏研究、对于如何运用代表人诉讼机制缺乏实践的具体情况。

我国目前并没有成熟的法治应对途径，习惯于通过行政手段解决。依赖于行政手段而非司法手段解决大规模侵权赔偿纠纷模式的形成确实比较契合我国国民心理特征。我国由于历史文化传统等因素影响，司法的终极关怀与权威并未深入人心，反而社会上存在一定的对司法不信任甚至厌诉心理，而政府在相当长的历史时期内主导经济、社会、文化等多方面建设，使得国民对政府产生依赖。"这一国民心理特征反映到法律生活中，就是人们遇到纠纷后，习惯于找行政机关而不是法律部门解决问题。"② 有不少学者提出批评意见，认为行政主导救济模式违背民主法治精神、欠缺法律依据、承担责任主体错位、预防制裁功能弱化等弊端也十分明显，也因此饱受学界诟病。③

不可否认，当前我国的行政主导救济模式因其高效便捷等优点成为大规模侵权损害赔偿的主要救济模式。政府作为现代社会的"守夜人"，在社会管理中承担了越来越重要的社会管理责任。因此在社会原则影响之下，在出于对社会风险的规制、化解，维护社会秩序与安定等目的作用之下，特别对于在一些国家集团诉讼、代表人诉讼不够完善，纠纷解决也没有实现市场化运作的国家来说，行政机关在大规模侵权案件大多扮演了非常重要的角色，直接或者间接承担了很多大规模侵权案件的赔偿责任。特别是针对可能导致社会动荡或者民心不稳的大规模侵权案件来说，行政救济快速高效的特点可以极快地稳定局势，减少当事人的恐慌情绪，快刀斩乱麻地解决大规模侵权案

---

① 参见范愉《群体性侵害事件的多元化解决——三鹿奶粉事件与日本C型肝炎诉讼案的比较研究》，《法学家》2009年第2期。
② 吴增基：《国民心理对中国法制现代化道路的影响及其现代价值》，《政法论坛》2007年第3期。
③ 参见杜健《大规模侵权损害救济机制研究——以社会化救济为视角》，博士学位论文，安徽大学法学院，2015年，第35—37页。

件的赔偿问题。从这个角度来说，行政救济在大规模侵权损害赔偿纠纷解决中具有得天独厚的制度优势。

行政主导模式诚然有其优势，但笔者反对将行政救济作为单一化的大规模侵权纠纷解决路径，因为这样混淆了司法与行政之间的权力划分，与现代法治精神不符。例如，德国对于引入行政性救济就保持了高度的警惕。在消费者权益保护领域，人们拒绝引入行政性救济的理由是：行政性救济与德国法的个人主义特征冲突，并且这种救济方式本身存在严重缺陷。[①] 换言之，对民事侵权的后果采用行政救济的手段，不仅有越俎代庖的嫌疑，也容易带来其他问题。按照美国著名法学家达玛斯卡的观点，不论是司法制度还是诉讼程序都应该致力于解决纠纷，或者说为纠纷解决服务。其中因为司法具有社会权力或公共权力的性质，在通过纠纷解决从而解决社会问题的同时，也创设了法律规则以及设立了各种标准。[②] 只有将以法院为代表的审判以及以当事人合意为核心的替代性纠纷解决形式进行科学设计与组合，才是真正实现大规模侵权损害赔偿的关键。

第二节 大规模侵权损害赔偿纠纷解决的域外实践

目前我们对于群体诉讼的研究重点多集中于国外的制度规范，忽视了制度外影响群体诉讼运作的复杂因素；对国外群体诉讼的规律性研究投入精力较多，而对社会转型因素分析较少。以规范为核心的评价因为严重脱离了诉讼实践而失真，使得我们难以对我国群体诉讼的运作情况作出精确的评估，获得有关司法数据并以此作为出发点从实证的角度研究也存在着诸多障碍。[③]

---

① 参见吴泽勇《论荷兰的群体性纠纷解决机制》，《河南大学学报》（社会科学版）2010 年第 5 期。
② 参见［美］米尔伊安·R. 达玛什卡《司法和国家权力的多种面孔：比较视野中的法律程序》，郑戈译，中国政法大学出版社 2004 年版，第 245 页。
③ 王福华：《代表人诉讼之替代改革》，《上海交通大学学报》（哲学社会科学版）2006 年第 5 期。

正如卡多佐大法官所言，"逻辑、历史、习惯、效用以及为人们接受的正确行为的标准是一些独自或共同影响法律进步的力量"①。而这些力量会综合性地呈现在经典案例之上。

40多年的大规模侵权损害赔偿史相对于漫长的侵权历史来说显得非常短暂。不过，这段历史是那么的惨绝人寰、耸人听闻、举世震惊，大规模侵权损害赔偿制度研究因此成为各国研究的重点问题。美国学者将大规模侵权损害赔偿划分为四个时期：第一时期的大规模侵权案件主要是指橙剂、石棉和达尔康盾案件；第二时期主要是指盐酸双环胺、乙烯雌酚、存在缺陷的心脏瓣膜、污染的血液制品、肌腱疾病等案件；第三时期主要是指美化隆胸、烟草、人权诉讼等案件②；第四时期主要涉及证券、互联网等现代型纠纷。③ 在众多大规模侵权案件中，橙剂诉讼（Orange Product Liability Litigation）、石棉诉讼（Asbestos Litigation）、美国深水地平线爆炸和溢油事故诉讼（US Deepwater 以及 Horizon explosion & oil spill lawsuits）以及皇家阿霍德证券大规模侵权诉讼（Royal Ahold Corporation Securities Litigation），成为经典中的经典。

美国大规模侵权经典案例可谓世界大规模侵权历史的一个缩影，同时，针对不同经典案件所设计出的多元损害赔偿程序也成为我们大规模侵权损害赔偿纠纷解决研究最生动的教科书。需要注意的是，这些经典案例虽然在本文中反复提及，但是这些案件大多非常复杂，涉及当事人人数众多，有些案件耗时四五十年，有些案件仍在继续处理，我们可以从各种角度来解读这些案例，这些案例带给我们的经验、教训以及思考都是空前绝后的。本节主要对美国大规模侵权经典案例进行分析，重点分析这些案件如何综合性运用各种纠纷解决机制进行处理以及对我国大规模侵权多元化纠纷解决机制带来的启示。

①　［美］本杰明·卡多佐：《司法过程的性质》，苏力译，商务印书馆1997年版，第69页。

②　See Linda S. Mullenix, "Symposium on Mass Torts: Practical Wisdom and Third-Generation Mass Tort Litigation", *Loyola of Los Angeles Law Review*, Vol. 31, Issue 2 (1998), pp. 552-553.

③　例如 Google 数字图书馆侵权案、微软黑屏案等。

一、橙剂案及其对大规模侵权纠纷解决机制的探索

不论从何种角度而言，橙剂案在大规模侵权案例中都是非常典型的。由于橙剂案属于世界上比较早期的大规模侵权案件，通过这起案件，基本确定了美国大规模侵权法律制度与赔偿机制中的一些基本概念、基本制度与基本问题，属于美国集团诉讼的奠基之作。而且，通过橙剂案漫漫追索之路，诞生了伟大的集团诉讼裁判，确立了美国集团诉讼制度。最为重要的是，橙剂案还从根本上推动了相关立法，使集团诉讼中很多基本问题得以用立法形式固定，可以说树立了美国乃至全球的大规模侵权多元赔偿机制。

（一）基本案情

橙剂（Agent Orange，又称橘剂、落叶剂、枯叶剂、落叶橘），是一种高效树木杀伤剂，可使双子叶植物树叶很快掉落。当时的制造商为了方便运送落叶剂，将橙剂封装在中间带有橙色条纹的墨绿色圆铁桶中，橙剂因此而得名。在美国对越南发动战争期间，为了消除丛林对北越游击队形成的天然屏障，减少美军因遭遇游击队的埋伏而带来的重大伤亡，美军通过除草作战方案（herbicidal warfare）与牧场手行动（operation ranch hand）执行落叶计划，通过低空慢速飞行的飞机喷洒在森林、丛林和其他植被上，使树木等植物落叶。美国在越南南部丛林喷洒了大约 2000 万加仑的橙剂和其他有毒除草剂。此举不仅使大约 480 万越南人民深受其害，例如，战争结束之后越南喷洒过橙剂的地区出现了许多畸形婴儿，畸形主要包括腭裂、智力不足、疝气和多指症①；而且参与执行喷洒橙剂任务的美国退伍军人深受其害。战后，越战退伍军人要求将因橙剂遭受到的损害纳入国家伤残退伍军人优抚政策的保护范围之中。但是，美国联邦政府出于政治考虑以及橙剂本身的复杂性等因素考量，

---

① Ben Stocking, "Agent Orange Still Haunts Vietnam", *The Washington Post*, June 4th, 2007.

对于越战退伍军人的强烈要求不置可否，应对策略比较迟缓。因此，越战退伍军人向法院起诉化学公司，希望通过启动司法程序，利用集团诉讼向政府施压，以此解决橙剂赔偿问题。① 之后，迫于各种压力，美国联邦政府下属越南事务办公室专门成立橙剂事件工作小组负责 1982—2017 年之间橙剂案赔偿问题，2017 年之后工作小组仍负责对橙剂带来的灾难性后果进行跟进和处理。②

（二）解决方式

1978 年，美国退伍军人署收到一名越战退伍军人提出的伤残抚恤金申请。他在退伍后被诊断出癌症，他认为之所以罹患癌症与越战时期执行喷洒橙剂等除草剂任务有关，因此要求自己应当得到退伍军人伤残抚恤金以及获得免费治疗。之后，退伍军人署收到数位越战退伍军人类似申请，声称他们患有癌症的事实与越战时期喷洒橙剂有关。因为当时还没有科学研究证实除草剂具有有毒有害的特性，也没有医学依据证明除草剂会导致使用者罹患癌症，因此美国政府退伍军人署拒绝了这些越战退伍军人的要求。

这些越战退伍军人投诉无门之后，只好在所在的联邦和州各级法院提起诉讼，诉称他们在越战中接触到橙剂是导致他们患病的直接原因，并且要求得到相应赔偿。他们还成立了橙剂受害者协会等组织，联合起来共同抵抗来自国防部和退伍军人署的压力，并且希望通过提起诉讼的方式向政府施加压力。1979 年 1 月，橙剂受害者协会起诉 7 家美国生产橙剂的公司，并且提出了 40 亿美元的赔偿请求。③

与此同时，案情也出现了转机，很多医学研究为橙剂诉讼提供了可以证明因果关系的科学证据，即橙剂的使用与相关的病症存在医学上的相关性。

---

① 王丽：《美国越战退伍军人的橙剂问题与政府的解决之策》，《外国问题研究》2015 年第 4 期。

② 美国政府越南事务办公室：《橙剂案通讯》，2018 年 5 月 4 日，见 https：//www. publichealth. va. gov/ exposures/ agentorange/ publications/ newsletter-archive. asp#2017。

③ See Institute of Medicine. 2007, Veterans and Agent Orange：Update 2006, Washington DC：The National Academies, p. 91.

根据当时的研究表明，在越南服役的美国退伍军人更容易罹患癌症、神经、消化、皮肤和呼吸系统疾病；他们患有咽喉癌，急、慢性白血病，何杰金氏淋巴瘤和非何杰金氏淋巴瘤，前列腺癌，肺癌，结肠癌，软组织肉瘤和肝癌的比率较高。美国退伍军人署之后也不得不承认这些病症可能与橙剂有关。其中以在越战中执行喷洒橙剂等除草剂人员、陆军防化部队的成员、陆军特种部队遥控营人员遭受橙剂影响最为严重。

1984 年，橙剂集团诉讼案以 1.8 亿美元赔偿金达成庭外和解，创下当时大规模侵权赔偿金最高纪录。根据和解方案的要求，1971 年至 1994 年期间，只要橙剂集团诉讼成员可以证明自己"确有残疾"（total disability），就能因此获得相应赔偿金。具体需要满足以下几个条件：第一，只有 1962 年至 1972 年期间在越南战争中服役的退伍军人或者其直系亲属才有权提出赔偿要求；第二，提出赔偿要求的退伍军人须证明他们在越南战争中执行的任务与橙剂有关；第三，提出的请求主要用于赔偿因橙剂引发的疾病以及因此产生的医疗费用。

橙剂案是一个超级集团诉讼案件，一共包括 105000 起赔偿案件，涉及 240 余万越战退伍军人。根据和解方案所成立的橙剂和解基金（the Agent Orange Settlement Fund）从 1988 年开始到 1997 年结束，一共运行了 9 年才基本完成。然而，根据橙剂案和解赔偿具体要求，最终只有 52000 份请求有权获得现金赔偿，平均赔偿金为 3800 美元，也就是说只有 49.5% 的集团诉讼当事人最终获得赔偿，还有一半当事人因为不符合和解方案具体要求，无法取得赔偿。而且，这个和解方案只包括 1994 年之前提出赔偿请求的案件，1994 年之后再提出请求的越战退伍军人就不再符合和解协议条款，因此也就无法获得赔偿。然而问题是，橙剂的潜伏期很长，引发的一些疾病可能需要 20—30 年才会显现出症状。不仅如此，限于当时的医学水平和对橙剂诱发疾病的认识，获得橙剂和解基金赔偿的人也有可能并非死于与橙剂有关的疾病。

由于橙剂和解基金于 1997 年正式结束，1994 年以后提交的集团诉讼申请统一不再处理。如 2004 年越南橙剂受害者协会对美国化工企业提起的集团诉讼就遭到驳回。① 虽然通过集团诉讼的方式提起橙剂赔偿的大门关闭了，但是有权利必有救济，因橙剂受到损害的越战退伍军人及其家属的权益在 1997 年之后统一由美国退伍军人署具体负责赔偿。

（三）　橙剂案的意义及其启示

1. 通过立法确定橙剂案涉及的基本法律问题与主要赔偿机制

橙剂案不仅成为大规模侵权经典案例，成为运用 ADR 最终达成和解方案的集团诉讼第一案，而且开创了通过立法确定大规模侵权的基本法律问题与主要赔偿机制的先河。由于社会各界持续不断地向美国政府施加压力，1991 年，美国国会颁布《橙剂法案（1991）》（*Agent Orange Act of 1991*），直接授权美国退伍军人署有权就橙剂案赔偿问题进行决定："凡所涉橙剂/戴奥辛的越南退伍军人，根据程序可以确定求偿资格者，在满足相关赔偿条件的基础上，即可接受治疗和获得赔偿。"② 该法条允许退伍军人署要求国家科学院进行独立的综合审查，对越战期间暴露于除草剂所产生的健康影响的科学证据和医疗信息进行评估。2015 年，美国国会又通过了《橙剂延长法案（2015）》（*Agent Orange Extension Act of 2015*），该法案延长了 1991 年法案中退伍军人署有权和国家科学院达成协议，对有关于疾病和暴露于二噁英和其他除草剂中的化学复合物所涉及的科学证据进行相关评估。③

2. 利用最新科研成果确定赔偿范围

20 世纪 90 年代，内分泌干扰物（如橙剂会阻碍人体荷尔蒙系统正常运行）已经被广泛地认定为潜在有毒物质。1991 年《橙剂法》规定国家科学院

---

① 参见美国退伍军人管理局《橙剂案和解基金》，2018 年 5 月 4 日，见 https：//www. bene-fits. va. gov/compensation/claims-postservice-agent_ orange-settlement-settlement Fund. asp.

② 美国国会：《关于橙剂法出台始末以及条文解析》，2018 年 5 月 4 日，见 https：//www. congress. gov/bill/102nd-congress/house-bill/556。

③ 美国国会：《橙剂延长法案（2015）》，2019 年 8 月 24 日，见 https：//www. congress. gov/bill/114th-congress/house-bill/3423? q = %7B%22search%22%3A%5B%22Agent + Orange + Act + of + 2015%22%5D%7D&s = 1&r = 16。

须定期向退伍军人署汇报在越南使用的橙剂/戴奥辛和除草剂的最新研究成果，特别是披露当人体暴露在橙剂/戴奥辛之中可能产生某些疾病之间相关性的有关科学依据。通过这一机制，自 1991 年以来，退伍军人署已列出由于橙剂所引发的疾病包括前列腺癌、呼吸道癌、多发性骨髓瘤、Ⅱ型糖尿病、霍奇金病、非霍奇金淋巴瘤、软组织肉瘤、氯痤疮、迟发性皮肤卟啉病、周边神经病变、慢性淋巴细胞性白血病和接触到橙剂的退伍军人子女产生的脊柱裂、前体 B 细胞淋巴细胞白血病、帕金森氏病及冠状动脉性心脏病。

3. 大规模侵权损害赔偿纠纷解决的机制设计发挥了重要作用

美国纽约东区联邦地区法院（United States District Court for the Eastern District of New York）前首席法官杰克·B. 韦恩斯坦（Jack B. Weinstein）在橙剂集团诉讼中"一案成名"，成为大规模侵权多元化纠纷解决机制的设计者、创新者。首先，他通过裁判不仅确认了橙剂案属于集团诉讼，而且通过论证说明了侵权行为人的恶意以及侵权事实与侵权结果直接的因果关系："根据本案和相关 MDL 诉讼中的所有可用信息，我们可以假设原告可以确定政府和被告化学公司都知道橙剂中含有二噁英成分。在喷洒开始之前，政府和被告无疑是知道二噁英是一种剧毒化学品，可能对暴露的人们造成危险。原告表明，被告人知道橙剂的喷洒浓度高于制造商推荐用于类似除草剂安全商业用途的浓度，从而给地面上的人带来了额外的危险。此外我们也有理由相信，原告可以提供证据支持一种论点，即政府和化学公司都不知晓在生产和使用前应承担进行适当试验和测试的责任，及时发现危险并采取警告及适当的预防措施。在这方面，该案件可以说与石棉诉讼类似，被告掩盖了大量案件事实，并且还在为不应承担责任进行狡辩。"[①]

其次，韦恩斯坦法官说服双方当事人进行会谈，并且组建特别小组为当事人提供专业意见，促使他们达成和解协议。需要指出的是，这个特别小组

---

① See 611 F. Supp. 1267 (e. d. n. y. 1985), Aff'd, 818 F. 2d 187 (2d Cir.), Petition For Cert. Filed Sub Nom. Lombardi V. Dow Chem. Co., 56 U. s. l. w. 3249 (No. 87-436, Dec. 15, 1987)。

由韦恩斯坦法官亲自任命，分别是：前参议院司法委员会特别顾问肯尼斯·R. 范伯格（Kenneth R. Feinberg）作为首席调解员；前总统理查德·M. 尼克松（Richard M. Nixon）的律师顾问伦纳德·加蒙（Leonard Garment）与华盛顿特区一家律师事务所的合伙人律师戴维·夏皮罗（David Shapiro）作为共同调解员。他们接受法官特别指定，共同组成调解团队，为橙剂案提供多种和解方案。

在调解前期，由于当事人双方提出的解决方案相距甚远，原告提出 6 亿美元赔偿数额，而被告只能提供 3500 万美元的赔偿，调解程序一度陷入了僵局。在陪审团作出决定前的最后一次审前听证会期间，韦恩斯坦法官提议双方进行调解共同会谈。在接下来的三个月调解程序中，首席调解员范伯格整理了解决方案以及退伍军人资金分配方案，双方当事人之间分歧逐渐缩小。后期，双方又因资金和设立基金规模等问题无法达成一致，但最终在韦恩斯坦法官的建议下达成和解方案。韦恩斯坦法官用了 4 个月时间促使退伍军人组织与生产橙剂的化学公司进行谈判，并且最终在 1984 年 5 月 7 日达成了 1.8 亿美元的和解协议。① 橙剂案中的两份裁判从某种程度上成就了橙剂案和奠定了美国大规模侵权以及集团诉讼基本制度；韦恩斯坦法官对橙剂案的裁判也成为美国大规模侵权与集团诉讼历史上最具影响力的裁判。

4. 和解分配方案指明大规模侵权损害赔偿纠纷解决机制的方向

橙剂案的解决方案基金是由橙剂产品责任诉讼所创建。首先，该基金主要针对越南退伍军人及其家属所提起的集团诉讼引起的赔偿问题，这些参与越战的美国士兵因接触到战争期间使用的化学落叶剂而受到伤害。其次，根据橙剂案达成的和解方案，按照集团诉讼中的当事人受损害的不同情况拟订具体的分配计划，再将和解基金按照分配计划分配给集团诉讼的所有成员。

---

① 威廉·格拉伯森：《橙剂案在越南和美国的下一代受害者：有些错误仍然没有纠正》，2019 年 8 月 27 日，见 https：//www.nytimes.com/2004/08/08/nyregion/agent-orange-next-generation-vietnam-a-merica-some-see-wrong-still-not-righted.html。

由于原告规模如此之大（估计有 1000 万人），该基金通过两个独立的分配方案，旨在根据最大利益原则为越南退伍军人及其家属提供补偿。

第一是支付计划，向符合条件的完全残疾的越战退伍军人以及已故退伍军人近亲属提供现金补偿。最终，支付计划共收到 105000 份请求，大约有 52000 名越南退伍军人或者其近亲属取得平均为 3800 美元的现金补偿。

第二是援助计划，为社会服务组织和网络提供资金，以便为整个集团诉讼当事人建立和维持基金。1989 年到 1996 年期间，共有 7400 万美元被分配到 83 个分布于美国各处的社会服务机构。这些机构包括残疾和退伍军人服务机构以及以社区为基础的非营利性机构，提供咨询、倡导、医疗以及案件管理服务。在这一期间，这些组织协助了超过 239000 名越南退伍军人以及他们的家庭。这个分配和解基金的计划可谓史无前例，因为它采用了先前未在集团诉讼中采用的机制，以便最大限度地为集团成员带来利益，并且在美国六个不同地点举行的一系列"公平听证会"（fairness hearings），对集团诉讼成员提出的复杂诉讼请求作出回应。①

5. 越南退伍军人组织的推动与新闻媒体的助力

在橙剂事件中，越南退伍军人组织（Vietnam Veterans Groups）扮演了非常重要的角色。一方面他们作为领导者、组织者、发起者，鼓励退伍军人参加到橙剂集团诉讼（agent orange litigation）；另一方面他们通过社会宣传，充分利用新闻媒体的力量引发美国社会的反战情绪，不断向国会施压，从根本上推动了橙剂案的进行。

随着风险社会以及大规模侵权案件井喷式增长，美国集团诉讼也受到了新闻媒体越来越多的关注。"大规模侵权之所以能够引起如此关注，乃是因为它包含了大量的诉讼，其中包括重伤或者死亡的诉讼，而且声称这些损害由于使用或者接触了由龙头企业生产的知名度高的产品而造成的。引起媒体关

---

① 参见美国退伍军人管理局《橙剂案和解基金》，2018 年 5 月 4 日，见 https：//www.benefits.va.gov/ compensation/ claims-postservice-agent_ orange-settlement-settlement Fund. asp。

注的最重要的因素可能是，大规模侵权具备了产出数量极多的陪审团裁决的潜力。然而，法律学者和执业律师对大规模侵权的关注不仅因为它们的范围或者重大利害关系，而且因为民事司法体制在回应大规模侵权的诉讼请求时看起来已经运转得相当窘迫。"①

二、石棉案及其对大规模侵权纠纷解决机制的挑战

石棉案是美国历史上最长、也是最昂贵的大规模侵权案件。因为从 20 世纪 80 年代开始，石棉制品接触者可能提起的侵权诉讼可能会达到 5 万至 10 万件，潜在的赔偿责任将达 20 亿美元。而且，截至 1990 年，美国有超过 25% 的大型石棉企业因此宣告破产。在大规模侵权历史上，石棉致人损害是一种典型的有毒物质侵权，这点与橙剂案并无二致。橙剂案也属于跨国巨型大规模侵权案件，不过该案具有一定的特殊性，与战争、政治、特殊历史时期等因素密切相关。与之相比，石棉案作为一起全球史无前例的超级大规模侵权案件，更具有普遍性和研究价值。首先，在石棉致人损害事件中，损害结果并非同时出现，而被侵权人的人数首先会呈阶梯形增长，发展到一定阶段达到顶峰后持续相当一段时间。此后，由于石棉的生产以及使用在全美范围内大大降低，被侵权人数会逐步减少。其次，被侵权人的出现并不完全同步，由于被侵权人个体的差异以及接触有毒物质的时间、程度均有差异，因此可能出现某些被侵权人已经提起了侵权诉讼甚至诉讼已经完结后，又出现了新的被侵权人向同一侵权人提出相同诉因的侵权诉讼。正是因为石棉应用范围广泛，石棉纤维在人体中潜伏期长，因此石棉案也是迄今为止案件周期最长、涉及不同国家的被侵权人数最多的一起超大规模的全球大规模侵权案件，该案对各国司法系统、石棉企业、保险业等众多行业都带来了巨大的挑战。

---

① Deborah R. Hensler, "The Role of Multi-Districting in Mass Tort Litigation: An Empirical Investigation", *Seton Hall Law Review*, Vol. 31, Issue 4 (2001), pp. 883-906.

（一）基本案情

石棉是一种具有高抗张强度、高挠性、耐化学和热侵蚀、电绝缘和具有可纺性的硅酸盐类矿物产品。石棉材料因其具有隔音、隔热、防火、耐腐蚀等特性被广泛应用于工业领域，但在美国 19 世纪 60 年代中期以后，却遭遇了重创。因为研究发现，吸入石棉粉尘或者长期接触石棉制品，容易导致间皮瘤、石棉肺等与石棉相关的疾病（Asbestos Related Disease，ARD），而且这一结论已被有关社会组织和政府机构证实。例如，国际癌症研究所将石棉列为"人类致癌物"之一。同时，大型新闻媒体如《纽约时报》，也都曾经刊登揭露过石棉致癌的文章。

1966 年，美国法院受理了一名建筑工人的起诉，诉称他在几十处工地都接触到石棉材料，因此患上间皮瘤，要求石棉材料制造商和销售商对其进行损害赔偿。1972 年，法院判决石棉制造商和销售商赔偿 79000 美元，不过此时这位工人已经死于间皮瘤发作。联邦第五巡回上诉法院驳回石棉企业上诉，维持该判决后，石棉诉讼便向各州法院蜂拥而至。

其中，涉及石棉案最大的一家企业就是约翰斯·曼维尔公司（Johns-Manville Co.），1982 年，公司由于石棉伤害遭到客户前所未有的索赔，根据美国破产法第 11 章，只好申请破产。这也成为当时美国史上最大的破产案，并引发金融界巨大恐慌。而且，由于石棉已经使用了近百年的时间，金融分析师们担心之后会有更多公司会像约翰斯·曼维尔一样面临破产的境地。

（二）解决方式

石棉案诉讼导致了不少石棉企业破产，最终的解决办法大多是设立专门的石棉破产信托基金。这些信托基金为病人及其家属提供总额超过 300 亿美元的赔偿。石棉信托基金一般是由申请破产重组的公司根据《美国破产法》第 11 章申请成立个人损害赔偿基金。破产信托基金由需要承担赔偿责任的公司所创立，但是这些公司并不自行运营基金。申请破产重组的公司必须向破产法院提交详细的赔偿计划，这些计划包括该公司应当支付石棉侵权赔偿申请人和债权人的金额，而破产法院则会通过类似于庭审程序的评估程序，评估以石棉受害者及其代理律师和石棉公司的债权人为主的申请方与石棉公司双方提供的具体方案。庭审中双方都会聘请专家证人，特别是经济学家、社会科学家或者法律专家对各自的观点加以论证，并由法官最终决定设立基金的规模。一旦重组计划得到通过，公司会根据法院决定的金额投入赔偿基金。设立后的基金由基金管理人而非设立的公司负责管理，他们会以请求人利益最大化为目标，按照规定程序进行审查并决定是否予以赔偿。仅 2008 年一年时间，石棉基金管理人就审查批准了 575000 个请求，共计赔偿 33 亿美元。

约翰斯·曼维尔公司在破产过程中，于 1988 年设立了石棉信托基金，用以支付将来可能因为暴露于石棉致害提出赔偿请求的申请人。曼维尔信托在 30 年的运行中支付了亿万美元，如今仍在积极地进行和解赔偿。该公司也成为石棉赔偿信托基金制度最好的示范，许多石棉生产企业也通过成立信托基金来履行赔偿义务。兰德公司经过研究后发现，如果一家公司已经申请破产，那么原告在起诉该公司时提出的赔偿金额也会大幅减少。[①]如今，至少有 60 个宣告破产的石棉公司成立了信托基金，用于支付因石棉致害引起的赔偿。在过去 40 年里，与石棉有关的诉讼已经让 100 家公司陷入破产。2015 年发布的《石棉索赔透明度促进法案（2015）》（*Furthering Asbestos Claims Transparency Act of 2015*）[②]则进一步要求石棉信托基金必须报告基金赔付情况，同时要求赔偿请求人的个人信息必须录入公共数据库。

不仅如此，石棉暴露所带来的人身损害也引起了政府的重视，之后政府

---

①　Dixon Lloyd, McGovern Geoffrey: Bankruptcy's Effect on Product Identification in Asbestos Personal Injury Cases, Santa Monica: Rand Corp, 2015, p. 27.

②　美国国会：《石棉索赔透明度促进法案（2015）》，2018 年 5 月 30 日，见 https：//www.congress. gov/ bill/ 114th-congress/house-bill/526。

相继出台规定用以规范石棉的使用。尽管环境保护局并没有对石棉的使用下达禁令，但根据1970年《清洁空气法》第112节规定，石棉已经被列为第一类有毒空气污染物。同时，《有毒物质控制法》也对应用石棉材料作出禁止性规定。

（三）石棉案带来的诸多挑战

1. 对侵权法带来的挑战

因为与石棉有关疾病（ARD）的潜伏期很长，直至今天石棉受害者仍然还在持续不断地提出索赔、提起诉讼。现代侵权法体系主要是为处理自然人侵权损害赔偿而设计，不足以处理石棉集团案件，这些成千上万的涉及潜伏期很长的医疗侵权损害纠纷以及涉及复杂的社会问题和亿万美元标的的超大规模侵权纠纷。而且，石棉的受害人获得的赔偿与受到的损害也不一致，这样引发了新的不公。例如，根据一项研究表明，在石棉案中遭受中度损害的被侵权人要比遭受重度损害的被侵权人获得更高的赔偿。这是因为，一些律师会同时代理众多石棉索赔案件的原告，这些律师为了取得更高的经济效益，并不区分案件的不同情况，而是采用整体上的"一揽子"索赔方式。律师们在处理石棉集团诉讼中，经常在案件和解时进行某种"交易"，通过谈判方式妥协某些个案的赔偿要求，以便在整体上让类似案件可以更为容易地获得赔偿。这些律师们发现与遭受重度损伤的案件相比，那些遭受相对较轻损伤的案件交易起来所获得的赔偿往往更多。因此，该报告称石棉案件的处理结果在某种程度上违反了侵权法的根本目的，没有保护受损害方的个体公正理念（ideal of individualized justice）。①

美国的侵权法有三个目标：赔偿、遏制和个体化的矫正正义。大规模侵权的诉讼机制已向任何能够证明暴露于石棉致害的人开放了司法救济途径，

---

① See Richard W. Stevenson, "A Critical Report on Asbestos Suits", *The New York Times*, December 3, 1985, Late City Final Edition, Section D, p. 10.

但是，过多保证"接近正义"可能会妨碍侵权制度对未来提出请求的受害者的赔偿，而这些人当中部分遭受了致命的损害，但个人损害信托基金只能支付部分原告所请求赔偿金额的一部分。就遏制问题而言，如果商业领导者们认为侵权的结果与他们自己的行为并没有直接以及必然的因果关系，那么他们也就不会通过改变自己的行为来实现侵权行为的最小化。这样一来，希望通过遏制商业领导者们的侵权行为来达到减少侵权事实和结果发生的效果就会大大减弱。另外，更重要的问题是如何公正地对待个体正义问题。要知道大规模侵权赔偿案件大多是通过和解协议而非法院直接判决解决的，这些和解协议的谈判与磋商几乎全部都是通过律师而非当事人进行，可以说集团诉讼中的当事人只有很少一部分有当事人权利，那些没有机会参加庭审的当事人民事实体权利与程序权利如何保障实现，对于集团诉讼或者代表人诉讼来说也是一个巨大的挑战。①

2. 对民事诉讼法带来的挑战

仅仅是在美国，就有成千上万的被侵权人对石棉生产商提起诉讼，有超过 15 万个与石棉有关疾病的诉讼请求在侵权体系中悬而未决，而且每年还有几万个新案件持续进入司法系统。在职业安全与卫生管理局和环境保护局规制石棉的使用之前，会有更多的人被诊断出石棉相关疾病，医学专家预计大约在 2020 年石棉案件数量将达到顶峰。因为石棉诉讼和间皮瘤之间存在相关性，所以诊断出疾病的人们可以对采集、生产或者使用石棉以及含有石棉的产品的公司提出请求。这不仅仅包括石棉公司的雇员，还包括他们的家庭，以及任何可能在家、在学校、在公共建筑中受到石棉侵害的人。有分析认为，美国石棉诉讼总额最终将会达到 2000 亿—2750 亿美元，事实上石棉案件所涉及的赔偿金额和如何分配赔偿金额所引发的纠纷已经成为大部分法院的主要案源。

---

① 兰德公司：《石棉诉讼成本、补偿和替代方案研究摘要》，2018 年 5 月 4 日，见 https：//www. rand. org/pubs/research_ briefs/RB9155/index1. html。

可以说石棉案对传统民事诉讼制度带来了巨大的挑战，不论从案件受理、审理、证据、裁判哪个阶段而言，引发了对民事诉讼制度的全面反思。① 例如，如果按照《民事诉讼法》以及《证据规则》对石棉案件进行审判，那么原告都很难胜诉，因此，在石棉诉讼的早期，有些法院的法官出于对公平正义的理解以及对大规模侵权与集团诉讼的探索，放宽了传统证明标准（traditional standards of proof），作出判决支持受损害的原告获得相应赔偿。②

正如史蒂文·R. 斯川勒（Steven R. Strahler）所言，在石棉诉讼案件中，超过 70 万的权利人对 8000 余个被告提出索赔，金额将达到 2500 亿美元，预计诉讼程序将持续半个世纪之久。③ 哈佛大学法学院的克里斯托弗·埃德雷（Christopher Edley）和保罗·维勒（Paul Weiler）早在 1993 年就在文章中写道："石棉危机就是一部用以揭露传统法律程序局限性的狄更斯小说。超过 10 万件石棉诉讼仍然处于待决状态，还有许多新的案件会被提起。"④

3. 对律师收费制度带来的挑战

哈佛大学法学院克里斯托弗·埃德雷和保罗·维勒两位教授在 1993 年撰文指出，石棉诉讼案件的花费已经超过了 70 亿美元，其中有 60% 是律师费和诉讼费。美国学者安德里亚·伯格吉奥（Andrea Boggio）认为，正在进行的有关需要对侵权制度进行改革的政策争论成为石棉诉讼的焦点。事实上，诉讼已经被证明是解决与石棉有关疾病（ARD）赔偿请求的一种极其昂贵的实现路径与方法。即使是通过和解方式解决，资金也提早被掏空，很难支付未来和解的费用，赔偿更多受到侵害的人。

---

① See Andrea Boggio, "The Puzzle of Mass Torts: A Comparative Study of Asbestos Litigation", *A Dissertation of Stanford University*, 2003, p. 3.

② See Lester Brickman, "Asbestos Litigation: Malignancy in the Courts", *Civil Justice Forum*, Vol. 40, Issue 1 (2002), p. 56.

③ Steven R. Strahler, "Asbestos and the Legal Black Hole", *Crain's Chicago Business*, NEWS, (September 28th 2009), p. 20.

④ See James H. Andrews, "Mass Remedies For Mass Torts", *Christian Science Monitor* (*Boston*, *MA*), February 22, 1994, JUSTICE, p. 13.

截至 2002 年，花费在石棉集团诉讼上的费用已经高达 540 亿美元。根据已经达成和解的石棉案件的统计和平均计算，每花费在石棉诉讼上 1 美元，请求人大概只能拿到 42 美分的赔偿，有超过一半的费用用于支付被告和原告律师费用，其中被告需要花费 31 美分，原告律师费用和其他相关费用 27 美分。这些统计数据揭示出石棉诉讼面临的巨大挑战：到底为何而战？又为谁而战？律师收费问题在大规模侵权与集团诉讼中饱受争议。正如丹宁勋爵曾言，"大规模侵权诉讼的当事人就像是飞蛾扑火一样，纷纷奔向美国。因为在他们看来，美国是集团诉讼的天堂，那里有无所不能的律师，只要构成集团诉讼，只要当事人能上法庭，就能大赚一笔！而且因为有胜诉酬金制度，当事人无须支付任何成本，也不用承担任何向对方赔偿的风险，律师会搞定这一切"。

不仅如此，石棉案也对保险制度产生了巨大的冲击。根据美国贝氏保险公司（A. M. best）报告显示，截至 2016 年底，其对美国 P/C 保险业净石棉损失预估为 1000 亿美元，净环境损失保持在 420 亿美元。虽然美国石棉相关的损失在 2016 年已经有所下降，但财产/意外伤害保险公司对石棉索赔的支付增长了 9%，达到了 32 亿美元。[①]

有人说石棉案简直就是一个无底洞，没有人能够预测这个噩梦什么时候才会结束。石棉案同时也为我们敲响了警钟，在大规模侵权案件赔偿问题上应当更加强调纠纷预防优于纠纷解决的理念，应当侧重于预防大规模侵权的发生，而非将精力花费在事后解决大规模侵权赔偿问题上。

三、 BP 石油泄漏案及其对大规模侵权纠纷解决机制的启示

按照大规模侵权案件的基本分类，橙剂案与石棉案都属于产品责任大规模侵权类型，2010 年发生的墨西哥湾漏油事故则不同，属于环境污染大规模侵权类型。而且前两起案件发生在 20 世纪 60—70 年代，那时候大家对大规模

---

① 贝氏保险公司：《2016 年保险公司石棉赔偿超 30 亿美元》，2018 年 5 月 4 日，见 https://www.insurancejournal.com/news/national/2017/11/30/472714.htm。

侵权还没有全面的认识，两起案件处理的过程同时也是大规模侵权以及集团诉讼构建和完善的过程，从某种角度而言，这两起经典案件也是大规模侵权多元赔偿理论与实践的探索。而英国石油公司（British Petroleum，BP）泄漏案则发生在 2010 年，此时不仅现代大规模侵权诉讼机制已经基本建立，而且大家对风险社会已经有了一定的认识，对于环境保护问题也有了与 20 世纪不同的理念。因此这起案件的处理既延续了石棉基金的做法，又有一些不太一样的处理方式，并且通过对比也可以看出美国在应对大规模侵权事件上积累了更多经验，这些处理机制也带给了我们很多启发。

（一）基本案情

墨西哥湾位于北美洲东南部，是美国三大油气产区之一。2010 年 4 月 20 日，英国石油公司所租用的一个名为深水地平线（Deepwater Horizon）的深海钻油平台发生井喷并爆炸，导致漏油事故。4 月 20 日 20 点在海水替代泥浆的过程中，油气从井口突然喷出。大约在爆炸发生 36 小时后，即 4 月 22 日上午 10 时，平台再次发生爆炸。虽然平台上 126 名工作人员大部分已经撤离，但最终还是导致 11 人死亡，17 人受伤的结果。

不仅如此，2010 年 4 月 24 日，隔水导管和套管开始出现漏油情况。2010 年 4 月 28 日，美国国家海洋和大气管理局估计每天漏油量高达 5000 桶，并且一共发现了三处漏油点。在此期间，就如何控制漏油尝试了多种方案。2010 年 5 月 29 日，经过试验后发现原先以为能够控制住漏油的"灭顶法"宣告失败，墨西哥湾漏油事件进一步升级。直到 2010 年 7 月 15 日，BP 公司才宣布：新的控油装置成功罩住水下漏油点，控制住了原油泄漏。因为距离事故发生已经过去 3 个月，此时墨西哥湾已经泄漏了 400 万桶原油，而最终只收回了 81 万桶，有约 319 万桶原油无法回收。不仅如此，此次事故造成了近 1500 公里海滩受到污染，至少 2500 平方公里的海水被石油覆盖。

此次爆炸后，民事和刑事诉讼相继开展。很快，超过 130 件与石油泄漏有关的诉讼向不同的被告提起，原告主要包括渔民、旅店运营商、土地所有人、租赁公司、饭店以及海产品处理商等。2010 年 12 月 15 日，美国司法部基于《清洁水法》在路易斯安那州东区地区法院向 BP 公司提起了民事诉讼，并在之后被合并到了其他案件中。

（二）解决方式

2010 年 5 月 3 日，美国海防国家污染基金中心（US Coast Guard's National Pollution Funds Center）指定了 BP 的两家子公司以及其他五家公司作为处理与墨西哥湾石油泄漏相关请求的"相关方"。很快，在该中心的指导下，BP 建立了初始基金来处理所有针对相关方的请求，并且向个人和企业支付紧急赔偿金。从 2010 年 5 月 3 日到 2010 年 8 月 22 日，该基金收到了超过154000 项请求并对其中 127000 项进行了支付，支付金额共计超过 3.99 亿美元。这些请求一开始集中于渔业，之后慢慢涉及其他产业。①

2010 年 6 月 16 日，BP 和美国政府达成了协议，同意成立 200 亿美元赔偿基金。根据奥巴马政府的要求，公司预留了 200 亿美元的独立运营的托管账户，用于向墨西哥湾沿岸遭受石油泄漏灾难的人员和企业进行赔偿。BP 公司设立了海岸索赔基金（Gulf Coast Claims Facility, GCCF），这个信托基金主要用于支付深水地平线石油泄漏和解赔偿，包括相关自然资源损失、涉及的各州和当地损失以及个人损失的赔偿。GCCF 在组建的第一阶段，通过公开所有赔偿请求，希望能够探索出一种方法，可以"一揽子"处理所有索赔。GCCF成立之初，就通过群发邮件形式告知所有索赔请求人海岸索赔基金宣布成立，这样也建立起与所有索赔请求人的沟通联系，方便在之后赔偿程序中进行协商。

GCCF 根据 BP 石油泄漏所导致的环境污染大规模侵权损害赔偿的特点

---

① 立信会计师事务所：《墨西哥湾沿岸索赔情况和观察结果报告》，2018 年 5 月 4 日，见 ht-tps：//www.justice.gov/sites/default/files/opa/legacy/2012/06/06/gccf-rpt-find-obs.pdf, pp.11–12。

以及需要尽快清理海岸线污染、恢复沿岸居民的生产与生活的要求，确定了基金赔偿制度设计。首先，将基金赔偿程序根据赔偿的轻重缓急，分为两个阶段进行；其次，在第二阶段的赔偿程序中增加了赔偿救济环节，即如果被侵权人对赔偿程序以及赔偿结果不服，可以通过申请方式提出"复议"。

2010 年 8 月 23 日，GCCF 开始受理受害人提出的索赔请求。第一阶段，即为紧急预先赔偿（emergency advance payment）阶段，GCCF 集中赔偿了受害人在石油泄漏事发后六个月内的损失。第一阶段的赔偿具有两个重要的特点。第一，这一阶段的赔偿请求人不需要履行不起诉协议，他们取得赔偿后仍然可以保留起诉的权利。第二，为了实现"填补损害"的赔偿原则，GCCF 研发了一套精细化的计算方法来确定当事人的损失。这套方法虽然有些复杂，但是比较公平，避免了之前在石棉案中出现的损害与赔偿不公的情况。以下具体就计算方法进行说明。

2010 年 9 月 7 日，GCCF 在网站上公布了在第一阶段损害赔偿的计算方法。在具体操作上，GCCF 主要依靠 ARPC 方法来决定请求人是否符合条件以及第一阶段损失计算方法。GCCF 根据其商业类型（业主还是雇员）以及所在的地点（影响范围内还是影响范围外）等条件，确定赔偿请求人是否符合条件以及应当纳入哪种具体类型获得赔偿。GCCF 审查人员对于符合条件的个人请求人，会采用一整套复杂的计算公式和方法来得出请求人的损失具体数额。例如，GCCF 工作人员首先需要确定请求人在 2008 年、2009 年、2010 年这三年年化收益都是多少，之后会取最高年收入来确定请求人的预期收益。如果确定 2010 年年化收益率最高，该计算工具还会把 2010 年的预期收入乘以"季节百分比"的方式来进一步确定损失数额。具体而言，GCCF 审查人员对于符合条件的商业请求（business claimant），首先会根据请求所在的不同行业选择不同的计算工具，并基于请求的财务信息通过一套公式和规则算出 2010 年的具体收入，并乘以"季节百分比"，得出收入，最后这个收入减去请求人的实际收入就是因为石油泄漏案所导致的损失。① 计算出赔偿结果之后，GCCF 通常会首先发布不同类型的损害赔偿请求计算公式和计算结果告知请求人处理结果。截至 2010 年 11 月 23 日，第一阶段的损害赔偿程序向 169000 名申请人共计支付了 25 亿美元。

第一阶段紧急预先赔偿结束之后，GCCF 根据 ARPC 提供的经济分析继续实施第二阶段的赔偿程序。不同于第一阶段的赔偿，第二阶段赔偿程序主要有以下三方面的特点。

首先，第二阶段主要赔偿三种请求：快速赔偿最终请求（quick payment final claim）、中期支付请求（interim payment claim）、全面审查最终支付请求（full review final payment claim）。

其次，不同于第一阶段的赔偿范围小但是赔偿要求低，第二阶段的赔偿范围扩大，但是赔偿要求也提高了，申请人需要提交的索赔文件和证据材料也水涨船高。特别是中期支付请求和最终支付请求都需要比第一阶段提供更多的文件信息，但同时赔偿程序也向更多符合条件的企业开放。自 2010 年 12 月 18 日开始，打包后的各种保函寄送给在第二阶段提起损害赔偿请求的个人和企业。在这个阶段中 GCCF 需要先审查一些基本情况，例如请求人的类型（个人还是企业）、请求人是否已经取得赔偿、请求人是否已经签署了不起诉协议。中期赔偿和最终赔偿的审查和分析的方法比快速赔偿最终请求要复杂得多，除了一些事实认定，还需要解决侵权法上侵权行为与损害结果之间的因果关系等。对于这些请求，GCCF 先要确定请求人属于哪一类型，之后再通过不同的计算标准确定其应当得到多少赔偿金额。

最后，在第二阶段中对于赔偿结果不满意的请求人还可以通过以下方式请求对赔偿结果提出"复议"：（1）要求 GCCF 进行重审；（2）在特定情况下，可以向 GCCF 的上诉委员会提出上诉；（3）请求美国海岸警卫队进行审

———————————

① 立信会计师事务所：《墨西哥湾沿岸索赔情况和结果报告》，2018 年 5 月 4 日，见 https：//www. justice. gov/sites/default/files/opa/legacy/2012/06/06/gccf-rpt-find-obs. pdf。

查；（4）通过加入正在审理的 MDL 集团诉讼或者提出新的诉讼来寻求司法救济。[①]

因为 BP 石油泄漏案还涉嫌刑事犯罪，因此刑事诉讼与民事诉讼几乎同时进行，不过刑事诉讼先出结果。2012 年 11 月，BP 公司对 14 项刑事指控认罪，同意支付 45 亿美元罚款，同时失去了美国离岸石油生产商和首要军事燃料供应商的身份。不仅如此，美国司法部还对三名 BP 员工提出了刑事指控。

在刑事案件结束之后，新奥尔良地区法院法官卡尔·巴比尔（Carl Barbier）对因石油泄漏造成损害而提出赔偿申请的个人和企业与 BP 公司达成的和解作出最终批准。2012 年 6 月 4 日，由政府监督下的 BP 石油泄漏和解赔偿项目开始运营，该和解项目由法院指定的和解管理人帕特里克·朱诺（Patrick Juneau）负责管理，由他负责受理 2014 年 4 月之前提出的请求。BP 一开始预计该项目会处理超过 100000 个请求，将支付给被侵权人共计 78 亿美元赔偿。不过由于赔偿金总额上不封顶，最后该项目一共使用了 200 亿基金中的 96 亿美元。之后，经过两年的时间，双方最终于 2015 年 7 月 2 日达成了协议。BP 同意为石油泄漏造成的水污染损害支付 187 亿美元，并且与美国政府以及不同的州签署了和解协议。[②] 2012 年 6 月，这些和解协议经由法院审查之后作出裁决：按照所达成的和解协议进行赔偿。

（三）BP 石油泄漏案启示

过去在大规模侵权诉讼中，赔偿基金在如何实现快速支付受害者赔偿与预留用于支付未来几年或几十年索赔金额之间的平衡方面有几条经验教训值得我们借鉴。第一，大规模侵权损害赔偿纠纷解决基金管理者应该建立一个

---

① 立信会计师事务所：《墨西哥湾沿岸索赔情况和观察结果报告》，2018 年 5 月 4 日，见 https：//www. justice. gov/sites/default/files/opa/legacy/2012/06/06/gccf-rpt-find-obs. pdf。

② 路透通讯社：《英国石油公司 2010 年漏油事件和解：诉讼时间表》，2018 年 6 月 4 日，见 https：//www. nbcnews. com/news/us-news/bp-oil-spill-settlement-timeline-litigation-n385736。

系统用以确定，谁有权在什么条件之下获得赔偿，以及赔偿金额的计算标准是什么，即按照受害者的情况可以得到多少美元的赔偿。第二，管理员必须通过限制支付过多或欺诈性的索赔来避免代管账户的快速消耗。这点非常重要，因为有人猜测墨西哥湾沿岸将会是几十年的"死亡地带"。第三，管理员还应该限制从代管账户支付律师费，特别是按照胜诉酬金比例提取律师代理费。目前没有证据表明，代管账户中可用于赔偿的资金受到限制，毕竟 BP 公司仍然在运营中。但是，因为诉讼的不确定性已经大幅降低，律师们从该案中获得 33%—40% 的代理费用变得不太合理，远远超过了他们所提供的法律服务所带来的价值。第四，BP 所设立的墨西哥湾海岸索赔基金（GCCF）的根本目的是缩短诉讼进程，设计出一个更加简化的纠纷解决机制来处理索赔纠纷，向受害方支付赔偿金，从而尽快拯救因为石油泄漏事件而受害的企业和个人。①

四、阿霍德案以及对荷兰大规模侵权纠纷解决立法的借鉴

（一）基本案情

皇家阿霍德国际集团（Ahold）在全球 27 个国家拥有 9000 多家零售店，是一家有着 100 多年历史、仍然保持快速增长的国际性零售集团公司。阿霍德丑闻于 2003 年开始为公众知晓。首先，阿霍德公司宣布自己存在会计失范行为，在两年前的公司会计账簿中虚报了超 5 亿美元的盈利记录。随后公司又发布了公告指出，他们将公司年收入虚报了 240 亿美元，之前的盈利记录虚报了 10 亿美元。阿霍德宣称之所以存在虚报收入的情况是因为对供应商折扣没有进行合理的会计核算，部门经理对促销津贴也没有进行合理的会计核算，这些导致公司实际收入比会计记录低，盈利也比会计记录低的情况。相关消息

---

① 参见立信会计师事务所：《墨西哥湾沿岸索赔情况和观察结果报告》，2018 年 5 月 4 日，见 https：//www.justice.gov/sites/default/files/opa/legacy/2012/06/06/gccf-rpt-find-obs.pdf。

一出，阿霍德当天股价狂跌 60%，跌至 4.16 美元一股。[①]

很快，就阿霍德在 2001 年和 2002 年出具的季度、半年度和年度公开财报，有投资者起诉称阿霍德实质性虚假陈述了 2001 年和 2002 年会计年度中每一季度的财务状况和公司表现。2003 年 6 月 18 日，不同地区投资者提起的证券欺诈案件被合并到多地区诉讼合议庭下得以集中处理，由马里兰联邦地区法院布莱克法官（Catherine C. Blake）审理，布莱克法官指定了首席原告和首席律师。2004 年 12 月，法院驳回了被告提出的驳回起诉的申请（motion to dismiss）。

在荷兰方面，阿霍德位于荷兰的总部也遭到了荷兰投资者的起诉，因为该项会计丑闻也导致了其账务上存在 9 亿美元的黑洞。2006 年 9 月 20 日，总部位于阿姆斯特丹的荷兰投资者协会（Vereniging van Effectenbezitters，VEB）收到了来自阿霍德股东 179101 起赔偿请求[②]，在与阿霍德公司协商不成的情况下，股东向阿姆斯特丹上诉法院提起诉讼，要求阿霍德公司对 1998 年到 2002 年每年的财务账目进行清空和重述。同时，阿霍德也受到了荷兰政府、美国司法部以及美国证券交易委员会的专门调查。[③]

（二）解决方式

首先需要介绍一下当时荷兰有关大规模侵权与群体性纠纷解决的背景。阿霍德案发生之时，荷兰已经于 2005 年颁布并实施了《荷兰群体性解决大规模赔偿法案》（*Dutch Act on Collective Settlement of Mass Claims*，以下简称《荷兰群体性法案》）。该法确立了大规模侵权多元化纠纷解决机制，其要旨是让

---

① 迪恩·斯塔克曼：《阿霍德案以 11 亿美元达成和解》，2018 年 5 月 4 日，见 http：//www.washingtonpost. com/wp-dyn/content/article/2005/11/28/AR2005112800144. html。

② 荷兰投资者协会，成立于 1924 年，是历史最悠久的投资者协会之一。VEB 作为一家非营利性组织，拥有 100 万荷兰投资者会员，不仅为荷兰投资者提供各种服务，更重要的是可以代表投资者提起诉讼，这些诉讼通常是为受害股东群体获得赔偿而提起的大规模侵权诉讼。

③ 斯坦福法学院证券大规模侵权研究中心：《皇家阿霍德公司在美国和欧洲证券交易所的证券诉讼案情摘要》，2018 年 6 月 30 日，见 http：//securities. stanford. edu/filings-case. html？id=102722。

法院可以确认当事人之间达成的和解协议，从而让合意达成的群体性赔偿方案对于整个受害人群体都具有法律约束力；受害人也可以在特定期限内从群体中退出，就不再受到协议的约束，并且享有单独起诉的权利。[①]

由于荷兰有立法基础，因此在阿霍德案件处理过程中综合性运用了诉讼、仲裁、调解、和解、司法确认等非诉讼纠纷解决机制，加之荷兰拥有历史最悠久、可以代表投资者提出大规模证券诉讼的投资者协会，所以荷兰的阿霍德诉讼就像是进入了"快车道"，不同于美国，只用了两个月时间就得到了初步解决。首先，荷兰检察官对阿霍德公司的几位高管进行了刑事调查，最终他们也受到了刑事处罚。其次，由于 VEB 代表受侵害的投资者向阿姆斯特丹上诉法院提起诉讼，阿霍德和 VEB 于 2005 年 11 月 28 日签订了协议，依照协议阿霍德公司要对 1998—2002 五年来年度财务报表进行重述，而关于撤回该诉讼的对价以及赔偿所产生的费用，阿霍德同意向 VEB 支付 250 万欧元赔偿金。[②]

2004 年 10 月 13 日，美国证券交易委员会在哥伦比亚特区地区法院对皇家阿霍德以及三名前高管提出了欺诈的指控，委员会也对另外一名审计委员会成员及监事提出了行政诉讼，指控他违反证券法中有关报告、会计记录和内部监管的相关规则。在前一项诉讼中，最终阿霍德同意与美国证券交易委员会在不承认和不否认指控的情况下达成和解，同意最终形成一项合意判决，永久禁止公司违反联邦证券法中有关于反欺诈、报告、会计记账和内部控制的规定。不仅如此，除了一名高管以外，其他几名个人高管也与委员会达成了和解。然而，美国证券交易委员会在执法过程中，并没有进行罚款，主要原因在于：在荷兰进行同步犯罪调查的荷兰检察官办公室已经请求委员会不

[①]　Andreas Mom, Kollektiver Rechtsschutz in den Niederlanden, Dissertation, Konstanz 2008, S 324. 转引自吴泽勇《欧洲群体诉讼研究——以德国法为中心》，北京大学出版社 2015 年版，第 216 页。

[②]　皇家阿霍德公司：《阿霍德与美国证券集团、荷兰投资者协会诉讼达成和解》，2018 年 7 月 20 日，见 https://globenewswire.com/news-release/2005/11/28/336739/90355/en/Ahold-Settles-Securities-Class-Action-in-the-United-States-and-Litigation-with-the-Vereniging-van-Effectenbezitters-VEB.html。

要对个人进行处罚，否则会产生违反一事不再理的问题，而考虑到此案在荷兰的重要性以及与其他国家和地区的合作，SEC 同意了荷兰检察官的请求。美国证券管理委员会考虑到皇家阿霍德公司在整个案件中积极合作，也对其不予处罚。①

对于在美国提出的集团诉讼情况，2005 年 11 月阿霍德与首席原告达成了和解协议，意味着由马里兰联邦地区法院审理的证券集团诉讼案件以和解告终。根据和解协议，阿霍德同意支付 11 亿美元用于赔偿投资者，投资者则将放弃对阿霍德以及其子公司、个人被告以及承销商的诉讼权利。值得注意的是，该和解协议是全球性的，适用于阿霍德所有符合条件的普通股。所谓"符合条件的股份"指的就是所有于 1999 年 7 月 30 日至 2003 年 2 月 23 日购买的普通股。在除去原告律师费用、支付给 VEB 用于全球和解和行政管理费用的 900 万美元赔偿之外，阿霍德向集团诉讼中的每位成员按照时间段内持有股票数量，以每股 1—1.3 美元的金额进行赔偿。

2006 年马里兰联邦地区法院初步批准了该和解的决议。很快，三天后，三分之二的和解金额被打到第三方托管账户，在法院最终通过和解协议之后，剩下的三分之一也转入该账户。双方还约定，如果超过 1.8 亿股金的股东退出和解，那么阿霍德有权终止该和解协议并且收回已经支付的基金。2006 年 6 月，法院作出了最终决定和判决（final decision and judgment），同意通过阿霍德与首席原告之间就该案达成的和解协议。之后，仍有一名集团成员对该判决提出了上诉，但上诉很快也被撤回。至此，该证券集团诉讼案件得以解决。

（三）阿霍德证券案的启示

《荷兰群体性法案》是荷兰对大规模侵权多元化纠纷解决机制立法的一次创新性尝试。该法案自 2005 年 7 月 27 日开始实施，基本确立了荷兰大规模侵

---

① 合规周刊：《阿霍德与美国证券交易委员会进一步合作》，2018 年 5 月 4 日，见 https://www.sec.gov/litigation/litreleases/lr18929.html。

权多元化纠纷解决机制，并且综合性运用了诉讼、仲裁、调解、和解、司法确认等非诉讼纠纷解决机制，当双方当事人在法院外达成和解协议，经法院确认后可以对群体（集团）内的所有成员适用。①《荷兰群体性法案》一经颁布就引起全世界范围的热议，因为这是国家首次采用立法形式，对大规模侵权以及赔偿机制作出的专门规定。该法案既不同于美国集团诉讼模式，也不同于德国群体性诉讼模式，是第一次采纳 ADR 对大规模侵权损害赔偿纠纷解决进行的一次大胆尝试。据目前《荷兰群体性法案》实施情况，群体解决程序已被证明是成功的。因为根据荷兰政府的要求对该法案进行的一次评估确定该法案是解决群体性索赔的非常有效的方法，并且应用的范围也很广泛。②

《荷兰群体性法案》颁行后，已经成功处理了 DES 案③、Dexia 案④、Shell案⑤等在全球都具有非常大影响力的大规模侵权案件。在荷兰 WCAM 的影响之下，越来越多的国家与企业采用该法案作为大规模侵权与集团诉讼的解决方案，例如，2016 年 3 月 14 日，Ageas（前身为富通银行）于代表 Fortis 股东的基金会宣布了 12.04 亿欧元和解方案等，让全球对《荷兰群体性法案》构建的新机制开始了效仿和运用，有人甚至指出，荷兰模式为我们提供了一个不同于美国集团诉讼的模式，用以解决国际上的大规模侵权损害赔偿纠纷的

---

① 参见吴泽勇《论荷兰的群体性纠纷解决机制》，《河南大学学报》（社会科学版）2010 年第 5 期。

② See Karen Jelsma, Manon Cordewener, "The Settlement of Mass Claims: A Hot Topic in The Netherlands", *The International Law Quarterly* 2011 *summer*, pp. 13–19.

③ DES 是 Diethylstilbestrol 的简称，是一种预防难产和早产的雌性激素。1947—1976 年，在荷兰有大量妇女服用了这种药物。但是后来医学证明 DES 有可能导致宫颈癌以及其他多种生殖器官疾病，对服用者及其子女都可能产生严重的副作用，由此引发了全球性的对 DES 的索赔。

④ Dexia N. V. /S. A, 也称为 Dexia 集团，是一家法国—比利时金融机构。DEXIA 案涉及在纳斯达克上市的证券集团诉讼，最后 DEXIA 宣布与 Lernout & Hauspie Speech Products（LHSP）股东就"纳斯达克集团诉讼"达成和解协议，金额为 6000 万美元（4560 万欧元），并与私募股权基金 STONINGTON Partners Inc 达成和解协议。

⑤ Shell 案是指荷兰皇家石油公司（Shell）与美国存托凭证（ADR）关于证券大规模集团诉讼，该案于 2011 年 4 月达成和解，壳牌公司已被命令支付 4.5 亿美元（3.16 亿欧元）来补偿投资者起诉的证券欺诈诉讼。

样板。① 从这个角度而言，荷兰通过立法不仅确立了非诉讼纠纷解决机制在大规模侵权领域的运用，而且协调了诉讼与非诉讼机制的对接——让大规模侵权案件可以从诉讼转向非诉讼，从非诉讼转向诉讼，再最终通过自动履行或者强制执行方式实现和解协议的法定履行，更重要的是这种立法模式与司法实践已经得到了十几年的验证，逐渐被全球很多国家和企业所接受，这种替代性纠纷解决机制的立法理念与立法模式非常值得我们参考与借鉴。②

历史不是简单地针对过去事实的陈述，而是一个为人们提供标准和目标的经验宝库。③ 美国大规模侵权及其解决的历史，可以说是一本活生生的教科书。因为这些案例不仅可以给我们描绘出大规模侵权以及集团诉讼的"全貌"，也可以让我们真正了解美国有关大规模侵权的理论与实践。随着我们对大规模侵权与诉讼程序研究的不断深入，我们也逐渐发现美国大规模侵权损害赔偿纠纷解决机制的三个主要特点：第一，美国在处理大规模侵权损害赔偿纠纷时不仅有集团诉讼，还有多区域诉讼、示范诉讼等诉讼机制。第二，即便通过这些诉讼机制达到了确认集团诉讼或者集中审理某类案件的效果，但是大部分案件仍然是通过原被告双方达成和解来解决。第三，美国发现了在处理大规模侵权中"诉讼失灵"的现象——不论采取集团诉讼还是多地区诉讼机制，还是无法及时解决大规模侵权案件所涉及的赔偿问题。

第三节　大规模侵权损害赔偿多元化纠纷解决机制设计

想要设计一套适合大规模侵权特点的诉讼程序，不仅需要"打破"原来

---

① 格林伯格·特劳里格：《〈荷兰群体性法案〉再次走向全球：全球化解决集团诉讼纠纷美国境外论坛》，2018 年 7 月 27 日，见 https://www.lexology.com/library/detail.aspx? g = 72e17765 - 36c9 - 4aeb-a6e4-640566a8f327。

② 以上内容参见吴泽勇《欧洲群体诉讼研究——以德国法为中心》，北京大学出版社 2015 年版，附录 7 中有荷兰《群体性和解法》中文译本，第 317—321 页。

③ 参见 ［美］伯尔曼《法律与宗教》，梁治平译，中国政法大学出版社 2003 年版，译者序。

的理论基础与司法实践，而且还要"创新"一种新的理论与机制，才能真正实现大规模侵权救济程序。正如熊彼特所言："创新就是创造性的破坏。"这"一破"与"一立"往往需要耗尽一代人甚至于几代人的努力。①

美国在对集团诉讼深刻反思之上，在处理橙剂案、石棉案与 BP 石油案等大规模侵权案件之上，通过不断试错，积累了实践经验、深化了对大规模侵权纠纷解决机制的认识。自橙剂案开始，除了极其罕见的例外情况，原告所主张的大规模侵权最终往往是通过与被告达成和解（settlement）的方式，而不是通过法院审判方式解决的。具体而言，对于大规模侵权及集团诉讼的认定与赔偿问题更多采用的是一种多元纠纷解决机制：谈判——诉讼——和解，或谈判——诉讼——调解——和解，或谈判——诉讼——仲裁——和解等综合性、混合式（hybrid）设计思路。

在对不同类型的案件以及案件不同阶段的解决机制研究之上，在对不同解决机制的特性与优点理解基础之上，美国逐渐形成了其对大规模侵权损害赔偿多元化纠纷解决机制的设计理论并付诸探索和实践。现在，越来越多的当事人与律师会选择适用集团仲裁、集团诉讼调解等非诉讼纠纷解决机制，通过仲裁裁决、调解协议、和解协议获得具有强制执行效力的裁判，解决大规模侵权赔偿这个复杂问题。

一、大规模侵权多元化纠纷解决机制设计的社会背景

社会的多样化决定了纠纷解决的多元化，从而决定了大规模侵权多元化纠纷解决机制设计的社会背景。在过去 40 多年里，在美国以及全球范围内，出现了"替代性纠纷解决运动"②，得到了来自司法领域与社会的广泛的呼声，即增加对调解、仲裁和其他相关纠纷解决方法在纠纷解决程序中的使用。这

---

① 参见［美］约瑟夫·熊彼特《经济发展理论》，何畏等译，商务印书馆 1990 年版，第 28—36 页。
② 参见［美］斯蒂芬·B. 戈尔德堡著《纠纷解决——谈判、调解和其他机制》，蔡彦敏等译，中国政法大学出版社 2004 年版，第 6 页。

正是对多元化社会的一种"程序呼应"。纠纷的类型和回应纠纷的方式，在不同的社会中呈现出不同的特点——事实上，即便在同一社会中，不同群体之间也会存在着差异。最基础的社会价值（fundamental social values）乃至多元文化的认同（diversified culture identity），共同决定了纠纷的本质、恰当的纠纷状况回应方式以及合适的救济途径。①

（一）全球替代性纠纷解决方式的兴起

从概念上，纠纷解决是通过特定的方式和程序解决纠纷和冲突，恢复社会平衡和秩序的活动和过程②；从实践上，纠纷解决既包括诉讼也包括诉讼外纠纷解决机制。根据《布莱克法律词典》的定义，ADR 是指除诉讼以外解决纠纷的方法、程序的总称。ADR 概念来源于美国，是英文 Alternative Dispute Resolution 首字母缩写，原来是指 20 世纪以来逐步发展起来的各种诉讼外纠纷解决方式，现已引申为对世界各国普遍存在着的、民事诉讼制度以外的非诉讼纠纷解决程序或机制的总称。具体而言，ADR 包括协商谈判、调解、独立调查员、迷你审判、审前会议、仲裁、案件管理、租用法官等多种形式。③

1976 年 4 月，在美国明尼苏达州召开的庞德会议提出的"多门法院"政策成为法院附设 ADR 的起源；英国通过司法改革促进了 ADR 对诉讼的大幅度替代，重塑了社会纠纷解决文化；各国法院在诉前调解、委托调解、司法辅助型 ADR、非诉讼程序与司法程序的衔接等方面进行了大量的创新。④

最近 20 年，ADR 不同程度地纳入各国司法改革进程，各种混合性诉讼外纠纷解决新方法在不断创新和广泛运用，呈现出系统化、类型化、规范化以

---

① 参见［英］西蒙·罗伯茨、彭文浩著：《纠纷解决过程：ADR 与形成决定的主要形式》，刘哲玮等译，北京大学出版社 2011 年版，第 1 页。
② 参见范愉《非诉讼程序（ADR）教程》，中国人民大学出版社 2002 年版，第 5 页。
③ 参见范愉《非诉讼纠纷解决机制研究》，中国人民大学出版社 2000 年版，第 1—4 页。
④ 参见［澳］娜嘉·亚历山大主编《全球调解趋势》，王福华等译，中国法制出版社 2011 年版，第 4 页。

及全球化的发展趋势。"系统化"意味着 ADR 不仅限于纠纷解决领域，还涉及谈判心理、冲突管理、社会学等诸多研究领域，是社会治理的系统工程；"类型化"主要表现在纠纷处理从普遍规律到各种类型化纠纷的细化处理；"规范化"意味着越来越多国家出台相应的促进法律和调解规则；"全球化"是指在全球经济一体化的情况下，ADR 逐渐从替代性纠纷解决变成"适当的"（appropriate）以及"友好的"（amicable）纠纷解决方式，并且席卷全球。特别是近五年呈现出两种发展趋势：一是 ADR 普及运动的兴起；二是全球调解运动的兴起。

首先，很多国家开始了 ADR 普及运动，ADR 不仅逐渐成为社会共识，也成为社会治理的一种方式。例如，2018 年 12 月英国民事司法委员会（Civil Justice Council）成立的 ADR 专门工作小组发布了最终报告《ADR 建议书——如何将纠纷提前化解在法庭之外的方式与方法》。这份 ADR 建议书主要包括四个方面的内容，共计 24 条具体建议。这些建议既有应当组建英国司法 ADR 联合委员会（judicial-ADR liaison committee），统领和推动英国全国 ADR 发展的宏观建议；也有在学校里倡导同辈调解（peer mediation）让学生们运用调解解决他们的纠纷这些具体的建议；既有设计和推出全新的英国 ADR 官网，统一发布与 ADR 相关的所有信息的建议；也有培养 ADR 人才，加强专业化的 ADR 培训的建议。[①]

其次，伴随着全球调解运动的兴起，联合国大会也逐渐认识到调解优势显著，特别是在解决商事争议领域中的价值，依调解所产生的和解协议可以很好地推动发展和谐的国家经济关系。因此，联合国国际贸易法委员会第四十七届会议接受美国政府提议，并于 2018 年 12 月由联合国大会会议审核通过《联合国关于调解所产生的国际和解协议公约》（*the United Nations Convention*

---

① 英格兰及威尔士民事司法委员会：《民事司法委员会替代性纠纷解决工作最终报告》，2019 年 8 月 28 日，见 https：//www. judiciary. uk/wp-content/uploads/2018/12/CJC-ADRWG-Report-FINAL-Dec-2018. pdf。

on International Settlement Agreements Resulting from Mediation，以下简称《新加坡调解公约》）。① 2019 年 8 月 7 日，46 个国家在新加坡举行的签约仪式上签署了《新加坡调解公约》。《新加坡调解公约》旨在促进国际商事调解在商事争议解决中的运用，通过建立一套直接执行国际商事和解协议的机制为调解后当事人达成的国际商事和解协议提供跨境执行的法律保障。可以说，该公约的诞生为国际商事纠纷的多元化争议解决提供了新的路径，将推动国际调解制度以及各成员国调解制度的发展，对国际商事调解事业有着里程碑式的意义。②

《新加坡调解公约》的里程碑意义主要体现在两个方面：第一，《新加坡调解公约》第 3 条参考《纽约公约》第 3 条进行订立，确认本公约采用直接执行机制，即只对因调解达成的和解协议进行形式审查，而不作实质审查。采用此种机制的主要原因有二：一来和解协议不同于法院判决与仲裁判决，来源国很难确定。二来如果采用实质性审查机制可能会导致和解协议的执行需要经过双重执行确认，这有违公约的目的。因此，联合国贸易法委员会第二工作组为商事调解设计了一个直接执行机制，而不是设置实体性审查机制给当事人和执行地所在国法院带来双重负担。③

第二，《新加坡调解公约》对"国际"和"商事"相对来说比较宽泛的定义，主要宗旨就是采用更简单的执行标准，扩大本公约的适用范围。首先，《新加坡调解公约》与《纽约公约》对于"国际"的定义存在着较大差异，《纽约公约》在执行中强调"仲裁地"的概念，以仲裁裁决所在地作为适用标准，而《新加坡调解公约》则着重考量"营业地"的概念，通过判断当事人

---

① 联合国国际贸易法委员会：《新加坡调解公约》，2019 年 8 月 7 日，见 https：//uncitral. un. org/en/07. 08. 2019。

② 温先涛：《〈新加坡公约〉与中国商事调解——与〈纽约公约〉〈选择法院协议公约〉相比较》，《中国法律评论》2019 年第 1 期。

③ Timothy Schnabel, "The Singapore Convention on Mediation: A Framework for the Cross Border Recognition and Enforcement of Mediated Settlements", *Pepperdine Dispute Resolution Law Journal*, Vol. 19, Issue 1 (2019), pp. 2–4.

的营业地是否处于不同国家，营业地与和解协议履行地或与和解协议所涉事项关系最密切地是否处于不同国家来确定该和解协议是否具有国际性，从而确定是否属于公约的适用范围。因此，即便是非成员国，在这些国家进行调解所作出的国际商事调解协议，一方也可根据《新加坡调解公约》向公约当事国法院申请执行和解协议所涉及的另一方当事人在当地的资产，这将大大地提高和解协议的可执行力，从而推动整个国际商事调解在争议解决中的运用。其次，根据《新加坡调解公约》的第一条内容，它对"商事"这一概念的理解采用的技术手段不同于《纽约公约》列举式的"商事"定义，而是采用了否定式的列举方式，因此《新加坡调解公约》中的"商事"所包含的范围比《纽约公约》更加宽泛。《新加坡调解公约》中的"商事"应当参照了联合国国际贸易法委员会在《国际商事调解示范法》中对"商事"的解释，并根据公约条文相应地进行广义理解，根据《国际商事调解示范法》中对"商事"的理解可知，国家与投资者之间在基础建设、自然资源开发领域的争议也属于《新加坡调解公约》的"商事"范畴。运用国际调解的方式解决此类争议能够有效减少当事人之间的对抗，并在一定程度上有利于维持双方之间的商业合作关系，因此国际调解将成为更多国家和地区在解决商事纠纷时的优先选项。[①]

（二）全球替代性纠纷解决方式兴起的原因

随着第三次调解浪潮所形成的全球调解趋势，各国当事人对调解与 ADR 理解与认识程度的不断加深，全球纠纷解决市场也日益成熟。有人曾说到 2020 年，ADR 这个短语会有一种新的解释，彼时"诉讼"可能已经变成了替

---

① 参见孙巍编著《联合国关于调解所产生的国际和解协议公约：立法背景及条文释义》，法律出版社 2018 年版，第 3—15 页。

代性的纠纷解决方式，而 ADR 将成为纠纷解决方式中的主流。① 那么，ADR 在全球兴起的原因是什么？

替代性纠纷解决机制能够迅速在全球兴起的原因之一是对诉讼反思的结果。因为法治并不必然是以单一的国家权力及其价值观（国家意志）为基准的法律规则之治，多元化的价值理念、多元化的行为模式以及多元化的纠纷解决方式将会使现代法治更富有活力。② 而且，诉讼固然在一定程度上能够满足当事人和社会主体对于"正义"的需求，但诉讼的高成本以及裁判的僵化等一向为人们所诟病。正如美国大法官博格曾抱怨道：公众有一种近乎疯狂的、不合理的想法，竟然认为诉讼可以解决一切问题。③ 波斯纳法官从正面回应了这一问题，他说对于公平正义的追求不能无视其代价。大规模侵权诉讼费用高昂（High Litigation Costs），而且旷日持久、久拖不决，可以说大规模侵权诉讼不仅影响了诉讼当事人，而且影响了美国法院系统的使用者（users of the court system）；由于大规模侵权以及诉讼所产生的人身损害和经济损失已经影响到整个社会的进程。④

替代性纠纷解决机制能够迅速在全球兴起的原因之二是因为 ADR 正当性的基础是当事人之间的合意，而在大规模侵权损害赔偿纠纷解决过程中恰恰十分需要这种"合意"。集团诉讼本来就是一种"拟制"的集团诉讼，这种拟制一方面需要法律的规定，更重要的是当事人的"自愿"与"合意"。例如，在集团诉讼中非常重要的一个程序就是，集团成员需要明确表示是否愿意将请求集中到一个特定的法院进行审理。从学理上讲，当事人程序主体性原则的内在精神之一就是赋予当事人广泛的"自我决定"（self-decision making）

① 参见［美］迈克尔·利斯《ADR：2020 年的全球发展趋势》，龙飞译，《法制资讯》2013 年第 4 期。

② 参见范愉《以多元化纠纷解决机制保证社会的可持续发展》，《法律适用》2005 年第 2 期。

③ 参见［美］詹姆斯等：《风险管理和保险》，北京大学出版社 2006 年版，第 109 页。

④ Daniel B. Moskowitz, "ABA to Hear Controversial Mass Tort Proposal Association to Consider Mass Tort Proposal", *the Washington Post*, FINANCIAL, (January 22th 1990), p. 33.

的权利。在日本法学理论界，以井上治典教授为代表，曾经提出在民事程序中应当"强调当事人自治地位，重视纠纷解决过程中当事人自律性"，这种理论被称之为程序保障说的"第三次浪潮"①。

因此，当事人越来越倾向于通过两种或者两种以上方式来满足特定需要，寻求专家意见，从而设计出他们自己的纠纷解决方案。有时候大规模侵权损害赔偿纠纷解决过程中会集中体现一种"零和博弈"（zero-sum game）②，在这种时候非常需要有经验的调解员或者仲裁员，这些人往往是退休法官、从事过集团诉讼审判或者律师等，他们可以预测到法官如何裁定是否属于集团诉讼或者是否同意草拟的和解提议。然后，他们会根据对结果的预测，根据当事人的需求，为本案量身定制最后的和解方案。与此相对，非诉讼纠纷解决机制诸如调解、和解、仲裁等则尽量发挥当事人在纠纷解决中的自主性和功利主义的合理性，并以节约纠纷解决的成本、追求效益最大化为基本目标。这种强调沟通与对话、自我决策以及运用创造性解决方案达成双赢结果也应和了著名的沟通理性（communicative rationality）理论，从某种角度是对后现代主义思潮所进行的有力批判。

二、大规模侵权多元化纠纷解决机制设计的基本思路

"纠纷解决机制设计"（Dispute System Design，DSD）是指根据纠纷类型、特点与要求，设计纠纷解决程序，用以帮助机构、组织、当事人等更好地实现对特定纠纷的管理与解决。纠纷解决机制设计理论与制度于 20 世纪 80 年代末至 90 年代初，由美国纠纷解决研究领域的领军人物尤里（Ury）、布莱特（Brett）和戈尔德堡（Goldberg）提出。根据他们的观点，健康的 DSD 应该主

---

① 参见赵蕾《多元化纠纷解决机制改革的理论提升》，《人民法院报》2016 年 7 月 13 日。

② 零和博弈，又称零和游戏，与非零和博弈相对，是博弈论的一个概念，属非合作博弈。指参与博弈的各方，在严格竞争下，一方的收益必然意味着另一方的损失，博弈各方的收益和损失相加总和永远为"零"，双方不存在合作的可能。

要以权利为基础的方式，依靠谈判和调解来解决冲突，实现双方利益；不应以使用"权力"的方式，例如罢工、停工等形式去解决问题。[1]

（一）基本理念

DSD 经过 20 多年的发展，逐渐成为美国纠纷解决制度中一个组成部分，成为根据纠纷类型与当事人具体要求，从而提供纠纷解决设计方案的理论基础。不过，他们当时所提出的纠纷解决机制设计主要以基于各方当事人的利益、权力以及权利来对纠纷解决进行程序设计。[2]斯蒂芬妮·史密斯与詹妮特·马丁内兹的论文《纠纷解决系统的设计框架》推动了 DSD 理论与实践发展，提出并且回答了设计时需要关注的五个问题：目标、结构、程序的选择和激励机制，对利害关系人与程序实现的保障机制等进行了论述。[3] DSD 理论认为争议解决其实是一个系统工程，是各种程序以及实践的集合体，而不是某种单独的程序，例如仲裁程序或诉讼程序。[4]

"纠纷解决机制设计"最重要的功能不是针对某个案件，而是为符合要求的一种类型的案件提供纠纷解决、案件评估、纠纷管理的机制或系统。[5] 并且美国学者不断结合实践总结，将纠纷解决机制设计逐渐形成一种分析框架，并且通过纠纷解决类型、当事人需要以及分析模型来设计大规模侵权案件的纠纷解决机制。关于"纠纷解决机制设计"的分析框架有很多版本，因为这种分析框架并不是一成不变的，而是根据案件解决需求和客户要求反复磋商

---

[1] Lisa Blomgren Amsler, "The Dispute Revolver´s Role Within a Dispute System Design: Justice, Accountability, and Impact", *University of St. Thomas Law Journal*, Vol. 13, Issue 2 (2017), pp. 170–171.

[2] See William Ury, Jeanne M. Brett, and Stephan B. Goldberg, Getting Disputes Resolved: Design Systems to Cut the Costs of Conflict. 1988. San Francisco, CA: Jossey-Bass.

[3] See Smith Stephanie and Martinez Janet, "An Analytic Framework for Dispute Systems Design", *Harvard Negotiation Law Review*, Vol. 14, Issue 1 (2009), pp. 123–170.

[4] Lisa Blomgren Amsler and Jessica Sherrod, "Accountability Forums and Dispute System Design", *Public Performance & Management Review*, Vol. 40, No. 3 (2017), p. 536.

[5] Lisa Blomgren Amsler and Jessica Sherrod, "Accountability Forums and Dispute System Design", *Public Performance & Management Review*, Vol. 40, No. 3 (2017), p. 536.

后达成的。具体内容如下表所示。

"纠纷解决机制设计"分析框架①	
设计目标	明确纠纷解决机制的设计目标
	确定纠纷解决机制适用的纠纷类型
利害关系人	确定纠纷解决机制中的所有利害关系人
	明确利害关系人之间的关系
	评估利害关系对纠纷解决机制产生的影响
环境与文化	设定纠纷解决机制的国内背景与文化背景
	设定沟通与冲突管理的标准
结构与程序	确定纠纷解决机制所有预防、管理和解决纠纷的程序
	理解纠纷解决机制各种程序相互连接或者独立的关系
	了解使用者愿意使用纠纷解决机制的原因
	正确处理纠纷解决机制与法律之间的关系
保障机制	确定维持纠纷解决机制运行的资金来源
	明确维护纠纷解决机制运行的人力资源
可行性、责任追究与自我学习机制	纠纷解决机制应当公开透明
	纠纷解决机制应当包含监管机制、自我学习和评估机制
	纠纷解决机制应当具有正常运行能力

　　在纠纷解决机制设计中通常包括一个或多个用以预防、管理和解决一系列与组织或机构有关的纠纷内部程序。这个系统可能只包括一个正式程序，比如有约束力的仲裁程序，也可能包括多种程序。事实上，纠纷解决机制往往包含几种程序，特别是针对疑难复杂案件情况的纠纷解决机制，往往会设计一系列程序供当事人以及代理人进行选择，这些程序既包括正式程序（formal procedure），如诉讼、仲裁程序，也包括非正式程序（informal

---

① See Lisa Blomgren Amsler, JANET K. Martinez & Stephanie E. Smith, "*Christina Merchant and the State of Didpute System Design*", *Conflict Resolution Quarterly*, Vol. 33, Supplement 1 (2015), pp. S18-19.

procedure），如谈判、调解程序。①

（二）诉讼与 ADR 的关系

根据纠纷解决金字塔理论②，绝大部分冲突和纠纷都是通过私力救济，通过调解、谈判等 ADR 机制解决，只有非常少数的案件，即不到 1% 的案件才能进入诉讼程序由法院通过审理后采用裁判形式进行解决。③ 因此，在进行大规模侵权多元化纠纷解决机制设计之时，特别是在确认已经构成了集团诉讼案件基础之上，需要引入谈判、调解、仲裁等方式，促进当事人达成和解的方式解决大规模侵权赔偿问题。

纠纷解决机制其实包括一系列程序，从非正式性的谈判到正式性的诉讼程序。如果将谈判、调解、仲裁与诉讼四种主要纠纷解决程序放置在纠纷解决机制横向坐标轴上，那么谈判位于最左侧，而审判位于最右侧，纠纷解决程序逐步变得正式，第三方对程序和结果越来越具有控制力，相应地，正式程序也将花费更多的时间、资源和金钱，对当事人的权利，包括实体权利与诉讼权利也越来越重视。如果根据美国著名教授杰·福伯格（Jay Folberg）在《纠纷解决：理论、实践与法律》一书中对于纠纷解决谱系理论进行更为详细的分类，纠纷解决程序可以按照是否具有约束力分为有约束力和无约束力的

---

① 哈佛法学院谈判中心：《什么是纠纷解决机制设计？如何通过有效的纠纷系统设计解决冲突》，2018 年 8 月 8 日，见 https：//www. pon. harvard. edu/daily/dispute-resolution/what-is-dispute-system-design/。

② 有时纠纷解决金字塔也简称为纠纷金字塔（Dispute Pyramid），这个金字塔就像个下宽上窄的三角形，三角形底座代表通过无视、私力救济形式解决纠纷的情况，三角形的中部代表通过调解、仲裁等替代性纠纷解决方式解决的纠纷；只有塔尖才代表进入审判程序的纠纷。2018 年 7 月 15 日，见 https：//en. wikipedia. org/wiki/Dispute_ pyramid。

③ 正如美国著名法学家格兰特教授曾以 1962—2002 年美国司法与审判关系 40 年的关系演进为主要分析对象，根据数据与分析首次得出了"消失中的审判"（The Vanishing Trial）的结论。根据研究成果，联邦法院民事案件审判结案率从 1962 年的 11.5% 到 2002 年的 1.8%，持续形成了一种历史性的下降。而且，法院受理案件绝对数也在持续下降，从 20 世纪 80 年代中期以后下降了 60%；其中联邦民事审判比 1962 年减少了 20%。See Marc Galanter, "The Vanishing Trial：An Examination of Trials and Related Matters in Federal and State Courts", *Journal of Empirucal Legal Studies*, Vol. 1, Issue 3（2004），pp. 459-460.

程序，如辅助式调解、评估式调解、中立评估、和解会议、迷你审判等。具体内容如图 5-1 所示。①

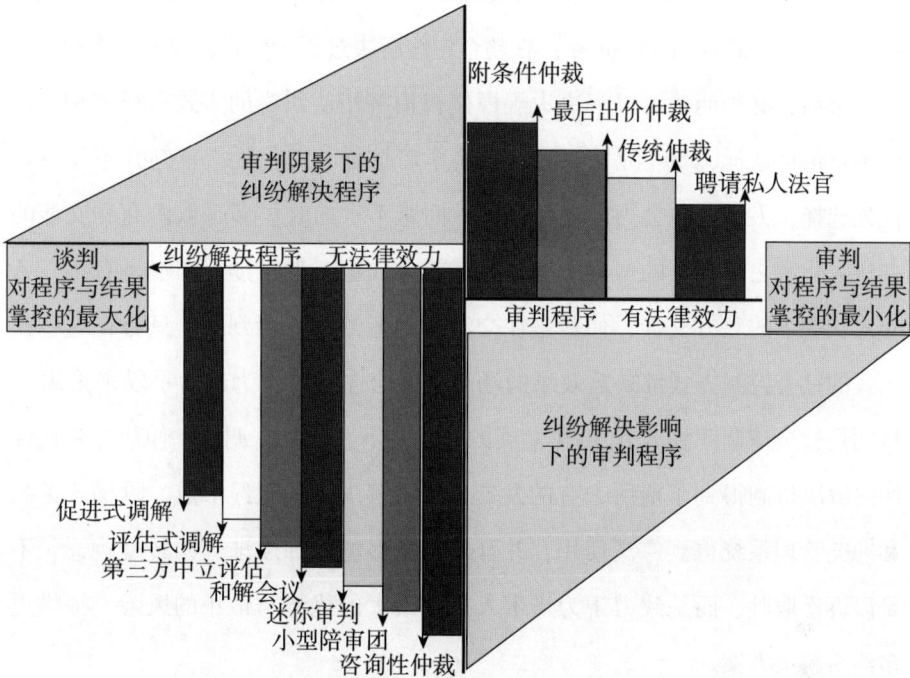

图 5-1　纠纷解决谱系

如何理解和把握大规模侵权损害赔偿纠纷解决机制构建中诉讼与 ADR 之间的关系，确实是一个值得研究的问题。首先，需要明确的是，不论是根据纠纷解决金字塔理论还是纠纷解决谱系理论，还是基于纠纷解决资源分配的考虑与全球社会治理模式的转变，替代性纠纷解决趋势已然形成并逐渐发挥出更大的优势。大规模侵权损害赔偿纠纷解决程序主要趋势是以纠纷解决系统设计理论为基础，以谈判、仲裁、调解等多元化纠纷解决机制为实践。

其次，在重视替代性纠纷解决方式作用的同时不能忽视诉讼在大规模侵

① See Jay Folberg, Dwight Golann, Thomas J. Stipanowich, Lisa A. Kloppenberg, *Resolving Disputes*: *Theory*, *Practice and Law*, 3nd Edition, Wolters Kluwer Law & Business, p. 5.

权损害赔偿纠纷解决机制中的重要作用。民事诉讼从本质上来说是为了保护私法上的权利，请求国家司法机关确定其权利是否存在的法定程序。① 在纠纷解决谱系中非常重要的一个理论支撑——审判阴影下的 ADR（ADR in the shadow of a trial or court ruling）在整个纠纷解决过程中一直在发挥着作用。

最后，必须明确可以解决大规模侵权损害赔偿纠纷的方式有很多种，诉讼不是最优选择，更不是第一选择。有学者这样总结：诉讼审判并不是一个优先选择，人们首先会力图避免纠纷，回避不了的时候多采取协商和交涉的办法去化解之。双方的努力没有结果时就会向第三者求助。调解是有第三者介入状况下的双方交涉，仲裁是在交涉基础上的第三者判断。只有在这些非正式的社会控制方式都缺乏效果的场合，诉讼才会被作为最后手段来采用。② 特别是，全球调解和 ADR 迅速发展的背景之下，谈判、调解、仲裁等替代性纠纷解决机制得到了前所未有的发展，纠纷解决市场已经形成，阶梯式条款和冲突管理系统得到广泛使用，并且越来越多的律师逐渐开始转变观念，不是以诉讼取胜，而是致力于为当事人提供最大的优势与最小的风险，提供更多纠纷解决方案。

（三）仲裁与调解的关系

仲裁既是一种替代性争议解决方案（ADR），也是解决法院外争议的一种方式，是争议双方在争议发生前或者争议发生后达成协议，自愿将争议交给第三方进行裁决，双方有义务履行该裁决的一种解决争议的方法。③ 调解正在形成一种全球趋势，于纠纷解决体制以及社会治理体系中成为最为强劲的力量——为当事人提供更多的程序选择、接近正义以及自我管理、自我解决纠

---

① 参见王甲乙等《民事诉讼法新论》，台北三民书局 1980 年版，第 1 页。

② See R. Schwartz, "Social Factors in the Development of Legal Control: A Case of Two Israeli Settlements", *The Yale Law Journal*, Vol. 63, Issue 4 (1954), p. 471.

③ 参见《中国大百科全书·法学》，中国大百科全书出版社 1984 年版，第 807 页。

纷的机会。如何处理仲裁与调解之间的关系，也成为大规模侵权多元化纠纷解决机制设计中的重要问题。

1. 集团仲裁

在美国大规模侵权替代性纠纷解决机制之中，集团仲裁发展得最为成熟也最为规范。随着社会的发展大众侵权诉讼数量猛增，以及高额胜诉酬金诱使律师"滥诉"等问题的不断产生，使得集团诉讼制度的弊端日益暴露。在此情况下，集团仲裁充分吸收了集团诉讼制度的优点，并作为一种新兴的纠纷解决方式应运而生。[1] 对于集团仲裁的兴起，有学者认为早在20世纪80年代集团仲裁制度就已经存在，有人认为是仲裁条款的普遍使用最终导致20世纪80年代美国集团诉讼的衰落，集团仲裁应运而生一定程度上成为集团诉讼的替代制度。[2] 也有学者认为，直到2003年，联邦最高法院才在Green Tree Financial Corp. v. Bazzle案中作出了允许集团仲裁的决定，许多仲裁机构也才开始针对集团仲裁发布特定的程序规则。[3]

作为一种新兴的纠纷解决方式，集团仲裁快速、便捷、廉价，它建立在集团诉讼制度的基础之上，在程序上把集团诉讼融入仲裁中。经过近30年的发展，尤其自2003年以来，集团仲裁不仅得到了如加利福尼亚、佛罗里达、伊利诺伊等州的承认，美国的一些仲裁机构还对此作出了详细规定支持其发展。除了美国的司法实践，"在其他国家，集团仲裁也被认为是潜在的可接受的程序"。加拿大、巴西、澳大利亚等国开始引入集团仲裁，欧盟也在考虑对其加以借鉴，集团仲裁的影响在不断扩大。[4]

随着集团仲裁市场的不断形成，相关程序规则也由最重要的两大集团仲裁提供者——美国仲裁协会（AAA）以及美国司法仲裁调解服务有限公司

---

① 郑文彬：《美国集团仲裁制度探微》，《东南司法评论》2013年第6期。

② 参见王盛哲《美国消费集团仲裁"放弃条款"研究》，《社会科学家》2018年第10期。

③ See S. I. Strong, "Enforcing Class Arbitration in the International Sphere: Due Process and Public Policy Concerns", *University of Pennsylvania Journal of International Law*, Vol. 30, Issue 1 (2008), p. 32.

④ 参见马红海《美国集团仲裁制度研究》，《北京仲裁》2013年第3期。

(JAMS) 组织制定。其中 AAA 制定了《集团仲裁程序补充规则》（*Supplementary Rules for Class Arbitrations*，Class Arbitration Rules，以下简称《AAA 规则》）。《AAA 规则》于 2003 年 10 月 8 日生效，其明确了适用范围为"大量的侵权案件，如烟草、石棉、乳房植入物等，并认为应由仲裁员组成的仲裁庭处理这些案件"[①]。

JAMS 制定了《JAMS 集团诉讼程序规则》（*JAMS Class Action Procedures*，以下简称《JAMS 规则》），用以规范和指引有关大规模侵权仲裁规则。《JAMS 规则》于 2005 年 2 月颁布，之后又经过修订，于 2009 年 5 月 1 日开始实施。[②]《JAMS 规则》与《AAA 规则》都结合了《美国联邦民事诉讼规则》第 23 条的内容，创设了集团仲裁程序的三大基本阶段：仲裁条款确认、集团仲裁确认、集团仲裁通知。这些规则都为我们设计大规模侵权损害赔偿纠纷赔偿程序机制提供了很多经验与样本。[③]

（1）仲裁条款确认

仲裁条款确认即指确认仲裁条款是否禁止集团仲裁。在 2003 年的 Green Tree Financial Corp. v. Bazzle 案中，联邦最高法院虽然作出了允许集团仲裁的决定，但其并未加以明确什么样的仲裁协议应被认为允许或禁止集团仲裁。"在仲裁协议对于是否允许集团仲裁这一问题是默示的时候，应由仲裁员（而不是法院）对当事人的仲裁条款进行解释并作出决定。"[④] 由于《美国联邦仲裁法》并没有禁止集团仲裁，因而除非依据州法律或者当事人的协议是禁止

---

① 美国律师协会：《集团仲裁补充规则》2019 年 8 月 30 日，见 https：//www.adr.org/sites/default/files/Supplementary_ Rules_ for_ Class_ Arbitrations.pdf。

② 美国司法仲裁调解公司：《JAMS 集团诉讼程序》，2019 年 8 月 30 日，见 https：//www.jamsadr.com/rules-class-action-procedures/。

③ 根据《美国联邦民事诉讼规则》第 23 条的规定，集团诉讼应具备以下条件：（1）人数众多且不可能全部到庭参加诉讼；（2）所有集团成员存在着共同的事实问题或法律问题；（3）请求或抗辩属于同一类型；（4）代表人能够代表和维护所有集团成员的利益。

④ See Thomas J. Oehmke：Cause of Action for Class Arbitration of Contract-Based Disputes，转引自肖永平、李韶华《美国集团仲裁初探》，《武汉大学学报》（哲学社会科学版）2011 年第 4 期。

集团仲裁的，否则便是允许集团仲裁。[1]

（2）集团仲裁确认

在作出仲裁条款确认之后，如果仲裁员认为仲裁条款和可适用的州法律都没有禁止集团仲裁，仲裁员可以作出"部分的"或"最终的"集团确认裁决，并依据当事人的协议决定集团仲裁是否合适。同集团诉讼一样，集团仲裁中的"集团"也应满足《美国联邦民事诉讼规则》第 23 条 a 款的 4 个条件，即数量性、共同性、代表性和充分性。

（3）集团仲裁通知

在作出集团确认的裁决后，仲裁庭应当通知所有的集团成员。《AAA 规则》与《JAMS 规则》都要求根据"最佳通知原则"通知集团中的所有成员。集团确认的通知应规定集团成员什么时间以及如何被排除在集团仲裁之外；也应解释仲裁员作出决定的理由，并允许集团成员要求一些例外，例如，基于解决索赔问题而寻求禁令救济或有限资金的需要。[2]

《AAA 规则》对集团仲裁的通知规定了极具特色的"三步走"程序，将集团仲裁的通知分成了三个不同的阶段，在第一阶段，仲裁庭会将集团初步确认的通知发布到美国仲裁协会网上，并按集团仲裁案件进行编号。任何一方当事人都可在这一阶段提出异议，若异议期满时当事人未提出异议，便可进入第二阶段，即正式通知阶段。在这一阶段，仲裁员应当提供证据以证明案件符合集团仲裁的标准。在第三阶段，仲裁员需要对集团作出一个明确的界定。"集团代表人或者被申请人都可以向法院请求确认、取消或修正裁决。若集团代表人或被申请人不能寻求取消一个部分的或最终的条款解释裁决或集团确认裁决，这就意味着其放弃对这些裁决的下一个阶段的法院救济，除

① 郑文彬：《美国集团仲裁制度探微》，《东南司法评论》2013 年第 6 期。
② See William H. Baker, "Class Action Arbitration", *Cardozo Journal of Conflict Resolution*, Vol. 10, Issue 2 (2009), pp. 335–340.

非在仲裁过程中有明确的记录。"① 当事人可以获得三次向法院请求确认"集团"的救济机会，且以上每个阶段都会受到司法审查的约束。

不过需要指出，集团仲裁还是存在很多问题。首先，集团仲裁就是基于仲裁的特性，在纠纷解决市场上为大规模侵权与集团诉讼提供仲裁裁决相关的法律服务。不过，目前即便是集团仲裁比较发达的美国也没有关于集团仲裁的明确法律规定，不过通过联邦最高法院以及一些州的最高法院判例已经基本确立了集团仲裁制度。加之 AAA 和 JAMS 制定了集团仲裁规则以及为大规模侵权与集团仲裁提供了一流的仲裁员与纠纷解决服务，特别是在劳动合同、产品责任等领域，纠纷解决机制的设计发挥了重要作用，已经将集团仲裁条款"植入"到主合同之中，美国集团诉讼制度从司法到实践已经得到了广泛的确立。

其次，集团仲裁的独立价值也受到一些学者的质疑。有学者认为，集团仲裁主要就是对集团诉讼程序的某种移植。我们都知道仲裁协议乃仲裁制度的基石，可以排除司法对案件的管辖权。如果在格式合同中已经规定了由该合同所产生的纠纷提交 AAA 或者 JAMS，按照集团仲裁规则进行仲裁，如果再产生类似的大量纠纷，这些纠纷就会按照集团仲裁而非按照集团诉讼程序进行处理。

最后，在过去近 10 年里，消费者集团诉讼和集团仲裁也受到了限制。美国仲裁中消费者集团诉讼"放弃条款"（class arbitration/action waiver clauses）是指在消费合同中约定当事人同意放弃提起集团仲裁和集团诉讼的"强制性"仲裁条款。特别是在联邦最高法院审理美国电报电话公司（AT&T）诉康塞普西翁（Concepcion）一案之后，确立了大公司限制消费者提起集团诉讼仲裁条款的先例，由此引发了美国限制消费者提起集团诉讼的浪潮，例如在银行账户、信用卡、手机或者互联网消费的合同条款中，都很可能会找到集团诉讼的排除条款。②

---

① Thomas J. Oehmke, Cause of Action for Class Arbitration of Contract-Based Disputes，转引自肖永平、李韶华《美国集团仲裁初探》，《武汉大学学报》（哲学社会科学版）2011 年第 4 期。

② 参见王盛哲《美国消费集团仲裁"放弃条款"研究》，《社会科学家》2018 年第 10 期。

2. 集团调解

与多少具有强制色彩的仲裁、诉讼相比，通过调解解决商事争议，更能体现当事人的自主性，照顾当事人多元化的利益需求。近年来，在所有工业化发达的西方国家——欧洲、北美、亚太地区，一种替代的、真正辅助性的、合意的以及非判决式的调解方式已经形成，它主要是基于当事人协议的自主原则。这种新的调解模式现在已受到众多个人和公司的广泛认同。它不仅是替代诉讼的一种更加经济的选择，也是一种低风险、高效率的纠纷终极解决方式。目前，公认的辅助性调解的主要特点是可行性（accessible）、自愿性（voluntary）、保密性（confidential）和辅助性（facilitative）。①

因此，集团诉讼调解（class action mediation）程序与规则也逐渐被引入大规模侵权损害赔偿纠纷解决机制当中。在集团诉讼中越来越多的当事人以及律师愿意在事前或者事后选择使用调解方式解决大规模侵权损害赔偿纠纷。因为集团调解与集团仲裁相比，在程序方面更加灵活，无论是在法院对集团诉讼的预先认定（pre-certification）还是法院对集团诉讼认定之后（post-certification），只要双方当事人同意，就可以启动调解程序来解决。随着当事人对于调解的认知程度加深，在大规模侵权损害赔偿纠纷中越来越多的当事人会选择让调解员帮助他们解决棘手的复杂的赔偿问题，集团（诉讼）调解制度与规则也就应运而生。

目前从理论研究到司法实践，越来越多的当事人以及律师代理人愿意选择调解方式解决纠纷。由于集团诉讼非常复杂，涉及当事人众多，一般他们倾向于采用促进式调解方式进行，在调解过程中中立第三人往往还会根据案件要求，在取得双方当事人同意的情况下，连同证券、会计、审计等专家参与调解程序，提供专业性意见，协助纠纷双方对案件进行评估、选择可行的解决方案。为了防止参与诉讼调解的成员与被告达成损害集团成员利益的协

---

① 参见［英］迈克尔·努尼著：《法律调解之道》，杨丽华、于丽英译，法律出版社 2006 年版，第 2—4 页。

议，法院需要对调解协议进行审查，以保证协议的公正性。

集团仲裁与集团调解既有区别，也有联系。就整体发展趋势而言，仲裁与调解各有千秋，相互融合的趋势非常明显。主要是因为世界各国不断探索新的纠纷解决方式，以克服诉讼方式自身的局限性，而且大规模侵权纠纷赔偿机制太过复杂，需要综合性运用各种纠纷解决机制，按照纠纷解决成本从低到高的阶梯式顺序设计纠纷解决方案。为更好运用调解、仲裁、评估等方式，扬长避短，一些混合型纠纷解决方式应运而生。不论是调解+裁决程序（MED+ARB），或者是仲裁+调解+仲裁程序（ARB+MED+ARB）等都是希望结合调解和仲裁两种程序的特点，设计出更好的纠纷解决方案。仲调结合比单纯的仲裁程序更为灵活，当事人可以根据自身需求在多种仲调结合形式中进行选择，仲裁员或调解员也可以对当事人进行单独会见等，因此有学者认为，仲调结合是非讼纠纷解决机制中最灵活与有效的。①

（四）合理引导当事人选择纠纷解决方式

现代 ADR 发源于美国，美国人的实用主义哲学理念，使得他们不会长久地为某些传统的或者经典的普遍主义原理所困扰，当社会需求与最初设定的目标和既有的原则理念发生冲突的时候，实践的努力往往总能冲破理念的束缚开拓出新的道路。② 因此美国在设计大规模侵权多元化纠纷解决机制时，也是实践先行。首先他们通过在合同中植入 ADR 条款，鼓励当事人尝试使用替代性纠纷解决机制；其次通过"阶梯式条款""冲突管理系统"等专业性、系统性的工具或方法，吸引当事人使用多元化纠纷解决机制解决大规模侵权问题；最后通过综合运用多元化纠纷解决机制，并且根据案件具体情况、所处阶段、用户需求等，量身定制出具有个性、可行性、可操作性的纠纷解决方案。

---

① See Gerald F. Phillips, "Same - Neutral Med - Arb: What Does The Future Hold?", in Dispute Resolution Journal, 2005, p. 24, 26.

② 范愉：《非诉讼纠纷解决机制研究》，中国人民大学出版社 2000 年版，第 95 页。

1. ADR 条款的植入

21 世纪企业 ADR 承诺是企业与纠纷解决提供者签订协议，承诺因该企业所产生的纠纷都首先交由 ADR 解决的一种合同机制。21 世纪企业 ADR 承诺机制可谓一个伟大的发明，如果有可能引发大规模侵权案件的企业已经与 ADR 纠纷解决服务提供机构签订协议，例如中国国际贸易仲裁委员会，签订选择适用仲裁或调解解决案件的协议，这个协议将作为纠纷解决条款内置于企业合同之中，这样一来如果发生大规模侵权后，就应当首先选择 ADR 而非诉讼解决纠纷。

许多公司为采纳 ADR 纠纷解决体系，首先采取的措施是签署"破冰者"（ice breaker）条款："我们公司承诺在适当时通过谈判、调解和其他 ADR 流程来管理和解决纠纷，以期建立和实施全球可持续的争议管理和解决流程。"国际预防和解决冲突协会（International Institute for Conflict Prevention & Resolution, CPR）在"破冰者"条款基础之上逐渐形成了"21 世纪 ADR 宣言"。例如 CPR 与伦敦有效争议解决中心（CEDR）达成协议，旨在共同推动 21 世纪企业宣告并在涉及企业所有合同条款使用 ADR 解决纠纷。两个组织都认识到如果越来越多的企业在合同中已经提前承诺将 ADR 作为他们解决纠纷的第一选择，可以给仲裁与调解带来很多案件，也能促进纠纷解决机制商业化发展，总之能够大大促进 ADR 的发展。由于对抗性诉讼行为导致的关系成本，延迟和损害已经上升到目前全球商业领域不可持续的水平。在过去 30 年中开发的替代性争议解决（ADR）实践鼓励了企业采用更具成本效益和协作的解决方案①，这些机制的采用可以让企业在草拟与签订合同的时候将 ADR 机制作为一种合同条款，从而确立该企业对于可能发生的大规模侵权损害赔偿

---

① 参见国际预防和解决冲突协会《21 世纪 ADR 宣言》，原文如下："Our company pledges to commit its resources to manage and resolve disputes through negotiation, mediation and other ADR processes when appropriate, with a view to establishing and practicing global, sustainable dispute management and resolution processes." 2018 年 7 月 25 日，见 https://www.cpradr.org/resource-center/adr-pledges/21st-century-pledge。

纠纷采用替代性纠纷解决而非诉讼作为第一解决方案。这种做法对于还没有颁布类似于荷兰的《群体性解决大规模赔偿法案》的国家来说，是一种"自下而上"的对于采用仲裁、调解与和解等方式的一种有益的尝试。就美国采用21世纪企业 ADR 承诺机制十几年的发展来看，ADR 承诺机制已经得到了越来越多企业的认可，从一定程度上推动了美国从集团诉讼向集团 ADR 的发展。

2. "阶梯式条款和冲突管理系统"的引入

从司法实践角度，纠纷解决机制的设计从范围上也属于冲突管理（conflict management）、案件管理（case management）的范畴，涉及复杂诉讼（complex litigation）与多区域诉讼或者跨区域诉讼（multidistrict litigation, MDL）的相关诉讼规定和司法操作。其中，冲突管理范围更加广泛，凡是对冲突的消极因素起到降低作用或对冲突的积极因素起到增强作用的所有程序都属于冲突管理。①

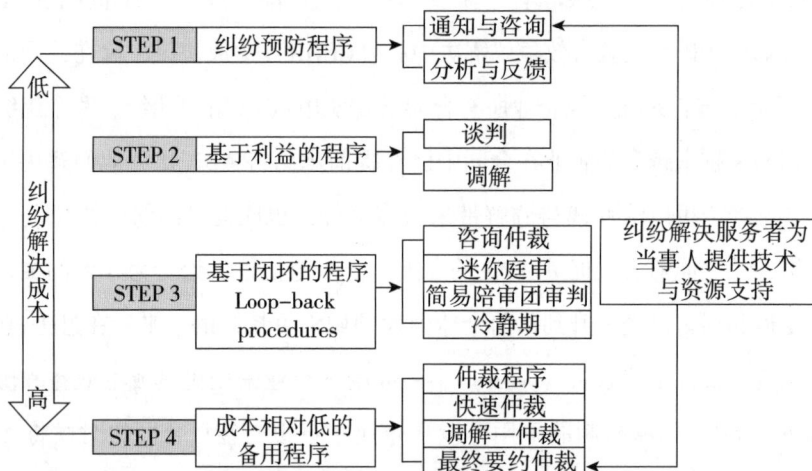

图 5-2　阶梯式条款设计步骤

---

① Conflict management is the process of limiting the negative aspects of conflict while increasing the positive aspects of conflict. 冲突管理是限制冲突的消极方面，同时增加冲突的积极方面的过程。See Steve Alper, Dean Tjosvold & Kenneth S. Law, "Conflict management, efficacy, and performance in organizational teams" in *Personnel Psychology*, Vol. 53, Issue 3, 2000, pp. 625-642.

阶梯式条款往往根据争议解决的成本高低进行分步设计：预防纠纷的成本最低，所以预防纠纷往往作为解决第一步；基于利益的纠纷解决程序的应用范围最为广泛，其中以谈判与调解为主；只有在第二步解决不了才会进入比较正规的咨询仲裁、迷你庭审、简易陪审团审判程序，不过需要注意的是在第三步设计了一个冷静期间（cooling-off period），只有经过冷静期还无法解决纠纷的当事人才能进入第四阶段的程序之中。[①]

阶梯式纠纷解决模式在美国的商业和就业环境中已经很好地建立，并且在国际商业交易中变得越来越普遍。在过去的几十年里，这使得更多的律师从事创造性工作，为客户提供有关冲突管理的系统方法的咨询，这些方法不仅仅是解决特定的诉讼。律师有机会与客户合作，创建有效的、具有成本效益的系统，以防止冲突或管理冲突，因为它们在持续关系的各方中不可避免地出现。精通争议解决方案和系统设计问题的律师可以为许多客户提供特殊价值。例如，一家名为大规模侵权快速索赔公司 Liquid Claims，每年可以为185 个以上证券集团诉讼案件提供和解方案，可以快速向个人和机构投资者（包括对冲基金、退休基金和自营交易公司）支付数十亿美元。而且该公司作为集团诉讼和解的倡导者与领导者，凭借其开发的一款商业智能软件 LC-Quant v 2.1，可以分析机构交易的最佳时机，发现和优化结算结果，证券集团诉讼索赔以电子方式提交，然后通过索赔周期进行实时追踪，从而为投资者提供最高的回报率。这些公司不仅为大规模侵权赔偿提供了多元化的实现方式，也为大规模侵权赔偿的实现提供了新的商业模式，值得我们借鉴。

---

① See Jay Folberg, Dwight Golann, Thomas J. Stipanowich, Lisa A. Kloppenberg, *Resolving Disputes: Theory, Practice and Law*, 3nd Edition, Wolters Kluwer, 2016, pp. 805-807.

本章小结

纠纷解决机制不仅在于解决纠纷，放在更加广阔的社会背景下来考察，反映的是法律秩序中个人与国家，当事人与法律体系之间的关系。[1] 社会的多元化和多样化，让国家治理越来越倾向于使用更加强调"自治"的协作治理（collaborative governance）与更加"灵活"的替代性、适当的纠纷解决机制（alternative or appropriate dispute resolution）。[2] 一个纠纷对应一种纠纷解决程序的思维和实践与一个案件对应一种民事诉讼程序一样，已经无法满足纠纷解决的实际需要。当大规模侵权所产生的成百上千个纠纷可以根据纠纷类型、特点与要求，设计纠纷解决程序，用以帮助当事人等更好地实现对特定纠纷的管理与解决。大规模侵权损害赔偿多元化纠纷解决机制设计的理论与实践也就应运而生。

我国大规模侵权损害赔偿纠纷解决程序构建应当以纠纷解决系统设计理论为基础，以诉讼、谈判、仲裁、调解等多元化纠纷解决机制为实践。大规模侵权损害赔偿纠纷解决从整体上仍然是以诉讼为基础和标杆，因为民事诉讼从本质上来说是为了保护私法上的权利，请求国家司法机关确定其权利是否存在的法定程序。[3] 但是，需要再次重申的是，诉讼乃司法救济的最后一道防线。正如美国联邦最高法院大法官奥康纳曾言："法院不能成为解决争端首先考虑的地方，而应该是解决纠纷的最后途径，即通过所有其他替代纠纷解决方式都不能解决时，才由法院解决。"[4]

根据纠纷解决金字塔理论与纠纷解决谱系理论，我们应该充分重视替代

---

[1] 赵蕾：《多元化纠纷解决机制改革的理论提升》，《人民法院报》2017年7月13日。

[2] See Lisa Blomgren Amsler and Jessica Sherrod, "Accountability Forums and Dispute System Design", *Public Performance & Management Review*, Vol. 40, No. 3（2017）, pp. 529-530.

[3] 参见王甲乙等：《民事诉讼法新论》，台北三民书局1980年版，第1页。

[4] 蒋惠岭主编：《域外ADR：制度、规则、技能、借鉴》，中国法制出版社2012年版，第17页。

性纠纷解决机制在大规模侵权损害赔偿纠纷解决中的特点与优点，以及日益发挥出来的重要作用。因为 ADR 更为重要的意义实际上并非是为了应对所谓的"诉讼爆炸"，而是一种法律和社会可持续发展的需求：一方面可以缓和本土社会与现代法律规则的冲突，满足当事人的多元化需求；另一方面可以起到保护司法资源的作用。① 特别是考察晚近各国对大规模侵权损害赔偿纠纷解决的理论与实践，和解、仲裁与调解的广泛运用以及荷兰大规模侵权和解立法样本的全球化趋势让我们逐渐认识到，健全多元化纠纷解决体系，构建起分层递进、衔接配套的纠纷解决体系，对于大规模侵权损害多元赔偿机制研究非常重要。

本章既没有按照惯常对大规模侵权损害赔偿纠纷解决机制的研究思路，对集团诉讼概念进行深入研究，也没有对于我国应当采用集团诉讼还是代表人诉讼进行论证；更没有比较究竟采用"选择退出"（Opt-out）机制还是"申请加入"（Opt-in）机制设计我国的集团诉讼程序。而是在全球接近正义运动（Access to Justice）和 ADR 运动（ADR Movement）② 发展背景之下，借鉴吸收美国纠纷解决机制设计（Dispute System Design，DSD）理论与实践，采用"阶梯式条款和冲突管理系统"（Stepped Clauses and Conflict Management Systems），根据案件类型以及当事人要求，运用早期中立评估（Early Neutral Evaluation）、通过调解达成和解协议、集团仲裁、先仲裁后调解（Arb-Med）、先调解后仲裁（Med-Arb）等 ADR 替代性纠纷解决方式，针对大规模侵权损害赔偿机制提供多元化、多层次、阶段性实施的设计方案，构建我国大规模侵权纠纷多元化解决机制。

---

① 范愉：《当代中国非诉讼纠纷解决机制的完善与发展》，《学海》2003 年第 1 期。

② 卡佩莱蒂和加思以栩栩如生的"浪潮"来形容发生在美国和遍及其他西方国家的接近正义运动。第一次浪潮始于 20 世纪 60 年代，为解决当事人因无力获得信息及律师代理等接近正义的经济方面障碍，建立了诸如法律援助等制度；第二次浪潮始于 20 世纪 70 年代初期，为了解决诉讼组织上的障碍并保障集团利益能够得以伸张，建立了集团诉讼制度；第三次浪潮始于 20 世纪 70 年代后期，以 ADR 程序来弥补传统诉讼程序在当事人接近正义方面的不足。参见［澳］娜嘉·亚历山大主编《全球调解趋势》，王福华等译，中国法制出版社 2011 年版，第 4 页。

参 考 文 献

一、学术专著

[1]［德］克雷斯蒂安·冯·巴尔著：《欧洲比较侵权行为法》（上），张新宝译，法律出版社 2004 年版。

[2]［德］克里斯蒂安·冯·巴尔著：《大规模侵权损害赔偿责任法的改革》，贺栩栩译，中国法制出版社 2010 年版。

[3]［德］卢曼著：《社会的法律》，郑伊倩译，人民出版社 2009 年版。

[4]［德］马格努斯著：《侵权法的统一：损害与损害赔偿》，谢鸿飞译，法律出版社 2009 年版。

[5]［德］马克斯米利安·福克斯著：《侵权行为法》，齐晓琨译，法律出版社 2006 年版。

[6]［德］乌尔里希·贝克著：《风险社会》，何博闻译，译林出版社 2004 年版。

[7]［德］亚图·考夫曼著：《类推与"事物本质"——兼论类型理论》，吴从周译，学林文化事业有限公司 1999 年版。

[8]［古希腊］亚里士多德著：《尼各马可伦理学》，廖申白译，商务印书馆 2003 年版。

[9]［美］E. 博登海默著：《法理学法律哲学与法律方法》，邓正来译，中国政法大学出版社 2004 年版。

［10］［美］伯纳德·施瓦茨著：《美国法律史》，王军等译，中国政法大学出版社1989年版。

［11］［美］霍维茨著：《美国法律的变迁：1780—1860》，谢鸿飞译，中国政法大学出版社2004年版。

［12］［美］理查德·A. 波斯纳著：《法律的经济分析》，蒋兆康译，中国大百科全书出版社1997年版。

［13］［美］罗尔斯著：《正义论》，何怀宏等译，中国社会科学出版社1988年版。

［14］［美］斯蒂文·萨维尔著：《事故法的经济分析》，翟继光译，北京大学出版社2004年版。

［15］［美］小詹姆斯·A. 亨德森著：《美国侵权法实体与程序》，北京大学出版社2014年版。

［16］［美］约翰·H. 霍兰著：《隐秩序：适应性造就复杂性》，周晓牧、韩晖译，上海科技教育出版社2011年版。

［17］［日］陈刚主编，小岛武司著：《自律型社会与正义的综合体系》，法律出版社2006年版。

［18］［日］新堂幸司著：《新民事诉讼法》，林剑锋译，法律出版社2007年版。

［19］［日］中村宗雄、中村英郎著：《诉讼法学方法论——中村民事诉讼理论精要》，陈刚、段文波译，中国法制出版社2009年版。

［20］［意］莫诺·卡佩莱蒂著：《比较法视野中的司法程序》，徐昕、王奕译，清华大学出版社2005年版。

［21］［英］安东尼·吉登斯著：《现代性的后果》，田禾译，译林出版社2000年版。

［22］［英］彼得·泰勒-顾柏、［德］詹斯·O. 金著：《社会科学中的风险研究》，中国劳动社会保障出版社2010年版。

［23］［英］亨利·萨姆奈·梅因著：《古代法》，沈景一译，商务印书馆1995年版。

［24］［英］卡罗尔·哈洛著：《国家责任：以侵权法为中心展开》，涂永前、马佳

昌译，北京大学出版社 2009 年版。

[25] [英] 拉尔夫·达仁道夫著：《现代社会冲突》，林荣远译，中国社会科学出版社 2000 年版。

[26] [英] 洛克著：《政府论》（下篇），叶启芳、瞿菊农译，商务印书馆 2010 年版。

[27] [英] 珍妮·斯蒂尔著：《风险与法律理论》，韩永强译，中国政法大学出版社 2012 年版。

[28] 蔡元庆：《董事的经营责任研究》，法律出版社 2006 年版。

[29] 陈慈阳：《环境法总论》，中国政法大学出版社 2003 年版。

[30] 陈泉生：《环境法原理》，法律出版社 1997 年版。

[31] 范愉：《非诉讼纠纷解决机制研究》，中国人民大学出版社 2000 年版。

[32] 何文燕、廖永安主编：《民事诉讼法》，湖南人民出版社 2008 年版。

[33] 胡代光、高鸿业主编：《西方经济学大辞典》，经济科学出版社 2000 年版。

[34] 胡卫萍：《社会转型中的大规模侵权及其责任承担机制研究》，中国检察出版社 2012 年版。

[35] 贾玲：《环境责任保险制度研究》，中国环境科学出版社 2010 年版。

[36] 刘炫麟：《大规模侵权研究》，中国政法大学出版社 2018 年版。

[37] 刘岩：《风险社会理论新探》，中国社会科学出版社 2008 年版。

[38] 罗健豪：《美国集团诉讼退出制研究》，法律出版社 2011 年版。

[39] 吕世伦主编：《西方法律思潮源流论》，中国人民大学出版社 2008 年版。

[40] 史尚宽：《债法总论》，中国政法大学出版社 2000 年版。

[41] 孙玉红：《侵权法功能研究》，法律出版社 2010 年版。

[42] 王利明：《侵权责任法研究》（上、下），法律出版社 2011 年版。

[43] 王全兴：《经济法基础理论专题研究》，中国检察出版社 2002 年版。

[44] 王亚新：《对抗与判定：日本民事诉讼的基本结构》，清华大学出版社 2002 年版。

[45] 王艳华：《反思公司债权人保护制度》，法律出版社 2008 年版。

［46］王泽鉴：《民法学说与判例研究》（第二册），中国政法大学出版社 2003 年版。

［47］吴从周：《民事法学与法学方法：概念法学、利益法学与价值法学》，中国法制出版社 2011 年版。

［48］熊进光：《大规模侵权损害救济论：公共政策的视角》，江西人民出版社 2013 年版。

［49］于定明：《企业破产背景下的人身损害赔偿债权保护研究》，中国社会科学出版社 2014 年版。

［50］曾世雄：《损害赔偿法原理》，中国政法大学出版社 2001 年版。

［51］张新宝、葛维宝主编：《大规模侵权法律对策研究》，法律出版社 2011 年版。

［52］郑功成：《社会保障学——理念、制度、实践与思辨》，商务印书馆 2000 年版。

［53］朱岩：《侵权责任法通论·总论·上册：责任成立法》，法律出版社 2011 年版。

［54］邹海林：《责任保险论》，法律出版社 1999 年版。

二、期刊论文

［1］［奥］海尔穆特·库奇奥：《损害赔偿法的重新构建：欧洲经验与欧洲趋势》，朱岩译，《法学家》2009 年第 3 期。

［2］［德］乌尔里希·贝克：《从工业社会到风险社会（上篇）——关于人类生存、社会结构和生态启蒙等问题的思考》，王武龙编译，《马克思主义与现实》2003 年第 3 期。

［3］［美］约翰·G. 弗莱明：《关于侵权行为法发展的思考：侵权行为法有未来吗?》，吕琳、徐丽群译，《私法研究》（第三卷），中国政法大学出版社 2003 年版。

［4］［日］星野英一：《民法典中的侵权行为法体系展望》，渠涛译，《法学家》2009 年第 2 期。

［5］蔡元庆：《董事责任保险制度和民商法的冲突与协调》，《法学》2003年第4期。

［6］常素云：《董事与公司关系的法理分析》，《河北法学》2002年第3期。

［7］陈桂明、赵蕾：《中国特别程序论纲》，《法学家》2010年第6期。

［8］陈年冰：《大规模侵权与惩罚性赔偿——以风险社会为背景》，《西北大学学报》（哲学社会科学版）2010年第6期。

［9］陈贻健：《区域性复合环境污染防治法律对策研究：以霾污染为样本》，《法学杂志》2016年第12期。

［10］程啸、王丹：《损害赔偿的方法》，《法学研究》2013年第3期。

［11］丁凤楚：《论现代事故损害赔偿责任的客观化和社会化》，《社会科学》2006年第6期。

［12］樊启荣：《"人身保险无保险代位规范适用"——质疑我国〈保险法〉第68条规定之妥当性评析》，《法学》2008年第1期。

［13］范愉：《群体性侵害事件的多元化解决——三鹿奶粉事件与日本C型肝炎诉讼案的比较研究》，《法学家》2009年第2期。

［14］范愉：《以多元化纠纷解决机制保证社会的可持续发展》，《法律适用》2005年第2期。

［15］高辰年：《论行政不作为的赔偿责任》，《行政法学研究》2000年第4期。

［16］高明华：《侵权与违约的经济学分析》，《学习与探索》1999年第1期。

［17］耿利航：《群体诉讼与司法局限性——以证券欺诈民事集团诉讼为例》，《法学研究》2006年第3期。

［18］郭丹：《破产企业董事对债权人之个人民事赔偿责任——新〈企业破产法〉及英美相关法律制度评析》，《审计与经济研究》2007年第1期。

［19］郭锋、胡晓珂：《强制责任保险研究》，《法学杂志》2009年第5期。

［20］郭雳：《美国证券集团诉讼的制度反思》，《北大法律评论》2009年第10卷第2辑，北京大学出版社2009年版。

［21］郭武：《当法律遇上函数——法学研究中的函数思维刍议》，《甘肃社会科

学》2015 年第 6 期。

[22] 胡鸿高、李磊：《保险代位求偿权在人身保险中的适用问题研究》，《当代法学》2009 年第 1 期。

[23] 胡兴建：《从"社会契约"到"社会连带"——思想史中的卢梭和狄骥》，《西南政法大学学报》2004 年第 2 期。

[24] 黄晨熹：《社会救助的概念、类型和体制：不同视角的比较》，《华东师范大学学报》（哲学社会科学版）2005 年第 3 期。

[25] 季卫东：《风险社会的法治》，《中国法律》2009 年第 1 期。

[26] 江必新、刘润发：《论环境侵权民事救济的立法完善——以民法的社会化为视角》，《求索》2008 年第 1 期。

[27] 蒋悟真：《我国社会救助立法理念及其维度——兼评〈社会救助法（征求意见稿）〉的完善》，《法学家》2013 年第 6 期。

[28] 焦君红、孙万国：《从"经济人"走向"生态理性经济人"》，《理论探索》2007 年第 6 期。

[29] 劳东燕：《公共政策与风险社会的刑法》，《中国社会科学》2007 年第 3 期。

[30] 李树：《经济理性与法律效率——法经济学的基本理论逻辑》，《南京社会科学》2010 年第 8 期。

[31] 李挺、赫爽：《论大规模侵权救济模式的路径选择——以责任保险为主导的立体型模式》，《上海保险》2011 年第 11 期。

[32] 林丹红：《大规模人身侵权损害救济中的国家责任》，《法学》2009 年第 7 期。

[33] 林鸿潮：《论公民的社会保障权与突发事件中的国家救助》，《行政法学研究》2008 年第 1 期。

[34] 林嘉：《社会保险对侵权救济的影响及其发展》，《中国法学》2005 年第 3 期。

[35] 刘凯湘、曾燕斐：《论侵权法的社会化——以侵权法与保险的关系为重点》，《河南财经政法大学学报》2013 年第 1 期。

［36］刘水林：《风险社会大规模损害责任法的范式重构——从侵权赔偿到成本分担》，《法学研究》2014 年第 3 期。

［37］卢生华：《论高危行业意外保险的承保管理》，《保险研究》2003 年第 3 期。

［38］马红海：《美国集团仲裁制度研究》，《北京仲裁》2013 年第 3 期。

［39］马强：《公司被吊销营业执照与公司人格否认》，《法律适用》2001 年第 3 期。

［40］梅慎实：《论董事的民事责任》，《法律科学》1996 年第 2 期。

［41］南振兴、郭登科：《论法人人格否认制度》，《法学研究》1997 年第 2 期。

［42］商昌国：《食品领域大规模侵权的界定及赔偿标准的确定》，《河北法学》2015 年第 9 期。

［43］沈满宏：《庇古税的效应分析》，《浙江社会科学》1999 年第 4 期。

［44］粟榆：《责任保险在大规模侵权中的运用》，《财经科学》2009 年第 1 期。

［45］孙大伟：《我国大规模侵权领域困境之考察——基于制度功能视角的分析》，《当代法学》2015 年第 2 期。

［46］孙鹏、徐银波：《英美死亡损害赔偿制度及对我国的启示——以死亡损害赔偿额的计算为中心》，《甘肃政法学院学报》2012 年第 1 期。

［47］汤维建、陈巍：《缝隙策略：我国集团诉讼制度的移植路径探析》，《政治与法律》2008 年第 1 期。

［48］王成：《大规模侵权事故综合救济体系的构建》，《社会科学战线》2010 年第 9 期。

［49］王福华：《打开群体诉讼之门——由"三鹿奶粉"事件看群体诉讼优越性的衡量原则》，《中国法学》2009 年第 5 期。

［50］王福华：《代表人诉讼之替代改革》，《上海交通大学学报》（哲学社会科学版）2006 年第 5 期。

［51］王福华：《集团诉讼存在的理由——关于普通法集团诉讼目的论的研究》，《当代法学》2008 年第 6 期。

［52］王福华：《如何向集团赔偿——以集团诉讼中的赔偿估算和分配为中心》，

《法律科学》（西北政法大学学报）2009 年第 1 期。

[53] 王利明：《建立和完善多元化的受害人救济机制》，《中国法学》2009 年第 4 期。

[54] 王利明：《民法上的利益位阶及其考量》，《法学家》2014 年第 1 期。

[55] 王利明：《侵权责任法与合同法的分界——以侵权法的扩张为视野》，《中国法学》2011 年第 3 期。

[56] 王利明：《侵权责任法制定中的若干问题》，《当代法学》2008 年第 5 期。

[57] 王素芬：《非营利组织参与社会保障的理论基础与实现路径》，《当代法学》2012 年第 3 期。

[58] 魏振瀛：《侵权责任法在我国民法中的地位及其与民法其他部分的关系——兼与传统民法相关问题比较》，《中国法学》2010 年第 2 期。

[59] 吴英姿：《代表人诉讼制度设计缺陷》，《法学家》2009 年第 2 期。

[60] 吴元国：《矫正正义观现代转向的法理学思考——以食品大规模侵权为背景》，《学术交流》2013 年第 1 期。

[61] 吴泽勇：《群体性纠纷解决机制的建构原理》，《法学家》2010 年第 5 期。

[62] 吴增基：《国民心理对中国法制现代化道路的影响及其现代价值》，《政法论坛》2007 年第 3 期。

[63] 徐爱国：《解读侵权法的政治学理论》，《中外法学》2009 年第 3 期。

[64] 许琳、薛许军：《论我国社会救助的多元化主体》，《中国软科学》2002 年第 8 期。

[65] 许明月：《普遍性侵权、机会主义与侵权现象的法律控制——对传统侵权法的反思》，《法商研究》2005 年第 4 期。

[66] 许明月：《侵权救济、救济成本与法律制度的性质——兼论民法与经济法在控制侵权现象方面的功能分工》，《法学评论》2005 年第 6 期。

[67] 杨登峰：《重特大生产安全事故赔偿过程中的政府职能》，《北方法学》2013 年第 1 期。

[68] 杨立新：《〈侵权责任法〉应对大规模侵权的举措》，《法学家》2011 年第

4 期。

[69] 于定明：《建立潜在债权保护制度的初步构想——以瑕疵担保请求权为考察中心》，《云南大学学报》（法学版）2008 年第 1 期。

[70] 于定明：《论大规模侵权损害多元赔偿机制的协调》，《云南社会科学》2014 年第 4 期。

[71] 于定明：《论企业破产背景下未来原告的程序性权利保护》，《云南大学学报》（法学版）2014 年第 4 期。

[72] 于海纯：《我国食品安全责任强制保险的法律构造研究》，《中国法学》2015 年第 3 期。

[73] 张成福、谢一帆：《风险社会及其有效治理的战略》，《中国人民大学学报》2009 年第 5 期。

[74] 张嘉军：《多元化：两大法系群体性纠纷解决机制的当代走向——兼论我国群体性纠纷解决机制的未来趋势》，《郑州大学学报》（哲学社会科学版）2008 年第 4 期。

[75] 张平华：《揭开集合侵权的面纱——从术语翻译到制度建构的追问》，《法律科学》2013 年第 6 期。

[76] 张铁薇：《侵权法的自负与贫困》，《比较法研究》2009 年第 6 期。

[77] 张铁薇：《侵权责任法的自负与贫困》，《比较法研究》2009 年第 6 期。

[78] 张铁薇：《侵权责任法与社会发展关系研究》，《中国法学》2011 年第 2 期。

[79] 张新宝、唐青林：《共同侵权责任十论》，《民事审判指导与参考》2004 年第 2 期。

[80] 张新宝、岳业鹏：《大规模侵权损害赔偿基金：基本原理与制度构建》，《法律科学》（西北政法大学学报）2012 年第 1 期。

[81] 张新宝：《工伤保险赔偿请求权与普通人身损害赔偿请求权的关系》，《中国法学》2007 年第 2 期。

[82] 张新宝：《侵权责任法立法：功能定位、利益平衡与制度构建》，《中国人民大学学报》2009 年第 3 期。

[83] 张新宝：《设立大规模侵权损害救济（赔偿）基金的制度构想》，《法商研究》2010 年第 6 期。

[84] 张秀玲：《环境污染所致大规模侵权中政府介入制度的完善》，《河南师范大学学报》（哲学社会科学版）2013 年第 5 期。

[85] 张志坡：《法律适用：类型让概念更有力量》，《政法论丛》2015 年第 4 期。

[86] 章武生：《论群体性纠纷的解决机制——美国集团诉讼的分析和借鉴》，《中国法学》2007 年第 3 期。

[87] 赵蕾：《大规模侵权概念的再界定——以风险社会为背景的分析》，《云南大学学报》（法学版）2015 年第 1 期。

[88] 赵迅：《社会契约视域下的国家责任》，《河北法学》2008 年第 3 期。

[89] 周沛、陈静：《新型社会救助体系研究》，《南京大学学报》（社会科学版）2010 年第 4 期。

[90] 周佑勇：《论行政不作为的救济和责任》，《法商研究》1997 年第 4 期。

[91] 朱慈蕴：《公司法人格否认法理与公司的社会责任》，《法学研究》1998 年第 5 期。

[92] 朱慈蕴：《论公司法人格否认法理的适用要件》，《中国法学》1998 年第 5 期。

[93] 朱虎：《过错侵权责任的发生基础》，《法学家》2011 年第 1 期。

[94] 朱磊：《欧盟过氧化氢垄断侵权案评析》，《武大国际法评论》2016 年第 2 辑。

[95] 朱岩：《大规模侵权的实体法问题初探》，《法律适用》2006 年第 10 期。

[96] 朱岩：《风险社会与现代侵权责任法体系》，《法学研究》2009 年第 5 期。

[97] 朱岩：《社会基础变迁与民法双重体系建构》，《中国社会科学》2010 年第 6 期。

[98] 朱岩：《危险责任的一般条款立法模式研究》，《中国法学》2009 年第 3 期。

三、学位论文

[1] 陈政：《破产债权清偿顺序问题研究——以权利冲突及其解决为视角》，西南

政法大学博士学位论文，2014 年。

［2］杜健：《大规模侵权损害救济机制研究——以社会化救济为视角》，安徽大学博士学位论文，2015 年。

［3］李冬梅：《美国〈综合环境反应、赔偿和责任法〉上的环境民事责任研究》，吉林大学博士学位论文，2008 年。

［4］刘亮：《大规模侵权研究》，中国人民大学博士学位论文，2010 年。

［5］刘琳：《行政法视野下的社会救助》，中国政法大学博士学位论文，2009 年。

［6］史黎：《我国大规模侵权责任保险制度构建论》，吉林大学博士学位论文，2016 年。

［7］粟榆：《大规模侵权责任保险赔偿制度研究》，西南财经大学博士学位论文，2014 年。

［8］王立兵：《大规模侵权的国家救济责任机制研究》，黑龙江大学博士学位论文，2012 年。

［9］邢宏：《论大规模侵权损害赔偿基金》，华中科技大学博士学位论文，2013 年。

［10］杨帆：《论侵权损害赔偿与责任保险的互动关系》，华中科技大学博士学位论文，2013 年。

四、英文文献

［1］ Alan N. Resnicka, "Bankruptcy as A Vehicle for Resolving Enterprise-threatening Mass Tort Liability", *University of Pennsylvania Law Review*, Vol. 148, Issue 6 (2000).

［2］ Allen Linden, "Toward Tort Liability for Bad Samaritans", *Alberta Law Review*, Vol. 53, Issue 4 (2016).

［3］ Andrea Boggio, "The Puzzle of Mass Torts: A Comparative Study of Asbestos Litigation", A Dissertation of Stanford University, 2003.

［4］ Brian Mayer, Katrina Running & Kelly Bergstrand, "Compensation and Community Corrosion: Perceived Inequalities, Social Comparisons, and Competition Following the Deepwater Horizon Oil Spill", *Sociological Forum*, Vol. 30, Issue 2 (2015).

［5］ Bryan L Bonner & Brian D. Cadman, "Group Judgment and Advice-Taking: The Social Context Underlying CEO Compensation Decisions", *Group Dynamics*, Vol. 18, Issue 4 (2014).

［6］ Catherine M. Sharkey, "Tort Liability for Pure Economic Loss: A Perspective from the United States and Some Comparative European Insights", *Journal of European Tort Law*, Vol. 7, Issue 3 (2016).

［7］ David Scheffer & Caroline Kaeb, "The Five Levels of CSR Compliance: The Resiliency of Corporate Liability under the Alien Tort Statute and the Case for a Counterattack Strategy in Compliance Theory", *Berkeley Journal of International Law*, Vol. 29, Issue 1 (2011).

［8］ Deborah R. Hensler & Mark A. Peterson, "Understanding Mass Personal Injury Litigation: A Socio-Legal Analysis", *Symposium: Reinventing Civil Litigation*, Vol. 59, Issue 3 (1993).

［9］ Deborah R. Hensler, "The Role of Multi-Districting in Mass Tort Litigation: An Empirical Investigation", *Seton Hall Law Review*, Vol. 31, Issue 4 (2001).

［10］ Dixon Lloyd & McGovern Geoffrey, "Bankruptcy's Effect on Product Identification in Asbestos Personal Injury Cases", *Rand Corp* 2015.

［11］ Francisco Marcos & Albert Sánchez Graells, "Towards a European Tort Law? Damages Actions for Breach of the EC Antitrust Rules: Harmonising Tort Law through the Back-door?", *European Review of Private Law*, Vol. 16, Issue 3 (2008).

［12］ George E. Berry, "A Most Unusual Mass Tort", *Kansas Journal of Law & Public Policy*, Vol. 9, Issue 1 (2000).

［13］ Glen Wright, "Risky Business: Enterprise Liability, Corporate Groups and Torts", *Journal of European Tort Law*, Vol. 8, Issue 1 (2017).

［14］ Helmu Koziol, "Compensation for Personal Injury: Comparative Incentives for the Interplay of Tort Law and Insurance Law", *Journal of European Tort Law*, Vol. 8, Issue 1

（2017）．

［15］ James H. Andrews, "Mass Remedies For Mass Torts, Christian Science Monitor（Boston, MA）", *JUSTICE（February* 22, 1994）．

［16］ Jeremy T. Grabill, "Judicial Review of Private Mass Tort Settlements", *Seton Hall Law Review*, Vol. 42, Issue 1（2012）．

［17］ John Goldberg, "A Theory of Tort Liability", *Modern Law Review*, Vol. 80, Issue 6（2017）．

［18］ John W. Zipp, "The Road Will Never Be the Same: A Reexamination of Tort Liability for Autonomous Vehicles", *Transportation Law Journal*, Vol. 43, Issue 2（2016）．

［19］ Joni Hersch & W. Kip Viscusi, "Assessing the Insurance Role of Tort Liability after Calabresi", *Law and Contemporary Problems*, Vol. 77, Issue 2（2014）．

［20］ Kaley Beins & Stephen Lester, "Superfund Polluters Pay So Children Can Play", 35*th Anniversary Report*, The Center for Health, Environment & Justice（December 2015）．

［21］ Karen A. Geduldig, "Casey at the Bat: Judicial Treatment of Mass Tort Litigation", *Hofstra Law Review*, Vol. 29, Issue 1（2000）．

［22］ Karen Epermanis, Raul A. Martinez & Brenda Wells, "Mass Tort Litigation: the Case of Merck", *CPCU eJournal*, Vol. 61, Issue 5（2008）．

［23］ Kristina M. Lybecker & Lachlan Watkins, "Liability risk in the pharmaceutical industry: Tort law in the US and UK", *Social Science Journal*, Vol. 52, Issue 4（2015）．

［24］ Lester Brickman, "Asbestos Litigation: Malignancy in the Courts", *Civil Justice Forum*, Vol. 40, Issue 1（2002）．

［25］ Lester Brickman, "The Use of Litigation Screenings in Mass Torts: A Formula for Fraud", *SMU law Review*, Vol. 61, Issue 4（2008）．

［26］ Linda S. Mullenix, "Symposium on Mass Torts: Practical Wisdom and Third-Generation Mass Tort Litigation", *Loyola of Los Angeles Law Review*, Vol. 31, Issue 2（1998）．

［27］ Lisa Blomgren Amsler, "The Dispute Resolver's Role Within a Dispute System Design: Justice, Accountability, and Impact", *University of St. Thomas Law Journal*, Vol.

13, Issue 2（2017）.

［28］Lynn A. Baker, "Alienability of Mass Tort Claims", *DePaul Law Review*, Vol. 63, Issue 2（2014）.

［29］Mark A Geistfeld, "A Roadmap for Autonomous Vehicles: State Tort Liability, Automobile Insurance, and Federal Safety Regulation", *California Law Review*, Vol. 105, Issue 6（2017）.

［30］Mary Crossley, "Including Public Health Content in a Bioethics and Law Course: Vaccine Exemptions, Tort Liability, and Public Health", *Journal of Law, Medicine & Ethics*, Vol. 43, Supplement s2（2015）.

［31］Patrick J McGrath, "Expert Hot Tubbing: An Opportunity for U. S. Disputes or Australian Folly", *Mass Torts*, Vol. 16, Issue 1（2017）.

［32］Rachael Mulheron, "The Class Action in Common Law Legal Systems: A Comparative Perspective", London: Bloomsbury Publishing, 2004.

［33］Richard Lewis, "Industrial Injuries Compensation: Tort and Social Security Compared", *Industrial Law Journal*, Vol. 46, Issue 4（2017）.

［34］Scott J. Callan & Janet M. Thomas, "Executive compensation, corporate social responsibility, and corporate financial performance: a multi-equation framework", *Corporate Social Responsibility & Environmental Management*, Vol. 18, Issue 6（2011）.

［35］Scott J. Callan & Janet M. Thomas, "Relating CEO Compensation to Social Performance and Financial Performance: Does the Measure of Compensation Matter?", *Corporate Social Responsibility & Environmental Management*, Vol. 21, Issue 4（2014）.

［36］Sheila B. Scheuerman, "Against Liability for Private Risk-exposure", *Harvard Journal of Law & Public Policy*, Vol. 35, Issue 3（2012）.

［37］Simon Deakin: Organizational Torts: Vicarious Liability Versus Non-delegable, in Cambridge Law Journal, Vol. 77, Issue 1（2018）.

［38］Simon Halliday, Jonathan Ilan & Colin Scott, "Street-Level Tort Law: The Bureaucratic Justice of Liability Decision-Making", *Modern Law Review*, Vol. 75, Issue 3

（2012）.

［39］Simon Taylor, "Extending the Frontiers of Tort Law: Liability for Ecological Harm in the French Civil Code", *Journal of European Tort Law*, Vol. 9, Issue 1 (2018).

［40］Smith Stephanie & Martinez Janet, "An Analytic Framework for Dispute Systems Design", *Harvard Negotiation Law Review*, Vol. 14, Issue 1 (2009).

［41］Steven R. Strahler, "Asbestos and the Legal Black Hole", *Crain's Chicago Business*, NEWS, (September 28th 2009).

［42］Steve Alper, Dean Tjosvold & Kenneth Law, "Conflict management, efficacy, and performance in organizational teams", Personnel Psychology, Vol. 53 (2000).

［43］Syed Ahmad, Kyle Sampson & Patric McDermott, "Insurance for Product Recall Expenses", *Mass Torts*, Vol. 13, Issue 4 (2015).

［44］Thomas Kadner Graziano, "The Distribution of Social Costs of Ski Accidents through Tort Law: Limits of Fault−Based Liability in Practice − and Alternative Regimes", *Journal of European Tort Law*, Vol. 7, Issue 1 (2016).

［45］Vince Morabito & Jane Caruana, "Can Class Action Regimes Operate Satisfactorily Without a Certification Device? Empirical Insights from the Federal Court of Australia", *American Journal of Comparative Law*, Vol. 61, Issue 3 (2013).

后　记

　　工业的发展、科技的进步、经济全球化在给我们带来福祉的同时，也使我们人类社会进入风险社会，大规模侵权犹如达摩克里斯之剑悬在我们头顶，已经成为整个社会的一种风险。最好的风险治理是防范其发生，但再完美的防范都难免百密一疏，因此，在风险社会如何有效应对大规模侵权损害赔偿是我们社会治理过程中面临的重大课题。

　　大规模侵权本质上仍然是一种侵权行为，在侵权损害赔偿责任的认定方面与普通侵权并无本质区别，在因果关系的认定方面也并未变得更为困难，隐蔽侵权行为也并非大规模侵权独有的现象。但由于大规模侵权发生后，被侵权人人数众多、损失巨大，如果不采取相应措施，被侵权人将面临求偿无门的困境，进而影响社会稳定。因此，完全可以通过侵权法解决大规模侵权责任的认定问题，但大规模侵权所导致的巨额损失却难以在侵权法框架内解决。

　　长期以来，我国政府在处理大规模侵权时，不得不运用行政权力来处理。从现在的实际情况看，政府采取现行方式处理大规模侵权有利于维护社会稳定，但其弊端亦非常明显，即政府在处理相关事务时需要支付大量财政资金。在赔偿机制不健全的情况下，如果企业无力赔偿，要么主要由政府买单，要么完全由被侵权人承担不利后果，难以体现公平。

　　大规模侵权损害多元赔偿机制就是将侵权人赔偿和社会化赔偿有机结合

在一起，共同解决大规模侵权损害赔偿问题。建立大规模侵权损害多元赔偿机制不是用社会化赔偿取代侵权人损害赔偿，而是在坚持侵权人赔偿的基础上，为了减少侵权人无力赔偿的情况，让社会化赔偿起到必要的辅助作用。大规模侵权损害多元赔偿机制可以有效防范企业无力赔偿、被侵权人求偿无门的情况出现，有利于弥补被侵权人损害，体现了责任自负和完全赔偿原则。一方面可以使政府处理大规模侵权时有法可依，另一方面可以减轻政府财政压力。

大规模侵权的发生可能使被侵权人陷入旷日持久的诉讼，甚至法院因为相关配套制度不健全而不受理大规模侵权诉讼，在程序方面需要构建一个兼顾公平和效率的纠纷解决机制。大规模侵权损害赔偿纠纷解决机制的设计思路应当是一种系统性、全局性的构建。我国大规模侵权损害赔偿纠纷解决程序构建应当以纠纷解决系统设计理论为基础，以诉讼、谈判、仲裁、调解等多元化纠纷解决机制为实践，但从整体上仍然以诉讼为基础和标杆。

虽然民法是典型的私法，但由民法延伸出来的问题，常常需要借助社会法或公法来解决。从责任认定角度而言，大规模侵权似乎是一个纯民法问题，但从解决对策而言，显然不只涉及民法，甚至不局限于私法领域。本研究除了涉及民法、公司法、破产法等传统私法，还涉及经济法、行政法、民事诉讼法等社会法或公法，所涉及的领域颇多。我们试图从不同学科对大规模侵权问题进行全面探索，但因能力有限深感力有不逮，不足之处还请方家不吝指正。

本书引言、第一章由于定明和赵蕾共同完成，第二章至第四章及后记由于定明完成，第五章由赵蕾完成。感谢叶金强老师欣然为本书作序，使本书增色不少！感谢黄贵副教授对本书所涉及的部分英文资料所作的整理和审校工作！感谢马碧玉副教授为本书所提的重要修改意见及其为本书所作的文字修改工作！感谢张琪同学为本书第二章第四节及其他章节的部分内容所作的资料检索和整理工作！感谢杨松、赵维、姜怡、蔡绿茵、樊文颖等同学为本书所作的校对工作！

责任编辑：邵永忠
封面设计：石笑梦
版式设计：胡欣欣

图书在版编目（CIP）数据

大规模侵权损害多元赔偿机制研究 / 于定明　赵蕾　著 .—北京：
　人民出版社，2020.12
ISBN 978-7-01-022904-1

Ⅰ.①大…　Ⅱ.①于…②赵…　Ⅲ.①侵权行为－赔偿－研究－中国
　Ⅳ.① D923.84

中国版本图书馆 CIP 数据核字（2020）第 256117 号

大规模侵权损害多元赔偿机制研究

DAGUIMO QINQUAN SUNHAI DUOYUAN PEICHANG JIZHI YANJIU

于定明　赵蕾　著

人 民 出 版 社 出版发行

（北京市东城区隆福寺街 99 号）

北京中科印刷有限公司印刷　新华书店经销

2020 年 12 月第 1 版　2020 年 12 月北京第 1 次印刷

开本：710 毫米 ×1000 毫米　1/16　印张：13.75　字数：220 千字

ISBN 978-7-01-022904-1　定价：50.00 元

邮购地址　100706　北京市东城区隆福寺街 99 号金隆基大厦

人民东方图书销售中心　电话（010）65250042　65289539